Dragon English

ドラゴン・イングリッシュ
必修英単語1000
1000 Essential Words

駿台予備校英語講師
竹岡広信

講談社

●ドラゴン・イングリッシュ必修英単語1000【目次】

はじめに ……………………………………………………………… 003

STAGE 1 | 序章 …………………………………………………… 013
001〜202

STAGE 2 | 滑走 …………………………………………………… 083
203〜404

STAGE 3 | 離陸 …………………………………………………… 153
405〜608

STAGE 4 | 上昇 …………………………………………………… 223
609〜805

STAGE 5 | 飛翔 …………………………………………………… 291
806〜1000

外来語のスピードチェック60 ……………… 082 152 222 290 357

INDEX ……………………………………………………………… 358

ブックデザイン：竹内雄二

はじめに

"従来の単語集と何が違うの?"

1. 単語の選択方法

　選択基準は「竹岡の勘」です。「え！　勘なの」と驚かれるかもしれませんが、それで十分だと自負しています。「勘」と言っても、ベースとなったのは「竹岡塾」で使用していた「単語プリント1000語」です。このプリントは、10数年の歳月をかけて必要なものを加えたり不要なものを削除したりしながら少しずつ修正し、作成したものです。

　昔、ある国立大学の20年分の入試問題の英文をコンピュータで分析したところ、attitude より頻度が高かったのは Alexander でした。アレキサンダー大王を扱った英文があれば、その単語が頻度に直接影響するわけです。まさか Alexander を載せた単語集はないと思いますが、結局、「コンピュータ分析」したところで、どの単語を選択するかの最終判断は執筆者です。私は、週40時間以上という授業数をこなす中で、「生徒を困らせた」単語や、試験演習を採点する際「知っていたかどうかで差がついた」単語などを、先ほど述べた「単語プリント」に反映させてきました。竹岡塾生から「このプリントは1000語しかないのに、試験のポイントとなる箇所に本当によく出ています」と褒めていただきましたが、本書を活用していただければ、きっと皆さんにも、そのことを実感していただけると確信しています。

　なお、今回、単語集をまとめるにあたり、以下の単語は省略しました。
① 外来語として日本語になっている単語

access とか select とか communicate とか。従来の単語集はこのような単語まで扱っているため、語数が増えてしまうわけです。コンピュータやテレビゲームの影響で、カタカナとして定着した英語は昔に比べればずいぶん増えたと思います。こうしたカタカナ語の中で特に重要なものは見出し語として掲載し、それ以外のものでも必要と思われる単語は「外来語のスピードチェック60」で、合計300語を取り上げました。

② 主に熟語の一部として使われる単語

get rid of ～「～を処分する」の rid や、at the mercy of ～「～のなすがままになって」の mercy のように、英熟語の一部としては重要でも、単独で用いることが少ないものは省きました。

③ 英語を学習するなかで、誰もが必ず目にする単語

つまり、わざわざ単語集で覚えなくてもどこかで必ず覚えていく単語は省きました。中学で習う基本単語は当然のことながら、a problem「問題」、a lie「ウソ」、decide「決める」など、英語の学習者なら誰でも知っていると思われるものは、支障がないと判断した場合には省略しました。

2.「使い方」を提示しました

やはり単語は「使える」ことが一番大切です。criticize「批判する」、accuse「非難する」、blame「非難する」と覚えていても、「何かしっくりこない」という感覚を持ったことはありませんか？ それは、「何となく意味は覚えたけれど、どう使ってよいか分からない」からではないでしょうか？ どう使ってよいか分からない単語はすぐに忘れてしまいがちです。ですから、単語を「使える」形で暗記することは極めて重要なのです。

たとえば、「僕は昨日、トムが待っていてくれなかったことを非難した」という文を作る場合、「非難した」は、どの単語を使いますか？ もし、criticize を「批判する」、accuse を「非難する」、blame を「非難する」と覚えていてもどれを使ってよいか分かりませんよね。

1つ1つの「使い方」を見ていきます。まず、blame（60ページ）は「非難する」ではなくて、blame A for B で「Bの責任はAにあると考えている／Bの責任はAにあると言う」の意味です。つまり「責任の所在をはっきりさせる」という意味の単語です。もし、さきほどの日本語を英語にする時に blame を使うと、「トムが待っていなかったのはトムの責任である」ということになり、意味を成しません。

　では accuse（60ページ）はどうかと言うと、この単語は「誰もが認めるような悪いこと」をしたために「人を非難する」という意味です。ほとんどの場合、たとえば「財布を盗んだ」とか「器物を破損した」とかの犯罪行為に対して使われます。ですから「人を待っていなかった」というのは、accuse の対象としては軽すぎます。

　criticize（59ページ）は、「ある人が個人の意見として悪いと思うこと」をしたために「誰かを批判する、非難する」という意味です。つまり、「気にくわないと思うので批判する、非難する」という場合に使います。ですから、先ほどの日本語を英語にする場合には criticize が適しているわけです。

3.「覚え方」を提示しました

　この本を使われる方が、できるだけ無理なく頭に単語を残せるように「記憶のとっかかり」に様々な工夫をしました。「語源別」という無粋なことはせず、緩やかに語源が身につくように、時には「語呂合わせ」で笑っていただき、時には蘊蓄を披露し、何とか楽しんでいただけるようにしたつもりです。「私だけの覚え方」のようなものがありましたら、ぜひぜひ、はさみ込んである読者ハガキに書いて、編集部にお送りください。秀でたものは今後の紙面に掲載させていただきたく思います。

4．訳語の選択について

　当然のことですが、単語の訳語は文脈に応じて変幻自在です。たとえば

removeを「〜を取り除く」と暗記しても、そのままの訳語では使えません。remove the wallpaperは「壁紙をはがす」ですし、remove my makeupなら「化粧を落とす」です。そんな訳語を１つ１つ覚えていては、いくつ覚えても足りません。この単語集では、できるだけ単語の中心的意味に近い訳語を提示しています。ですから、従来の辞書や単語集とは少し異なるものもあります。

　たとえば、contributeでは「与える」という訳語を選択しています。この訳語が最も汎用性があると考えたからです。「原稿を出版社に与える」→「寄稿する、提出する」、「図書館に多くの本を与える」→「寄贈する」、「物理学の分野に自らを与える」→「貢献する」、さらにThe increase in the amount of carbon dioxide in the atmosphere has contributed to global warming. なら「大気中の二酸化炭素の増加が地球温暖化の原因となった」ですね。要するにcontribute toは、「contribute〝何か〟to〜」の省略形だと分かればよいわけです。そして単語の訳は、「giveよりも制限された文脈で用いるのだな」と暗記しておけばいいのです。

　ただ、日本語ではどうしても方向性が異なる場合には、訳語を２つ提示しておきました。たとえばclaimは、目的語によって「主張する」と「要求する」という訳語が可能です。この２つは日本語では意味が異なりますので訳語は２つです。邪魔くさいですが、これは覚えてくださいね。

▐▐語源についての思い▐▐

　漢字検定に挑戦中のイギリス人の知り合いは、「湖」という漢字が美しいと言います。「どうしてそう思うの？」と尋ねると、「『さんずい偏に古い月』なんて、いかにも日本の情緒を表していると思う」という答えが返ってきました。私自身、「湖」に対して、そんなことは考えてもみなかっ

たので、「へー、そうなんだ」と妙に感心してしまいました。母国語として言語を学習する際には、語源のことを気にすることはあまりありません。「『道』はなぜ『首』という漢字を使うのか？」と英米人に尋ねられて答えられる日本人は、そう多くないでしょう。

しかし、外国語として言語を学習する場合には、語源は大きな武器となります。

語源による学習法が世に広く知れ渡ったのは、1967年に発売された『英単語記憶術』（岩田一男著／光文社）の功績だと思います。「語源を使って英単語を6000語も覚えられる！」という夢のような本でした。この本が、日本の英語教育に与えた影響は相当大きかったはずなのですが、その後「語源で覚える」が主流になることはありませんでした。その理由は大きく分けて3つです。

① **うまく語源が説明できない単語は掲載されていない**

importやexportなどの語源が明快なものは掲載されていても、furiousやobscureなどの、語源が不詳、あるいは語源の応用性があまりないものは掲載されていないため、単語集として不完全な印象を持たれてしまう。だから、「中心的な単語集」としての地位を確立することができないわけです。

② **しばしば日常生活や受験とは無関係な単語まで掲載されている**

語源別に掲載するという体裁を整えるため、どうしても無駄なものを多数掲載してしまう傾向にあります。たとえ語源によって難単語が覚えやすいとしても、日常滅多に使わない単語や、試験に出ない単語は覚える気がしませんよね。ましてや、英語が苦手な人にとっては、不要な単語は苦痛でしかありません。たとえばvocation「天職」とadvocate「提唱者」は大切ですが、同語源のconvoke「～を召集する」は見たことがない人のほうが多いと思います。苦手な人にとっては、そのような単語を覚えるのが辛い

わけです。さらに、その類いの本は「使い方」に関する記述が貧弱で「結局どう使うのか」が分からないことも不人気の大きな要因だと思います。

③ 語源を学ぶことの効果が、今ひとつ分からない

語源は万能ではありません。語源の授業をすると「語源は万能だ」と勘違いする人がいます。つまり、「語源を覚えればどんな単語でも推測できる」という印象を持つようなのですが、それは間違いです。たとえば philosophy の phil- は【愛する】という意味ですが、phone の ph- は【音】という意味です。これは単語を見ただけで区別はできません。

invent「発明する」の in- は【中】ですが、innocent の in- は【否定】です。これも単語だけ見ても分かりません。ただし、何の手がかりもなく単語を丸暗記するよりは、innocent を in-【否定】 + -nocent【night 夜と同語源→夜＝悪という連想】から「悪がない」→「潔白な」と覚えれば、少しは覚えやすくなります。

語源を知っていれば単語の意味を推測することが可能になる場合もありますが、「語源はあくまで暗記のための手がかり」という認識が重要です。つまり「語源のおかげで暗記のための手がかりができた」ぐらいのイメージを持っていればいいわけです。

拙著『ドラゴン・イングリッシュ基本英文100』の巻末に、語源による単語の暗記法を掲載しましたが、その後、様々な出版社から「語源で覚える英単語」が発売されました。いよいよ日本の英語教育が「丸暗記」から脱皮する機会を得たわけです。ところが、相変わらず受験生が持っている単語集は丸暗記型が主流です。その理由は何でしょうか？

昔の受験生なら誰でも持っていた単語集に『試験に出る英単語』（通称、シケタン、あるいはデルタン）があります。この本は、当時としては珍しく、全ての単語に語源が掲載されていました。私もその単語集を愛用していた一人ですが、それを見て「語源は有用だ」と感じたことはありま

せんでした。ある単語の語源の記述を見たときに「in-（上）」と書いてあるのを見て、「in は『中』やろ！　語源ってややこしくて邪魔くさいな」と思い、語源からのアプローチを捨ててしまったわけです。

　本書『ドラゴン・イングリッシュ必須英単語1000』は、先ほど挙げたような語源につきまとう問題点をクリアするために、「覚え方」に工夫を凝らし、「楽しく」覚えられるヒントを満載しました。どのような工夫かは、この単語集を使う皆さんが発見していってください。1つ1つの単語の並べ方にまでこだわっていることが、お分かりいただけると思います。ちなみに「普遍的な」単語集を目指すべく一番最初は universal「普遍的な」から始め、最後の単語は gratitude「感謝」ということにしました。

▮▮多義語について▮▮

「山」と聞いて何をイメージしますか？　日本人のほとんどが a mountain を想像すると思います。では「山が当たった」「山が外れた」はどうでしょうか？　この「山」は「試験に出るところ」ですよね。また「山かけそば」の「山」は「とろろ」です。でも、日本語を学習する外国人に「山」を教える時、「多義語だから気をつけろ！」なんて言うのはいい考えとは思わないでしょう。「山」のような、ある特殊な環境が与えられた時に初めて特別な意味を持つ単語を、「多義語」と見なしてしまってよいのでしょうか？

　確かに「多義語」は存在しますが、「使用頻度」や「使い方」を考慮すれば、多くの場合、それらを「多義語」と呼ばずにすますことができるはずです。たとえば term（114ページ）は、語源的には terminal「終点」、determine「～を決める」と同じ「枠」の意味ですが、普通の英文に出てくる場合は「言葉、（専門）用語」の意味です。in our terms なら、「私た

ちの言葉で」→「私たちの観点から見れば」と訳せます。

　一方、long、short などの形容詞を伴った場合は「長い枠組み／短い枠組み」となり、これらを日本語にすると「期間」という訳語が当てられます。さらにそれが発展して「学期、任期、会期、刑期」という訳語になる場合もあるわけです。また We are on good terms. の場合には「〜の枠組みの上にいる」から「〜という間柄」という訳語が当てられています。さらに、ビジネスの世界では、たとえば offer good terms なら「良い枠組みを申し出る」から「条件」という訳語が妥当になります。これらは使われる環境に応じて訳語が変わるだけであって、「その単語にたくさん意味がある」というわけではないのです。ですから、この単語集では「多義語」という扱いは極力さけて、「普通、どんな意味で使うのか」を提示しました。

派生語について

　動詞の名詞形については、基本的に訳語を掲載していません。これは、動詞の名詞形は「動詞の名詞形」として覚えるべきだからです。「名詞構文」という文法事項を学習したことがある人なら、動詞の名詞形は「動詞の名詞形」として覚えるべきだ、ということを十分に分かっておられるでしょう。

　たとえば We got married without our parents' knowledge about it. という英語を生徒さんに訳してもらうと、「親のそれに対する知識なしに結婚した」などとする人が、けっこうたくさんいます。これは「knowledge＝知識」と覚えている弊害です。knowledge は know の名詞形だから、「知っているということ」「知っているもの（＝知識）」と覚えておくべきで、もしそのように覚えていたら「僕たちは親に知らせずに結婚した」と訳せるわけです。

単なる派生語としてすませてはいけない場合には、1つの単語として掲載しました。たとえば、substance「(基本となる)物質」を覚えていてもsubstantial「(数量が)かなりの」は思いつきません。このような語は派生語として覚えるべきではありません。

　昔の英語学習法には必ず次のような一節がありました。「1つの単語を辞書で引いたら、その前後の派生語を探して一緒に覚えなさい。そうすれば1回に2倍、3倍もの単語が覚えられます」。ここにはある程度の真理が含まれています。ですが、それよりも、中心的な単語1語を頭に定着させることにエネルギーを使うべきです。派生語はその後でも十分です。

使い方について

　いわゆる「普通の単語集」に比べて1語1語の解説の記述量が多いので、最初は「これは大変だ！」と思われることでしょう。ですからぜひ、適切な使用方法を確認しておいてください。「使い方」「ONE POINT」に掲載してある事項は、あくまでも暗記のためのプラスαですから、「これを全部覚えなければ!!!」とあせるのは止めましょう。「遠回りこそ近道！」です。じっくり記憶に定着させて、楽しみながら覚えていただければ幸いです。付属のCDも十分に活用してください！　気合のある人なら、数週間で全てを頭に入れることも可能でしょう。さあ、いよいよ日本の英単語革命の始まり始まりです。

1．まず英単語を見て知っているか知らないかを確認する。
　　　　↓
2．知らない場合には、「覚え方」を読んでみる。
　　　　↓

3．「使い方」を読んで、イメージを膨らませる。
　　　　　↓
4．「ONE POINT」を読んで、さらに記憶を定着させる。
　　　　　↓
5．CDを使い、正しく発音できるように反復する。
　　　　　↓
6．以上の作業を毎日繰り返す。

❚❚さあ、始めよう❚❚

　高校時代の竹岡少年は、勤勉でしたが英語は嫌いでした。ある日、「単語を覚えよう！」と思い立って、『トレーニングペーパー1000語』という単語練習帳を買い、来る日も来る日も、電車の中でも休み時間もひたすら単語の暗記に没頭しました。発音して、書いて書いて書きまくりました。そして何と、10日でその練習帳を終わらせることに成功したのです。エライですね。ところが翌日、自分で試験してみると、覚えていたのはnumerous「多くの」だけでした。「俺は何てアホなんや‼!」と自分に絶望したことを覚えています。でも、そのような学習の方法を間違えている人は、全国に何万人、何十万人といると思います。
「来週、○×ページから◇□ページまで試験します」というかけ声の下、全国の高校生が電車の中で単語集を丸暗記し（コロケーションで覚える、文の中で覚えると言われても、結局は丸暗記！）、次の日にはほぼ忘れている、という不毛なことが今日も繰り返されています。私は、この負の連鎖に終止符を打ちたくて単語集の執筆を決心しました。社会人の皆さんにも、「こうして覚えたらよかったんだ！」という気持ちを持っていただき、「単語って面白いね」と思っていただければ幸いです。

STAGE 1 ▷ 序章

遠回りこそ近道！あわてず、騒がず、ゆっくりと単語を身につけて行こう。いよいよ「単語は丸暗記」という既成概念から脱出する時が来た。ただの暗記から理解して覚える楽しさへ。「単語は面白い」の始まり、始まり！

●本書での約束事

【品詞表示について】
名 名詞　動 動詞　形 形容詞　副 副詞　前 前置詞　接 接続詞

【語彙について】
[ ] 言い換え可能　( ) 省略可能

【発音記号・アクセントについて】
原則として米語音を採用
「́」が第1アクセント、「̀」が第2アクセント
( )部分、あるいはイタリック部分は省略可能

※付録のCDでは、すべての訳語を読み上げているわけではありません。

1 universal　普遍的な　形

/jùːnəvə́ːrs(ə)l/

覚え方　universe「宇宙」は、uni-【1つ】+ -verse【回る】から「渦巻き状の宇宙」のイメージ。uniform は「形が1つ」で「ユニフォーム、均一な」。unicorn は「角が1つ」の生き物で「一角獣」です。

使い方　outer space「宇宙空間」に対して、the úniverse は「この世のありとあらゆる物」という広大なイメージがあります。ですから universal は「この世のすべてに当てはまる→普遍的な」となります。"Time is money" is a universal truth. 「『時は金なり』は普遍的な真理だ」。

ONE POINT　a univérsity は「様々な学部が1つにまとまった所」の意味。

2 climate　気候　名

/kláɪmət/

覚え方　clim-【傾く】から、「赤道から両極への傾き」が原義。この傾きによって気候が変化することから。climb「登る」が同語源。

使い方　ある土地の年間を通じての「気候」で可算名詞。Siberia has a harsh climate.「シベリアは過酷な気候である」。日々変わる「天気」は weather でこちらは不可算名詞です。In clear weather you can see the island from here. 「天気がよい時はここから島が見える」。

ONE POINT　比喩的に the social climate「社会情勢」、the Japanese cultural climate「日本の文化的風土」などでも使います。

3 incredible　信じられない　形

/ɪnkrédəb(ə)l/

覚え方　in-【否定】+ -credi-【信用】+ -ble【= able できる】から「信用できない」の意味です。a credit card は「信用カード」が直訳です。

使い方　「本当なんだろうけれど、奇妙で驚きだ」の感じです。It is incredible! You can download books on your cell phones. 「信じられない！本を自分の携帯電話にダウンロードできるんだよ」。副詞をつくる -ly をつけて incredibly「信じられないほど」でも使います。an incredibly great story「信じられないほど素晴らしい話」。

ONE POINT　「信じられない」を意味する一般的な語は unbelíevable です。

4 wear ～ ～を身につけている 動

/wéər/

覚え方「ベビーウェア」は英語では baby clothes と言います。
使い方「～を身につけている」という状態を表す動詞です。目的語には a hat「帽子」、a wig「かつら」、earrings「イヤリング」、a T-shirt「Tシャツ」、jeans「ジーパン」、a seat belt「シートベルト」などが可能です。put ～ on は「身につける」という動作を表す動詞です。Tom has lost his contact lenses, and he is now wearing glasses.「トムはコンタクトレンズをなくしたので、今眼鏡をしている」。
ONE POINT wear out で「(靴や服が)すり減る」という意味です。My shoes are beginning to wear out.「靴がすり減ってきている」。

5 describe ～ ～がどのようなものか説明する 動

/dɪskráɪb/

覚え方 de-【= down 下に】+ -scribe【= write】から「書き留める」の意味です。a script「台本」、scribble「書きなぐる」が同語源。
使い方「～を描写する」という硬い日本語よりも「～がどのようなものか説明する」という訳語のほうがピッタリです。explain ～「～を説明する」より日常的な単語です。How would you describe your ideal husband?「どんな男性が理想的な夫か説明して下さい」。
ONE POINT 名詞形は description。S is beyond description「Sが(良すぎて、悪すぎて)簡単には説明できない」という意味です。

6 concentrate on ～ ～に集中する 動

/káns(ə)ntrèɪt/

覚え方 con-【= together 集めて】+ -centra-【= center 中心】から「中心に集める」というイメージです。
使い方 concentrate A on B で「AをBに集中させる」です。目的語に oneself が置かれた concentrate oneself on ～ から oneself が脱落した concentrate on ～「～に集中する」も重要です。concentrate on one's studies「勉強に集中する」。
ONE POINT 名詞形は concentrátion です。This job requires strong powers of concentration.「この仕事にはかなりの集中力が必要となる」。

7 **brief**　短い　形

/bríːf/

覚え方　男物の短いパンツのことを「ブリーフ(briefs)」と言います。元は【ラテン語 *brevis* 短い】から来ました。

使い方　期間を示す名詞と共に使います。a brief period「短い期間」。さらに、発言や説明が「短い」でも使います。a brief description of the film「その映画の短い説明」。brief and to the point で「簡潔で要領を得た」の意味。

ONE POINT　in brief で「手短に言えば」です。

8 **fold 〜**　〜を折りたたむ　動

/fóuld/

覚え方　fold 〜「〜を折りたたむ」。反意語は unfold 〜「〜を開ける」です。なお、bend 〜は「〜を曲げる」です。

使い方　「〜を半分に折る」なら fold 〜 in half、「服をたたむ」なら fold up one's clothes、fold a sheet of paper into a crane「折り紙で鶴を折る」、「腕を組む→腕を折りたたむ」なら fold one's arms。Fold this paper along the dotted line.「点線に沿ってこの紙を2つに折りなさい」。自動詞でも使えます。My cell phone folds in half.「僕の携帯は二つ折りです」。

ONE POINT　a folding bicycle は「折りたたみ式の自転車」です。

9 **deliver 〜**　〜を届ける　動

/dɪlívər/

覚え方　de-【= down 離す】+ -liver【ラテン語 *liberate* 自由にする】から「手もとから自由にする」→「(相手に)届ける」になりました。

使い方　「(小包、品物など)を届ける」が基本的な意味です。A letter-bomb was delivered to the prime minister last Tuesday.「この前の火曜日に手紙に潜ませた爆弾が首相に配達された」。deliver a lecture「講演をする」も重要です。他にも「犯人を警察に引き渡す」などでも使いますが、「届ける」と覚えておけば十分です。

ONE POINT　delivery が名詞形です。pay on delivery「着払いにする」、a delivery day「配達日」、home delivery service「宅配便」。

10 **remark** 発言 　名

/rimáːrk/

覚え方 re-【再び】+ -mark【印をつける】から、「何度もチェックせよという発言」が原義です。今では「(普通の)発言」の意味です。
使い方 make a ～ remark で「～な発言をする」です。複数形にしてもOKです。a humorous remark なら「ユーモアのある発言」です。また動詞は名詞と同形で、remark that SV で「(気がついたこと)を述べる」の意味です。
ONE POINT remárkable は「再び印をつけたくなる」から「注目に値する、顕著な」の意味です。a remárkable tálent「注目に値する才能」。

11 **consider ～** (ある決定や選択をするために)～を考慮する 　動

/kənsídər/

覚え方 「考える」というよりも「考慮に入れる」という感じです。
使い方 「(ある決定や選択をするために)～を考慮する」の意味。Have you considered my feelings?「私の気持ちを考慮したことあるの?」。動詞を目的語に置く場合は動名詞にします。consider changing one's job「転職を考えている」。名詞形は considerátion「考慮、思いやり」です。形容詞形の consíderate は「思いやりのある」、consíderable は「(考えることができる限り)かなりの」の意味です。
ONE POINT considering that SV「SVを考慮すれば」は特に英作文で大切です。consider + O +(to be)～「Oを～と考える」も要注意。

12 **exactly** 正確に 　副

/ɪgzǽktli/

覚え方 exact【正確な】+ -ly【副詞をつくる】。
使い方 exactly + 疑問詞の形でよく使います。また not exactly で「正確には～ない」という部分否定になります。I do not know exactly when I can finish this work.「この仕事をいつ終えることができるか正確には分かりません」。会話で Exactly. と言えば「その通り!」、Not exactly. なら「ちょっと違います」の意味です。
ONE POINT 形容詞形の exact「正確な」は、「寸分の狂いもないほど厳密で正確な」の意味です。the exact date/time/cause/location/réplica「正確な日付／時間／原因／場所／複製品」。

13 last

(ある一定の時間)続く 動

/lǽst/

覚え方 「どれくらい続くか」を示す副詞を伴うのが普通です。

使い方 「劇、芝居、会議などが〜時間続く」といった場合から、「自転車や着物が〜年長持ちする」という場合にまで使えます。A good bag will last (for) twenty years.「よいカバンは20年はもつ」。David's relationship with Sarah lasted for just a month.「デイヴィッドとセイラとのつきあいは1ヵ月しか続かなかった」。

ONE POINT 形容詞のlastを用いたthe last〜で「〜しそうにない人/モノ」の意味です。You are the last person I expect to see in a movie theater.「映画館で君に会うとは思っていなかったよ」。

14 attitude

態度 名

/ǽtət(j)ùːd/

覚え方 実用英語技能検定試験(英検)の面接試験の評価基準にattitude「態度」があり、これは英語で意思疎通を図る姿勢が評価されます。

使い方 定訳は「態度、姿勢」です。have/show a 〜 attitude toward/to…「…に対して〜な姿勢を持っている/示す」で覚えてください。Jane shows a bad attitude toward her teachers.「ジェーンの教師に対する態度は悪い」。

ONE POINT 文脈によっては「姿勢」という訳のほうが妥当。

15 enable O to (V)

OがVするのを可能にする 動

/ɪnéɪb(ə)l/

覚え方 en-【動詞を作る接頭辞】+ -able【可能な】から「可能にする」。enjoy 〜「〜を楽しむ」はen- + -joy【喜び】からです。endanger 〜なら「〜を(絶滅などの)危険にさらす」、enrich 〜なら「〜を豊かにする」、enclose 〜なら「〜を囲む」という意味です。

使い方 S enable O to (V)「SはOが〜するのを可能にする」という意味です。意訳して「SのおかげでOは〜できる」でもOKです。Hard training enabled me to win the race.「ハードトレーニングのおかげでそのレースに勝てた」。

ONE POINT ableの反意語unábleと区別してください。

16 suppose ~ 　　～と思う　　動

/səpóuz/

覚え方 sup-【= sub 下】+ -pose【置く】から「ある事柄の下に置く」→「仮定する」になりました。同系列の a posítion は「位置」ですね。
使い方 suppose(that) SV は、think(that) SV と意味はほとんど変わりませんが語調がやわらかです。Suppose[Supposing]SV は「SV だと仮定しよう」という意味。Suppose[Supposing]you got lost here, what would you do?「ここで迷子になったとしよう。どうする?」。
ONE POINT be supposed to(V)で「Vすることになっている」は重要。Surgeons are supposed to keep their fingernails short.「外科医は指の爪を短くしておかねばならない」。

17 rarely 　　めったに～ない　　副

/réərli/

覚え方 トレーディングカードで「レア」と言えば、めったに手に入らない「まれな」カードです。
使い方 a rare book「希少本」などのように「めったに見られない」という意味での「まれな」です。副詞の rarely は seldom「めったに～ない」より口語的です。どちらの単語も「回数が少ない」という意味です。William is shy and he rarely asks questions in class.「ウィリアムは内気だから授業中めったに質問しない」。rarely の反意語は often「しばしば」や fréquently「頻繁に」です。
ONE POINT ステーキの焼き加減で rare は「あまり火を通さない」です。

18 fire ~ 　　～をクビにする　　動

/fáıər/

覚え方 fire は「火」ですが動詞もあります。fire a gun で「銃を発砲する」、fire 人で「人をクビにする」の意味です。
使い方 I have just been fired from my part-time job. で「アルバイト先をクビになってしまった」。の意味です。なお、fire 関連の単語で知っておいてほしいものは多いですね。a fire alarm「火災報知器」、a fire drill「火災避難訓練」、a fire engine「消防車」、a fire extínguisher「消火器」、a firefighter「消防士」、a fire station「消防署」、fireworks「花火」、a firefly「ホタル」、a fireplace「暖炉」。
ONE POINT 反意語は hire ～「～を雇う」です。

19 **wealthy** 裕福な 形

/wélθi/

覚え方 名詞形が wealth「富」で、形容詞形が wealthy「裕福な」です。health「健康」、healthy「健康的な」と同じ変化ですね。

使い方 長期にわたってとても rich な状態です。「人」以外でも使えます。the wealthy nations of the world「世界の裕福な国家」。Nancy comes from a wealthy family.「ナンシーは裕福な家庭の出身である」。なお、a wealth of ~ で「(良いもの、役立つものなど)多くの~」の意味です。

ONE POINT the wealthy で「裕福な人々」の意味です。

20 **false** 偽の 形

/fɔ́ːls/

覚え方 【ラテン語 *fallere* 裏切る】から。fail「失敗する」、a fault「欠点」も同語源の単語です。true「本当の」の反意語です。

使い方 「偽の」という意味で幅広く使います。a false impression「誤った印象」、a false start「フライング」、a false tooth「義歯」、false eyelashes「つけまつげ」、a false name「偽名」、false information「誤った情報」です。

ONE POINT T/F というのは true or false の略形です。

21 **expect ~** (未来のことについて)~と思う 動

/ɪkspékt/

覚え方 ex-【外】+ -spect【見る】から「未来のことを見る」。

使い方 未来のことについて「思う」という意味で think とは違います。目的語がプラスなら「期待する」という訳もできます。expect to (V)、expect that SV、expect O to(V) の形でよく使います。I did not expect Japan to do so well in the tournament.「日本がそのトーナメントでそれほど善戦するとは思わなかった」。名詞形は expectátion です。live up to one's expectation で「期待に添う」の意味です。

ONE POINT 「想定の範囲内」なら within expectátions です。

22 exchange A for B

/ɪkstʃéɪndʒ/

AをBと交換する 動

覚え方 ex-【外】+ -change から、元は change が強調された形。
使い方 「何かを差し出すと同時に同種のものをもらう」という「交換」に用います。exchange e-mail addresses「メルアドを交換する」、exchange ideas「考えを交換する」。exchange A for B の形でも使います。exchange one's yen for dollars「円をドルに交換する」。名詞形も同じ exchánge「交換」です。an exchange ticket は「(クリーニングなどの)引換証」のことです。
ONE POINT 同種のものをもらわない「交換」は change です。「電池の交換をする」change the bátteries。

23 warn ～

/wɔ́ːrn/

～に警告する 動

覚え方 "Star Wars"『スター・ウォーズ』の war は「戦争」です。それに"n"が付いた形です。
使い方 warn + 人 + to(V)「～するように警告する」、あるいは warn + 人 + about ～「人に～に関して警告を与える」で暗記。The doctor warned me not to eat over 2,000 kilocalories a day.「医者は私に一日2000キロカロリー以上摂らないようにと警告した」。名詞形は warning です。
ONE POINT 「警告ランプ」のことを a warning lamp と言います。また「威嚇(かく)射撃」は a warning shot です。

24 pleasure

/pléʒər/

喜び 名

覚え方 please ～「～を満足させる」の名詞形です。The Beatles の "Please Please Me"は「どうか私を満足させてください」です。
使い方 give pleasure to ～「～に喜びを与える」、take pleasure in (V)ing「～を喜んでやる」などで使います。原則的には不可算名詞ですが、具体的な「1つの喜び」なら可算名詞の扱いです。find pleasure in gazing at the stars「星を見ることに喜びを見いだす」。It's a great pleasure to meet you.「あなたにお会いできてとても嬉しいです」。形容詞形は pléasant「楽しい」です。
ONE POINT joy は「強い喜び」。weep for joy「嬉しくて泣き出す」。

25 bill

/bíl/

請求書 〔名〕

覚え方 レストランで日本人が"Beer, please."と言うと、「お勘定をお願い」と間違えられることがあります。

使い方 基本的には「(電話、電気、ガス、水道などの)請求書、明細書」のことです。The bill for the repairs came to $200.「修理代金は200ドルだった」。「法案」の意味もあります。pass a new bill「新しい法案を通す」。Here is your bill.「明細書をご確認ください」。

ONE POINT 米語では「紙幣」の意味にもなります(イギリス英語ではnote)。a one-hundred-dollar bill「100ドル紙幣」。

26 flat

/flǽt/

平らな 〔形〕

覚え方 【古ノルド語 *flatr* 平らな】から。音楽用語の「フラット(半音下げる)」は「音を平らにする」から。また「10秒フラットで走る」run in ten seconds flat は「端数はすべて平ら→端数がない」から。

使い方 a flat road「平坦な道」、flat land「平坦な土地」が基本的な用法ですが、have a flat tire (= have a puncture)で「タイヤがぺちゃんこになる」→「パンクする」も重要。flat の強調語は as flat as a pancake。Our car had a flat tire on the way to the beach.「車が海に行く途中でパンクしました」。

ONE POINT イギリス英語では a flat で「アパート」の意味です。

27 flatter ～

/flǽtər/

～をおだてる 〔動〕

覚え方 flat-【平ら】から、「人間関係を滑らかにする」が原義。

使い方 「本当はそう思っていないのに相手をほめる」という意味です。Don't try to flatter me.「僕のご機嫌をとろうとするのはやめてくれ」。名詞形は fláttery「お世辞」です。use flattery「お世辞を使う」。

ONE POINT flatter oneself は「自分自身にお世辞を言う」から「思い上がる」という意味です。Don't flatter yourself.「思い上がるな」。

28 vacant

使用されていない 形

/véɪk(ə)nt/

覚え方 va-【空】から「本来いるべき人がいない状態」。同語源の単語には a vacátion「休暇」、vast「(元は人がいない)広大な」、vácuum「真空」などがあります。

使い方 「(座席、便所、部屋などが)使用されていない」です。Only a few apartments are vacant. 「アパートの空いている部屋はごく僅かしかない」。

ONE POINT 「空の」は émpty を用います。an empty bucket「空のバケツ」。なおトイレの掲示で Vacant は「未使用」⇔ Óccupied『使用中』です。

29 occupy ～

(時間、空間)を占める 動

/ákjəpàɪ/

覚え方 oc-【= ob ～に対して】+ -cupy【ラテン語 *capere* 取る】から。cápture ～「(敵など)～を捕まえる」は同語源の単語です。

使い方 「(時間、空間)を占める」が基本的な意味です。「(軍隊が)～を占領する」の意味でも使います。人 + be occupied with ～ は「～で占められている」→「～で忙しい」になります。Israel still occupies large areas of Palestinian land. 「イスラエルはいまだにパレスチナの土地の多くを占有している」。

ONE POINT occupátion は「占有」から「人生を占有するモノ」→「職業」の意味です。My occupation is teaching. 「職業は教師です」。

30 exist

存在する 動

/ɪgzíst/

覚え方 ex-【外】+ -ist【-sist「立っている」のsの脱落】から、「目に見えるところに存在する」が原義。

使い方 日本語と同様「存在する」の意味で使えます。God exists. 「神は存在する」。The earth has existed for over four billion years. 「地球は40億年以上もの間存在している」。なお名詞形は exístence「存在」です。

ONE POINT 次の2つの熟語的な表現に注意してください。lead a happy existence「幸福な生活を送る」、a struggle for existence「生存競争」。

31 insist on ~　～と言い張る　動

/ɪnsíst/

覚え方 in-【中】+ -sist【立っている】から、「あることの中に足を踏み入れ立っている」イメージです。

使い方 「(周りを無視して)言い張る」の意味です。insist on (V)ing で暗記。on は「接触」で、「～にくっついて離れない」です。また、that 節がうしろに来る時は on が脱落し、that S +(should)+動詞の原形の形になります。Bill insisted on paying the bill himself.「ビルは勘定は自分が払うと言い張った」。名詞形は insistence「言い張ること」です。

ONE POINT I insist. は「どうしてもそうさせてください」の意味です。

32 resist ~　～に抵抗する　動

/rɪzíst/

覚え方 re-【= back 逆らって】+ -sist【立つ】から、「抵抗する」。

使い方 「～に抵抗する」という日本語とほぼ一致します。can't resist + 名詞、動名詞で「(誘惑など)に抵抗できない」という意味です。I cannot resist eating chocolate ice cream.「チョコレートアイスを見るとついつい食べてしまう」。それ以外でも使えます。This virus resists antibiotics.「このウイルスは抗生物質に強い」。This wall can resist fire.「この壁は耐火性だ」。

ONE POINT 名詞形の resístance「抵抗」は、理科ではRですね。形容詞形は resistant。heat-resistant で「耐熱の」。

33 A require B　AにはBが必要だ　動

/rɪkwáɪər/

覚え方 requést「要求」は有名ですね。require も似たような意味だと覚えてください。re-【= back】+ -qu-【探し求める】が語源です。

使い方 A require B. で「AにはBが必要だ」と訳すとうまくいきます。Aには「人」より「モノ」がくるのが普通です。Does this letter require any reply?「この手紙には返事が必要ですか?」。

ONE POINT a requírement は「必要となるもの、必要条件」の意味です。the admission requirements なら「入学資格」という意味になります。

34 capable （～するだけの）力がある 形

/kéɪpəb(ə)l/

覚え方 catch と同じ語源で、「受け入れることができる」が原義。
使い方 be capable of ～で「～するだけの力がある」という意味。The coach is capable of carrying sixty passengers.「その長距離バスは60人の乗客を運ぶことができる」。「（マイナスのこと）をやりかねない」でも使えます。Tom is capable of murder.「トムは殺人をやりかねない」。名詞形は capability「能力」です。
ONE POINT 名詞の前に置いて「（何かに秀でていて）有能な」の意味で使うこともあります。a capable lawyer「有能な弁護士」。

35 reply to ～ ～に返事する 動

/rɪpláɪ/

覚え方 re-【= back】+ -ply【ラテン語 *plicare* 折り曲げる】から「～を曲げて戻す」→「返事（する）」に発展。a réplica「レプリカ（DNAの複製のように折り曲げて作られる）」が同語源です。
使い方 answer ～ は他動詞ですが、reply は自動詞です。reply to ～「（人の言葉、手紙など）～に返事する」で使います。reply to his letter「手紙に返事を書く」。reply to のあとに that 節を持ってくる場合には to を省き、見かけ上、他動詞に見えます。
ONE POINT 名詞形は replý で同じ形です。

36 complicated （理解や扱いが難しく）複雑な 形

/kámpləkèɪtəd/

覚え方 com-【= together】+ -plic-【ラテン語 *plicare* 折り曲げる】から「すべてが曲げられている」→「複雑な」という意味になりました。
使い方 主に「（理解や扱いが難しく）複雑な」という意味です。complicated instructions「（理解できないぐらい）複雑な指示」、a complicated device「複雑な装置」、a complicated process「複雑な過程」、a complicated situation「複雑な状況」。
ONE POINT complicated は、マイナスイメージの単語で口語です。文語でプラス・マイナスどちらにも使えるのが complex です。

37 **advance**

/ədvǽns/

前進、進歩　　　　　　　　　　　　　　　　　　　　　名

覚え方【ラテン語 *abante* 前進】がいくつかの変遷を経て今の綴りになりました。an advántage「他より進んだところ→利点」も同語源。
使い方 an advance in ~ で「~の進歩」です。a recent advance in technology で「最近の科学技術の進歩」。動詞も同形で「(人、軍隊などが)前進する」から「進歩する」になりました。他動詞ではあまり出てきませんが「(時計)を進める」、「(期日など)を繰り上げる」などの意味です。形容詞形の advánced は「進んだ、進歩している」という意味です。
ONE POINT in advance は「(時間的に進んだところで→)前もって」。

38 **claim ~**

/kléɪm/

①~と主張する　②~を要求する　　　　　　　　　　動

覚え方【ラテン語 *clamare* 大声で叫ぶ】からきた単語で「(当然のように)要求する、主張する」という意味で用いられます。
使い方 ① claim that SV/claim to(V)で「(証明されてはいないが)~(が正しい)と主張する」という意味です。The suspect claimed that he was innocent of the murder.「その容疑者はその殺人事件に関して自分は潔白だと主張した」。② claim + 名詞の場合、「(公式に)~を(当然のように)要求する」という意味で用います。claim damages「損害賠償を請求する」。
ONE POINT 名詞も同形です。空港の「荷物受取場」は baggage claim。

39 **common**

/kámən/

ありふれた、共通の　　　　　　　　　　　　　　　　形

覚え方 基本的な意味は「共通の」ですが、「世間に共通の」→「ありふれた」という意味で、popular「人気のある」とは違います。
使い方 a common evént「ありふれた出来事」、a common family name「ありふれた苗字」、a common mistáke「よくやる間違い」、a common belief「広く信じられていること」。また、It is common for ~ to(V)「~がVするのは珍しいことではない」も重要です。a common language は「共通言語」です。
ONE POINT have ~ in common「~という共通点がある」の場合は、common は名詞の扱いです。

40 **bully ~**　　～をいじめる　　動

/búli/

覚え方 bully は【オランダ語 *boel* 愛人、兄弟】からきた単語ですが、a bull「雄牛」の荒々しいイメージで覚えたほうがいいですね。

使い方 bully ～ は「(年下の者や弱い者)をいじめる」の意味です。「いじめられっ子」は a bullied child です。Jimmy began to play hooky because he was bullied at school.「ジミーは学校でいじめられているので学校を無断欠席し始めた」。

ONE POINT 「(小さな動物)を虐待する」は mistréat ～ と言います。

41 **borrow A from B**　　BからAを(無償で)借りる　　動

/bárou, bɔ́:rou/

覚え方 「貸す」は2文字。「借りる」は3文字。lend は4文字、borrow は6文字で、それぞれの長さが比例していますね。

使い方 borrow A from B「BからAを(無償で)借りる」という意味です。I borrowed two novels from the library last week.「先週私は図書館から小説を2冊借りた」。お金を出して借りる場合は rent A from B となります。また lend は lend ＋ 人 ＋ ～「人に～を(無償で)貸す」の意味です。あるいは lend ～ to 人 とします。

ONE POINT SVOO の場合、代名詞を目的語にして lend him it/lend Tom it とは言えません。その場合は、lend it to ～ とします。

42 **owe ~**　　～を借りている　　動

/óu/

覚え方 borrow ～ は「～を借りる」という動作を表しますが、owe ～ は「～を借りている」という状態を表します。IOU「借用証書」は、I owe you. の音から作られた単語です。

使い方 owe ＋ 人 ＋ ～ で「人に～を借りている」の意味です。I owe my sister $30.「姉に30ドル借りている」。I owe him a drink.「彼に酒をおごってもらった借りがある」。give と同様に owe ＋ ～ ＋ to 人 の形でも使え、その場合には～に my success「私の成功」などの抽象的な名詞がくることもあります。

ONE POINT owing to ～ は「～が原因で」という硬い熟語です。

43 deny 〜

〜を否定する　動

/dɪnáɪ/

覚え方 de-【= down 強意】+ -ny【= negate 否定する】から。「デナイと否定する」という古典的な語呂合わせは発音が悪いですね。
使い方 deny + 名詞、あるいは that SV で「〜を否定する」。Ann denied that she had stolen Tracy's purse.「アンはトレイシーの財布を盗んだことを否定した」。名詞形は denial です。
ONE POINT☞ deny + 人 + 〜「人に〜を与えない」というのも大切です。Women in those days were denied the right to vote.「その当時の女性は選挙権が与えられていなかった」。

44 awake

目を覚まして　形

/əwéɪk/

覚え方 a-【状態を示す】+ -wake【目が覚めている】から。alive「生きている」、asleep「眠っている」なども、同じ a- で始まっています。
使い方 「目を覚まして」という形容詞で、asleep「眠っている」の反意語です。My father's snoring kept me awake last night.「父のいびきのため昨晩は眠れなかった」。動詞「目が覚める、〜の目を覚まさせる」でも使います。口語では wake up が一般的です。
ONE POINT☞ 「半分目が覚めている」は half awake です。

45 increase

増加する　動

/ɪnkríːs/

覚え方 in-【中】+ -creas-【生じる】から「増加する」。同語源の単語は create 〜「〜を創造する」、a créscent「三日月」です。
使い方 the temperature「温度」、the population of this town「この町の人口」、the unemployment rate「失業率」を主語にとることはできますが、「(〜な) 人々が増えている」という場合には the number of people who 〜 と、「数」を明確にします。また「〜の量」は the amount of 〜 とします。名詞形も同じ increase です。また、incréasingly で「ますます」の意味です。
ONE POINT☞ 反意語は decrease「減少、減少する」です。

46 **gradually** 徐々に 副

/ɡrǽdʒuəli/

覚え方 grad-【= grade 等級】が一段ずつ上がる感じ。graduate from ～「～を卒業する」は、一番上の段に上がった感じですね。

使い方 形容詞形は grádual です。the gradual change of the four seasons「ゆっくりとした四季の変化」。これに ly をつければ副詞形です。My back got better gradually, thanks to regular mássages.「いつもマッサージを受けていたため腰の状態は徐々によくなった」。

ONE POINT gradual の反意語は súdden「突然の」で、gradually の反意語は súddenly「突然」です。

47 **solve ～** ～を解決する 動

/sɑ́lv/

覚え方 【ラテン語 *solvere* 解放する】から。

使い方 solve a problem「問題を解決する」が有名ですが、それ以外にも目的語として a crime「犯罪」、a crisis「危機」、a riddle「なぞなぞ」、a puzzle「パズル」などをとります。

ONE POINT 名詞形の a solútion to ～「～の解決策、(パズル等)の答え」も重要です。We should find a peaceful solution to the cónflict.「我々はその対立の平和的な解決手段を見つけねばならない」。また、「溶解、溶液」の意味でも用います。

48 **origin** 起源 名

/ɔ́(ː)rədʒən/

覚え方 ori-【ラテン語 *orini* 太陽が昇る】から。数学のxy平面上の原点Oは Origin の略称。Aborígine「(オーストラリアの)アボリジニ」は ab-【= away 離れて】+ origin【起源】→「最初からいた人」。

使い方 「起源」の意味で広く使われます。the origin of a river「川の源流」。a word of Latin origin「ラテン語を起源に持つ単語」。

ONE POINT 形容詞形は oríginal で「最初の」が基本的な意味で、「独創的な」でも使います。the original owner of the house「家の最初の持ち主」、invent an original design for a chair「独創的なイスのデザインを考案する」。

49 organization　組織　[名]

/ɔ́:rg(ə)nəzéɪʃ(ə)n/

(覚え方) organ + -ize【動詞語尾】。an organ は「教会などにあるパイプオルガン」をイメージしてください。大小様々な筒からなっていますね。「そうしたものを1つにまとめる」が organ + -ize ～です。

(使い方) 動詞形は órganize ～「～をまとめる、～を組織化する」です。organize one's ideas「考えをまとめる」、organize the meeting「その会議を主宰する」、organize workers into a union「労働者をまとめて組合を作る」。The United Nations is an international organization.「国連は国際組織だ」。

ONE POINT　a highly organized system は「よく整ったシステム」。

50 force O to (V)　OにVすることを強制する　[動]

/fɔ́:rs/

(覚え方) force【力】。物理の F = ma の F もこの force です。an effort「【ef- = ex- 外】努力」、forte「フォルテ」が同語源です。

(使い方) 名詞と動詞が同形です。Bad weather forced us to call off the picnic.「悪天候のため、ピクニックを中止せざるを得なかった」。名詞の force は「力」です。the forces of nature「自然の力」。「軍隊」という意味でも使います。the Self-Defence Forces「自衛隊」、US forces「米軍」。

ONE POINT　f の発音をしっかりやらないと horse「馬」になります。

51 plain　明白な、飾り気がない　[形]

/pléɪn/

(覚え方) plain は「平らな、何もない」が中心的なイメージの単語。名詞では「平原、平野」ですが、形容詞としてよく使われます。「関東平野」は the Kanto plain と言います。

(使い方) 訳は後ろの名詞により様々です。a plain fact「明白な事実」、plain English「分かりやすい英語」、a plain skirt「地味な(=飾り気のない)スカート」、plain clothes「(警官の)私服」、plain paper「無地の紙」、a plain woman「美しくない女性」、a plain ómelet「プレーンオムレツ」、a plain breakfast「簡単な朝食」。

ONE POINT　a plane「飛行機」が同音です。

52 **explain A to B** BにAを説明する 動

/ɪkspléɪn/

覚え方 ex-【外へ】+ -plain【平らにする】から。「明白さを外に出す」というイメージです。

使い方 explain + to 人 + 〜 / explain + 〜 + to 人、という形をとります。explain +人 + 〜、という形をとらないことに要注意です。explain the subjúnctive mood to them「彼らに仮定法を説明する」。explain that SV でも使えます。That explains it. は「(なるほど)それでわかった」の意味の熟語です。

ONE POINT 名詞形は explanátion「説明」です。綴りに注意！

53 **amaze 〜** (主にプラスのことが)〜を(とても)驚かせる 動

/əméɪz/

覚え方 a-【強調】+ -maze【迷宮】から「迷宮に入ってびっくりする」というイメージです。

使い方 「(主にプラスのことが)をとても驚かせる」という意味です。surprise の強調された語で、なおかつプラスイメージです。形容詞は2種類あります。「人」が主語なら be amazed「驚く」、「モノ」が主語なら be amazing「驚きである」。It amazes me how much your English has progressed.「君の英語の進歩には驚きだよ」。

ONE POINT an underground maze で「地下迷路」です。

54 **mention 〜** 〜について言及する 動

/ménʃ(ə)n/

覚え方 -men-【ラテン語 mentio 思い出させる、考えさせる】から、「口に出して相手に考えさせる」になりました。

使い方 「詳細は述べずにさっと口に出す、書く」の意味です。ある話をしている時に脱線して「〜に触れる」という意味で使われ、定訳は「〜について言及する」です。目的語には that 節もOKです。

ONE POINT Don't mention it.「(相手が礼や詫びを言った時に)どういたしまして(=それについては触れないでください)」、not to mention 〜「〜は言うまでもなく」は熟語的な表現です。

55 **guess 〜**   〜を推測する   〔動〕

/gés/

覚え方 自動詞として「推測する」でも使いますが、他動詞としても使います。昔は《ゲスの勘ぐり》と覚えました(笑)。

使い方 目的語に名詞、that 節、wh 節などをとり「〜を/と推測する」の意味です。日常語ですから「〜と思う」ぐらいの軽い意味です。Kenji did well in the Center Test by simply guessing the answers.「ケンジはヤマ勘だけでセンター試験でいい成績をとった」。

ONE POINT 名詞形も同じ guess「推測」です。「当ててごらん」は、"Make/Take a guess!" です。

56 **prove 〜**   ①〜を証明する ②(to be 〜)と判明する   〔動〕

/prúːv/

覚え方 prov-【探る】から「(正しいかどうか)を調べる」→「〜を証明する」。裁判から日常的な英語まで幅広く使われます。

使い方 普通は「〜を証明する」です。Can you prove you were at home when the murder happened?「その殺人事件が発生した時に家にいたことを証明できますか?」。prove oneself to be 〜「自らが〜であると証明する」は、oneself が脱落して prove to be 〜 となり、意訳して「〜であると判明する」という訳語を当てます。The plan proved (to be) difficult. なら「その計画は困難だと判明した」です。

ONE POINT 名詞形は proof「証拠」です。

57 **improve**   〜を良くする、良くなる   〔動〕

/ɪmprúːv/

覚え方 improve は prove とはまったく違う語源を持つ単語です。これは古いフランス語の *en prou*「利益のために」に由来した単語で、そこから「良くする、良くなる」と意味が発展しました。im + prove ですから「証明する」の反意語と考えるのは間違いです。

使い方 improve の口語が get better です。Your manners are really improving.「マナーが本当に良くなっている」。A vegetarian diet can improve your health.「菜食は健康を増進しうる」、improve one's figure「スタイルを良くする」。

ONE POINT 名詞形は impróvement です。

58 settle ①(紛争、対立など)を解決する ②定住する 動

/sét(ə)l/

覚え方 seat「座らせる」から来ました。「ガタガタしたものを固定する」→「解決する」→「定住する」というイメージです。

使い方 「(紛争、対立、相違など)を解決する」は頻出。settle a problem「問題を解決する」。それ以外にも settle the price「価格を固定する」、settle one's stomach「胃の調子を整える」。

ONE POINT settle oneself から oneself が省かれた自動詞の settle は「自らを固定する」→「腰を下ろす、定住する」になります。Settle down！は「落ち着いて！」です。名詞形は séttlement。

59 rob ～ ～を襲う 動

/ráb/

覚え方 rob は「襲う」の意味です。バスローブなどの「ローブ (robe)」は同語源で「強奪の結果得た戦利品」が語源です。昔は戦利品というと主に衣類だったことからこの意味が出てきました。

使い方 「力ずくで～を襲う」の意味。rob the bank「銀行を襲う」、rob the ship「船を襲う」。「強奪したもの」は、of ～ で補います。この of ～ は本来 off ～「～を離す」です。The pírates robbed the ship of the money.「海賊たちは船を襲って金を奪った」。「強盗」は a robber。a convenience store robber「コンビニ強盗」。

ONE POINT steal は「～をこっそり盗む」で、a thief は「泥棒」です。

60 deprive A of B AからBを剥奪(はくだつ)する 動

/dɪpráɪv/

覚え方 de-【= down 強意】+ -prive【ラテン語 *privare* 離れさせる】から「奪う」。private「私的な」は、元は「他人から離れた」ですね。

使い方 deprive A of B の形で「AからBを剥奪する、奪う」。take ～ away の文語的な表現です。She was deprived of her civil rights.(= Her civil rights were taken away.)「彼女は市民権を剥奪された」。Tom was deprived of his sports club membership when a tattoo was noticed on his back.「トムは背中の入れ墨がばれてスポーツクラブの会員権を剥奪された」。

ONE POINT 「視力(one's éyesight)を奪う」などでも使えます。

61 **argue**

/áːrgjuː/ 〔動〕

①(けんか腰で)言い争う
②(+ that SV)～と主張する

(覚え方)《アー牛丼食いたいと主張する》で、どう？
(使い方)「(けんか腰で)言い争う」の意味です。Mom and Dad always seem to be arguing over debt.「ママとパパは借金のことでいつも言い争いをしているようだ」。argue with + 人 で「人と言い争う」の意味です。ただし、argue that SV の時には「SVと主張する」という訳語が適しています。名詞形は árgument です。
Bob quitted his job after an argument with the boss.「ボブは上司と言い争いをして仕事をやめた」。
ONE POINT☞ an argument には「論拠」という訳をする場合があります。

62 **room**

/rúːm/ 〔名〕

余地

(覚え方) room の不可算名詞です。「部屋」→「空間」→「余地」。
(使い方) 日本語の「スペース」に対応します。This refrigerator takes up too much room.「この冷蔵庫は場所を取りすぎる」。しばしば room for ～「～のための余地、空間」で使います。There is room for improvement.「改善の余地はある」。
My suitcase is so full that I don't have room for anything else. なら「スーツケースが一杯だから他に何か入れる余地がない」。
ONE POINT☞ make room for ～「(電車の中などで、席を詰めたり譲ったりして)～のために空間を作る」も重要です。

63 **shortage**

/ʃɔ́ːrtɪdʒ/ 〔名〕

不足

(覚え方) short「ある基準に対して短い」→「不足している」から。
(使い方)「不足」の意味です。a +～+ shortage で「～不足」です。a labor shortage で「労働力不足」、a housing shortage で「住宅不足」です。This summer we suffered water shortages.「この夏は水不足に苦しんだ」。なお、「深刻な／慢性の不足」は a sevére/chrónic shortage です。
ONE POINT☞ run short of ～ で「～が不足する」の意味です。We are running short of time.「時間がなくなってきました」。

64 expand

/ɪkspǽnd/

膨張する 【動】

覚え方 ex-【外】+ -pand【広げる】から「膨らんでいく」イメージを持てば良いわけです。

使い方 自動詞では「膨張する、拡大する」の意味です。Water expands as it freezes.「水は凍ると膨張する」。他動詞は「〜を膨張させる、〜を拡張する」という意味です。Heat expands metal.「熱は金属を膨張させる」。たとえば expand one's business「ビジネスを拡張する」などでも使えます。

ONE POINT 名詞形は expánsion です。

65 seek 〜

/síːk/

(幸福、意味など)を探し求める 【動】

覚え方 formal な単語ですが、look for より短いので、スペースに限りのある新聞や広告で使われる傾向にあります。

使い方「〜を探し求める」の意味です。seek happiness「幸福を追求する」、seek revenge「復讐の機会をねらう」、seek re-election「再選を目指す」、seek advice「忠告を求める」、seek meaning「意味を探す」、a job seeker「求職者」などで使います。seek ; sought ; sought の活用変化に注意してください。

ONE POINT seek to (V) は「V しようと努める」と覚えておいてください。

66 forgive 〜

/fərɡív/

〜を容赦(ようしゃ)する 【動】

覚え方 for-【強意】+ -give【与える】から、「相手にすべて与える」→「免除する」「許す」の意味になりました。

使い方 同じ「許す」でも、「何かすることを許可する」という意味の allow や permit とは違います。「ごめんと言うから責めるのをやめて許してやる」のイメージです。forgive + 人 + for 〜「人が〜したことを許してやる」の形も大切です。If you make my sister cry, I'll never forgive you.「妹を泣かせたら許さないからね」。

ONE POINT To err is human, to forgive divine.「過つは人の常、許すは神の業」は有名な諺です。divíne は「神の」の意味です。

67 **physical**   物理的な、肉体の   形

/fízɪk(ə)l/

覚え方 physical は、「形あるもの」が基本的意味です。反意語は méntal「精神に関わる」、metaphýsical「形而上の」です。

使い方 一般には「物理的な」と訳しますが、人間に関して述べる時には「肉体の、身体の」という訳語を当てます。a physical phenomenon「物理的現象」、You had better have a physical checkup.「健康診断を受けた方がいいよ」。physical strength「体力」。phýsics は「物理学」です。

ONE POINT a doctor は「医者、博士」の意味ですが、a physícian は「医者」です。

68 **allow O to (V)**   OがVするのを許す   動

/əláu/

覚え方 al-【= ad 方向性】+ -low【下げる→置く】から「人に信頼を置く」→「許可する」に転じました。let よりやや硬い語です。

使い方 「非公式に個人で許可を与える」の意味。I allowed my 16-year-old son to drink some beer at Christmas.「16歳の息子がクリスマスにビールを飲むことを私は許可した」。S is allowed.「S が許可されている」も重要。名詞形は allówance で「手当」の意味です。an overtime/a family allowance「残業／扶養手当」。

ONE POINT allow for ～ は「～を考慮する」の意味。allow oneself to go for ～「自らが～のほうへ行くのを許す」の省略形です。

69 **recognize ～**   ～を認識する   動

/rékəgnàɪz/

覚え方 re-【= back】+ -cogni-【ラテン語 cognoscere 知る】から「再び見た時にそれがそれだと分かる」の意味。

使い方 「昔の知り合いに会って、あ！ あの人だ」と「認識する」ことです。Do you recognize me? なら「僕が誰だか分かりますか?」。When I met Luke for the first time in years, I didn't recognize him.「久しぶりにルークに会った時、彼だと分からなかった」。あるいは「昔住んでいたところに行った時に、あ！ ここ覚えている」と「認識する」ことです。名詞形は recognítion「認識」です。

ONE POINT recognize that SV「～ということを認識する」も大切です。

70 ancient

古代の　形

/éɪnʃ(ə)nt/

覚え方 anc-【以前】の意味。an áncestor「先祖」は同語源です。
使い方「古代の」という日本語に対応します。in ancient times「古代に」、an ancient forest「昔からの森」。ancient Rome「古代ローマ」。なお、Rome の綴りは「ロゥメ」と暗記してください。
ONE POINT módern「現在の」、mediéval「中世の」も一緒に暗記！

71 accept ~

~を受け入れる　動

/əksépt, æk-/

覚え方 ac-【= ad 方向性】+ -cept【ラテン語 *capere* 取る】。recéption「歓迎会」、contracéption「避妊」などが同語源。
使い方 日本語の「~を受け入れる」とほぼ同じです。目的語には an invitation「招待」、an offer「申し出」、a gift「贈り物」、a job「仕事」などが来ます。また、accept O as C「OをCとして受け入れる」も重要です。形容詞形 accéptable は「(行動、扱いなどが)容認可能な」という意味です。名詞形は accéptance です。
ONE POINT「ボールを受け取る」などの具体的なモノを「受け取る」には receive あるいは get を使います。

72 injure ~

~を傷つける、~を痛める　動

/índʒər/

覚え方 in-【否定】+ -jure【= just 正しい】から「正しくないことをする」。justice「正義」、adjust ~「~を調整する」が同語源。
使い方「肩／足首／腰／脚を痛める」なら injure one's shoulder/ankle/back/leg です。「怪我をする」は受動態にして be injured の形で使います。「重傷」なら seriously/badly、「軽傷」なら slightly を添えます。名詞形は ínjury「怪我」。
ONE POINT hurt ~ は同義語ですが、軽微な怪我に用います。また、「自尊心／人の気持ちを傷つける」なら hurt one's pride/feelings。wound/wu:nd/ ~ は凶器や武器を用いて「~を傷つける」です。

73 purchase

〜を購入する 動
購入 名

/pə́ːrtʃəs/

覚え方 pur-【追い求める】+ -chase【追跡する】から「追求する」。

使い方 buy 〜 は「〜を買う」ですが、purchase はやや形式張った単語で「〜を購入する」です。Have you ever purchased anything on the Internet?「インターネットで何か購入したことはありますか?」。名詞も同じ púrchase です。たとえば You can use this coupon for purchases over 3,000 yen. なら「この割引券は3000円以上のお買い物でご利用いただけます」です。

ONE POINT chase「〜を追いかける、追跡」もついでに覚えておいてください。The dog chased the cat.「犬が猫を追いかけた」。

74 remind A of B

AにBを思い出させる 動

/rɪmáɪnd/

覚え方 re-【= back 後ろに】+ -mind【心】から「思い出させる」。

使い方 S + remind + 人 + of 〜/that SV「Sは人に〜を思い出させる」が頻出です。This song always reminds me of our first date.「この歌は僕に初めてのデートのことをいつも思い出させる」。さらに remind + 人 + to(V)「人に〜しなければならないことを思い出させる」も大切。Remind me to call Tom tonight. なら「今夜トムに電話することを私が忘れていたら教えてね」です。

ONE POINT a remínder とは「何かを思い出させてくれるもの」の意味。

75 efficient

無駄がない 形

/ɪfíʃ(ə)nt/

覚え方 ef-【= ex 外→強意】+ -fic-【作る】から「しっかり作る」。-fac-、-fic-、-fec-【作る】は頻出ですから是非覚えてください。なお、「外」= out が強意で使われる例を挙げておきます。I'm tired out.「くたくただ」。

使い方「無駄がない」という意味です。an efficient way of learning a foreign language「無駄のない外国語学習法」。人に関しては、無駄な動きがなくてきぱきとしたという意味で「有能な」と訳します。an efficient secretary で「有能な秘書」の意味です。

ONE POINT 名詞形は efficiency です。fuel efficiency は「燃費」。

76 **account** (出来事や過程の)説明 〔名〕

/əkáunt/

覚え方 ac-【= ad 方向性→無視】+ - count【数える、計算する】から「数え挙げること」が原義。なお、ad- はしばしば無視しても可です。「1つ〜、2つ〜」と明快に説明していく状況を思い浮かべてください。

使い方 基本は「(出来事や過程の)説明」です。give an account of 〜 で「〜の説明をする」です。on account of 〜 は「〜の説明に基づいて」→「〜が理由で」と意訳します。take account of 〜 や take 〜 into account は「〜を計算に入れる」から「〜を考慮する」と意訳します。open an account で「銀行口座を開く」です。

ONE POINT 動詞 account for 〜は「(割合)を占める、〜を説明する」。

77 **invent 〜** 〜を発明する 〔動〕

/invént/

覚え方 in-【中】+ -vent【ラテン語 *venio* 来る】から「頭の中に入ってくる」。prevent「(pre- あらかじめ)を予防する」が同語源です。

使い方 「(すでに存在しているもの)を発見する」は discover ですが、invent 〜 は「(まったく新しいもの)を発明する」の意味です。The telephone was invented in 1876.「電話は1876年に発明された」。名詞形は invéntion「発明、発明品」で、an invéntor は「発明家」です。

ONE POINT 「(話やアリバイを)でっち上げる」の意味でも使います。invent a story「話をでっちあげる」。

78 **prevent 〜** 〜を予防する 〔動〕

/privént/

覚え方 pre-【= before あらかじめ】+ -vent【= come 来る】から「先回りして来る」感じ。a convéntion「【con- みんな】集会」が同語源。

使い方 「風邪を予防する」などの「〜を予防する」の意味が基本です。prevent the bird flu「鳥インフルエンザを予防する」。また S + prevent + O + from (V)ing「SはOが〜するのを妨げる」も重要です。The heavy snow prevented us from going out.「大雪のために外出ができなかった」。名詞形は prevéntion「予防」です。fire prevention「防火」、cancer prevention「ガンの予防」。

ONE POINT a crime prevention drill は「防犯訓練」。

79 **resign** 　　辞職する　　　　　　　　　　　　　動

/rɪzáɪn/

覚え方 re-【= back】+ -sign【署名する】から、「署名を取り消す」→「辞職する」になりました。

使い方 自動詞で「辞職する」が基本です。The Cabinet resigned en bloc.「内閣が総辞職した」。他動詞は「(地位、ポスト)を捨てて辞職する」。resign from the golf club「そのゴルフクラブを辞める」。名詞形は resignátion 。

ONE POINT en bloc は仏語から来た熟語で「すべて」の意味です。retíre(from ～)「(～を)引退する」とは区別してください。なお、retire early で「早期退職する」です。

80 **predict ～** 　　～を予測する　　　　　　　　　　動

/prɪdíkt/

覚え方 pre-【= before】+ -dict【言う】から「何かについてあらかじめ言う」。a dictionary「辞書」は「人々の発言を集めたもの」です。

使い方 ヤマ勘から信頼できるデータに基づく予測まで幅広く使えます。predict snow「雪を予測する」、predict a solar eclipse「日食を予測する」などの他に、that節や疑問詞節も目的語としてOKです。Newspapers predicted that the minister would resign.「新聞はその大臣が辞職すると予測した」。名詞形は predíction です。

ONE POINT ドラマが predíctable と言えば「結末が予測できるのでつまらない」という意味です。

81 **indicate ～** 　　～を示している　　　　　　　　　動

/índəkèɪt/

覚え方 in-【中】+ -dict-【言う】から「中に向かって言う」→「指差して大声を上げて指図する」→「～を指し示す」になりました。

使い方 research「研究」、evidence「証拠」、survey「調査」などを主語にして「～を示している」で用いられます。The recent study indicates a connection between poverty and crime.「最近の調査は貧困と犯罪との間には関係があることを示している」。人や計器類が「～を指し示す」でも使われます。名詞形は indicátion です。

ONE POINT an index は、「(本の)索引」、the price index「物価指数」、an index finger「人差し指」で使います。

82 raise ～   〜を上げる   動

/réɪz/

覚え方 rise/ráɪz/「上がる」は súnrise「日の出」で有名ですね。それに対して raise/réɪz/ は「〜を上げる」という意味です。

使い方 目的語にくる名詞は多様です。raise one's hand「手を挙げる」、raise the shade「そのブラインドを上げる」、raise the price「その価格を上げる」、raise money「(募金などで)お金を集める」。

ONE POINT 特に raise the child「(特に米語で)子どもを育てる」は覚えてください。名詞形も同形です。get a pay raise「給料が上がる」。

83 temper   気分   名

/témpər/

覚え方 témperature は「温度、体温」で、a temper は「心の温度」です。《テンプラ》と覚えておきましょう。

使い方「気分」の意味です。control/keep one's temper「平静を保つ」、lose one's temper「カッとなる」、be in a(bad)temper「怒ってる状態で」。I am sorry that I lost my temper yesterday.「昨日はカッとなって悪いと思っています」。

ONE POINT a temperと似た意味の硬い単語がa témperament「気質」です。

84 amount   量   名

/əmáʊnt/

覚え方 a-【= ad 方向性】+ -mount【山】から、「山のように盛ってある」というイメージです。フランス語の「モンブラン(Mont Blanc)」は「blanc 白い + mont 山」という意味です。

使い方 a number「(可算名詞を数える)数」に対する「(不可算名詞を数える)量」の意味です。the amount of 〜 で「〜の量」です。また a large/small amount of 〜 で「大量の／少量の〜」です。

ONE POINT 動詞も同形でA amóunt to B. は「Aは合計Bになる」「Aは結局Bを意味する」という意味。His frankness amounted to rudeness.「彼の率直さは無礼に等しかった」。

85 means　手段　［名］

/míːnz/

覚え方　【ラテン語 *medianus* 中間にあるもの】から「媒介するもの」→「手段」となりました。動詞の mean ～は「～を意味する」、名詞 meaning「意味」とは語源が違います。区別してください。

使い方　a means で「手段」です。a way よりも硬い単語です。単数形も複数形も means です。反意語は an end「目的」です。a means of communication「意思疎通の手段」。

ONE POINT　熟語表現の中で「生活の手段」=「お金」という意味を持ちます。a man of means「金持ち」、within one's means「収入の範囲内で」、beyond one's means「収入を超えて」。

86 compare A with B　AをBと比べる　［動］

/kəmpéər/

覚え方　con-【= together】は、p、b、m の前では com- になります。-pare【ラテン語 *par* 等しい】から、「対等に並べる」が原義です。

使い方　compare A with/to B「AをBと比べる」です。Compare city life with country life.「都会の生活と田舎の生活を比較しなさい」。compare A to B の場合には「AをBにたとえる」という訳も可能です。名詞形は compárison、形容詞形は compárative「比較に関する」も暗記してください。

ONE POINT　ゴルフの par「パー」は「基準打数と打数が等しいこと」。

87 present　出席している、存在している　［形］

/préz(ə)nt/

覚え方　pre-【前に】+ -esent【ラテン語 *esse* 存在する】から。absent は、ab-【= away】+ -esent から「存在しない」。

使い方　S is present. のように補語の位置におかれた場合には「存在している、出席している」です。those present は those who are present と同じで「出席者」の意味です。それに対して present + 名詞で用いた場合には「現在の～」という意味になります。the present address「現住所」。

ONE POINT　動詞も同形で presént + 人 + with ～「人に～を贈呈する」という意味です。この場合アクセントの位置は後ろにあります。

88 export ～　〜を輸出する　動

/ɪkspɔ́ːrt/

覚え方 ex-【外】+ -port【運ぶ】から。a pássport「(パスポート)旅券」は、a port「港」を pass「通過する」ために必要なものというのが語源です。portable「ポータブル(持ち運び可能な)」が同語源。

使い方「〜を輸出する」という意味です。A lot of whiskey is exported from Scotland to Japan.「多くのウィスキーがスコットランドから日本へ輸出されています」。名詞形も同じですが、こちらのほうはアクセントが語頭にあります。

ONE POINT 反意語は import「【im- 中】〜を輸入する、輸入」です。

89 opportunity　好機　名

/àpərt(j)úːnəti/

覚え方 op-【= ob- 〜に向かって】+ -port【運ぶ】から「〜に向かって運ぶこと」が原義。そこから「何かに向かって自分を運んでいく」→「自分にとっていいこと」→「好機」と発展しました。

使い方 しばしば have an opportunity to (V)「〜する機会がある」という形で用います。英作文では a chance でも十分です。For many áthletes, the Olympics is a once-in-a-lifetime opportunity.「多くの運動選手にとって、オリンピックは生涯で一度の好機である」。

ONE POINT an opportúnist は「常に自分の好機ばかり見ている人」から「日和見主義者」という意味になりました。

90 transportation　輸送(手段)　名

/trænspɔːrtéɪʃ(ə)n/

覚え方 trans-【越えて】+ -port-【運ぶ】から「何かを遠くへ運ぶ」→「輸送する」に変化しました。イギリス英語では transport です。

使い方 transportation/transport は「荷物などの輸送(手段)」だけでなく「交通手段」の意味でも用います。たとえば a means of transportation「輸送手段、交通機関」、air/railroad transportation「空輸／鉄道輸送」。Japan's public transportation is excellent.「日本の公共交通機関は素晴らしい」。

ONE POINT 動詞形は transpórt 〜「〜を輸送する」です。

91 impress ～　　～に強い印象を与える　　動

/ɪmprés/

覚え方 im-【= in 中】+ -press【押す】から「心に押しつける」。a compréssor「空気の圧縮機」、esprésso「エスプレッソ(熱湯を蒸気圧で es- = ex-『外』に出すことによって作られます)」が同語源。

使い方 「～に強い印象を与える」の意味です。良い印象でも悪い印象でも使います。be impressed by ～「～に印象づけられる」も暗記。I was greatly impressed by Ronaldo's performance.「私はロナルドの技に強く印象づけられた」。

ONE POINT impress の名詞形は impréssion で「印象」という意味です。Impréssionists は画家のモネなどの「印象派」の意味です。

92 express ～　　(意見、感情など)を表現する　　動

/ɪksprés/

覚え方 ex-【外】+ -press【押す】から「外に押す」→「～を表現する」になりました。同語源の単語には pressure「圧力」があります。

使い方 express[× say]one's feelings/thoughts/opinions「感情 / 考え / 意見を表現する」。「意見を言う」に say は不可です。Feel free to express your opinions.「意見は遠慮なく言いなさい」。

ONE POINT express の名詞形 expression は「表現すること」あるいは「(表現したもの→)表情」です。David came up to me with a sad expression on his face.「デイヴィッドは顔に悲しそうな表情を浮かべて僕に近づいて来た」。

93 economical　経済的な、安上がりな　　形

/ìːkənάmɪk(ə)l, èkə-/

覚え方 ecónomy は「節約」が基本で、the Japanese economy などのように具体的なある地域の「経済」の意味です。economical はその形容詞形で「経済的な=安上がりな」という意味です。

使い方 It is more economical to(V)「Vのほうが安い」で覚えておきましょう。これは自由英作文で重宝する表現です。It is more economical to take a bus than to drive.「車で行くよりバスに乗るほうが安くつく」。

ONE POINT económics「経済、経済学」の形容詞形は económic です。economic growth「経済成長」。

94 **community** (地域)社会、共同体　[名]

/kəmjúːnəti/

覚え方　「communication が可能な地域の人々」の感じです。「ある町などの比較的狭い地域に住む人々」を指します。

使い方　訳は「(ある地域に限定された)社会、共同体」が定訳です。the Polish community in Britain なら「英国のポーランド人社会」。「地域」「地域の人々」と訳すこともあります。The whole community should work together to clean the lake.「湖をきれいにするには地域ぐるみでの取り組みが必要だ」。

ONE POINT　the international community/the global community「国際社会」は、全世界を1つの地域社会のようにとらえた表現です。

95 **society** 社会　[名]

/səsáɪəti/

覚え方　定義は people in general「一般的な人々」です。live in society とは「人々の中に入り暮らす」というイメージです。

使い方　定訳は「社会」です。a member of society「社会の一員」、Japanese society「日本社会」、live in modern society「現代社会で生きる」。通例は不可算名詞ですが、a democratic society「民主主義社会」、a multi-racial society「多民族社会」などでは可算名詞。「社会を築く」は、build a society です。

ONE POINT　形容詞は2種類あります。sócial「社会の」と sóciable「社交的な」。a sociable young man「社交的な青年」。

96 **divide ～** ～を分割する　[動]

/dəváɪd/

覚え方　di-【= dis 分ける】+ -vide【ラテン語 *videre* 分ける】から。

使い方　「(1つのもの)～を分割する」から「～を分割して配る」が基本的な意味です。divide the cake into six equal parts「ケーキを6つに均等に分ける」。Japanese people divide a month into the first, the middle, and the last.「日本人は1ヵ月を上旬、中旬、下旬に分ける」。算数の「割り算(division)」でも使います。たとえば If you divide 25 by 5, you get 5.「25を5で割ると5になる」。

ONE POINT　separate A from B は「(もともと別々のもの)を分ける」こと。separate the seeds from the flesh「種と果肉を分ける」。

97 **individual** 個人、個体 [名]

/ìndəvídʒ(u)əl/

(覚え方) in-【否定語】+ -divid-【分割する】から「これ以上分割できないもの」が原義。

(使い方)「社会」「集団」を意識して発言する場合の「個人、個体」という意味です。必ずしも「人間」を意味するとは限りません。Great sports teams consist of talented individuals.「優れたスポーツチームは才能のある個人から構成されている」。形容詞も同形です。individual rights「個人の権利」、individual cases「個々の場合」、every individual part「一つ一つの個々の部品」。

ONE POINT 「集団」に対するものとして「個」を扱う場合に使います。

98 **properly** きちんと [副]

/prápərli/

(覚え方)【ラテン語 *proprius* 自分自身の、固有の】が語源です。

(使い方) 形容詞形の proper は「(世間の常識に照らして)正しい、適切な」の意味です。「状況によって変化する」というより「世間で認められた」という感じです。a proper job「まともな仕事」、a proper meal「まともな食事」、proper behavior「正しい行動」。副詞形は properly です。work properly「正しく作動する」。His shirt is properly ironed.「彼のシャツはきちんとアイロンがかかっている」、Hold your chópsticks properly.「お箸はきちんと持ちなさい」。

ONE POINT 「世間の常識に照らして正しい」がポイントです。

99 **appropriate** (状況に応じて)適切な [形]

/əpróupriət/

(覚え方) ap-【= ad 方向性】+ proper から proper と似た意味。

(使い方) proper は基本的には「(世間の常識からして)適切な」ですが、appropriate は「(状況に応じて)適切な」の意味です。たとえば葬式(a funeral)に赤いスーツを着ていく、というのは inappropriate「不適切な」です。Those clothes are not appropriate here.「その服はここでは適切ではない」。

ONE POINT Please check the appropriate box below. は「下の該当する欄に、印をつけてください」という意味です。

100 baggage

(旅行用の)荷物(のカタマリ)　名

/bǽgɪdʒ/

覚え方　「bag のカタマリ」の意味です。

使い方　不可算名詞であることが重要です。空港で「手荷物引き渡し所」は baggage claim と言います。「荷物をまとめる」は pack one's baggage です。How many items of baggage can I take on the airplane with me?「機内にはいくつ荷物を持ち込めますか?」。luggage も同じ意味で、米語ではやや高級感があります。

ONE POINT　advíce「忠告」、informátion「情報」、fun「楽しみ」、fúrniture「家具」、news「知らせ」なども頻出の不可算名詞です。

101 creature

(植物以外の)生き物　名

/kríːtʃər/

覚え方　create ～「～を創造する」の名詞形は2つあり、① creation「創造」と、② a creature「創られた物」→「生き物」です。

使い方　「(植物以外の)生き物」の意味です。creatures from outer space「宇宙から来た生物」。比喩的に用いられることもあります。a creature of the time「時代によって創られたもの」。

ONE POINT　-ea-/iː/ の発音に注意すべき単語です。

102 possibly

ことによると　副

/pásəb(ə)li/

覚え方　possible「可能な」の副詞形です。

使い方　確信度は probably は「おそらく(80%以上)」で、perhaps は「ひょっとすると(40%ぐらい)」、maybe「たぶん(30%ぐらい)」ですが、possibly は「ことによると(30%以下)」です。ただし quite possibly は「十分に可能性がある」の意味に変化します。

ONE POINT　cannot possibly V の場合は、possibly は cannot を強めて「どうしても V できない」の意味になります。This rumor cannot possibly be true.「こんな噂が本当のはずなど絶対ない」。

103 associate A with B

/əsóuʃìeɪt/

AとBを結びつける 〔動〕

覚え方 a + 同じ子音の連続では、最初の a + 子音は方向性を示す ad- で、ほとんどの場合、ad- の意味は無視しても大丈夫でした。すると society「社会」という単語が隠れているのが分かりますね。そこから associate A with B で「AとBを同じ社会に入れる」となります。

使い方 原義から分かるように「本来は別々の社会に属していたAとBとを結びつける」という意味です。日本語訳は「AとBを結びつける」あるいは「AからBを連想する」などです。associate genetic engineering with cloning「遺伝子工学とクローンを結びつける」。さらに、associate oneself with ～「自らと～を結びつける」から oneself が脱落し associate with ～ となり「～とつきあう」という意味が出てきます。ただし「～」には、庶民の社会から遠く離れた存在、とりわけ世間でマイナス評価を受けている人が入ります。ですから英作文での使用は慎重にしてください。If you assóciate with such people, you will get into trouble some day.「あんな連中とつきあっていると、いつか困ったことになりますよ」。

ONE POINT 名詞形は associátion です。YMCAというのは Young Men's Christian Association「キリスト教青年会」の意味です。昔、こんな題名の歌があり、仏教徒の日本人が歌っていました。

104 depend on ～

/dɪpénd/

～に頼る 〔動〕

覚え方 depend は de-【= down 下】と、「ペンダント」の -pend【ぶら下がる】から「何かにぶら下がっている」の意味です。「接触」の意味の on と結びつき「～にくっついてぶら下がる」から「～に頼る」となります。時計の「振り子」の péndulum も同語源です。

使い方 全面的依存を表します。たとえば Tom depends on his wife. は、トムが病気か失業中であるという印象さえ与えます。The country depends heavily on its tourism.「その国は観光産業にかなり依存している」。

ONE POINT 形容詞形は be depéndent on ～「～に依存している」。

105 **independent** 独立した、自立した 形

/ìndəpéndənt/

覚え方 depénd の形容詞形が dependent です。そしてその反意語が independent です。

使い方 a strong independent woman で「強い自立した女性」です。be dependent on A「Aに依存している」は、「Aに接触しているイメージ」から on が用いられますが、independent は「独立している」わけですから、on ではなく of（元は off です）を用います。なお「国から独立している」なら be independent from ～ になります。

ONE POINT 名詞形の independence も覚えてください。Independence Day は「(米国)独立記念日」のことです。

106 **realize ～** ①～を現実化する ②～が分かる 動

/ríːəlàɪz, ríəl-/

覚え方 real「現実の」に「～化する」という意味の -ize がついた形です。

使い方 realize のあとに、that SV や、how などで始まる節、および the fact などのように that 節で置き換えることができる名詞がきた場合には、「～を頭の中でリアルにする」から「～に気がつく、分かる」という訳が可能です。realize one's dream「自分の夢を実現する」。名詞形は realizátion。

ONE POINT たとえば、realize one's personality「人格を現実のものにする」を「人格をよく分かる」と訳さないよーに！

107 **memorize ～** (単語、歌、数字など)を暗記する 動

/méməràɪz/

覚え方 memory【記憶】+ -ize【動詞をつくる】。

使い方 「(努力して単語、歌、数字など)を暗記する」という意味です。memorize facts and figures「事実や数字を暗記する」。remember ～ は「～を覚えている」という意味です。「人の名前を覚える」場合には remember を用います。これは、たとえば「田中さん」という名前は「覚える」だけでなく、次に出会った時までその名前を「覚えておく」ことが必要だからです。

ONE POINT learn ～ by heart は「詩や本の一節を暗記する」の意味。

108 **agriculture** 農業 〔名〕

/ǽgrɪkʌ̀ltʃər/

(覚え方) agri-【畑】+ culture【耕す】が語源。

(使い方) 比較的硬い単語で「農業」だけでなく「農学」の意味も持ちます。不可算名詞です。orgánic agriculture「有機農業」。形容詞形は agricúltural「農業の」です。

ONE POINT 日常語では farming「農業」が用いられます。a farmer は「農家」です。

109 **fare** 運賃 〔名〕

/féər/

(覚え方) fare【古英語の *faran* 行く、やっていく】から変化し、「行くためのお金」=「運賃」となりました。

(使い方) a ～ fare の形がよく出てきます。a bus fare「バスの運賃」、an air fare[× a plane fare]「飛行機運賃」、a train fare「鉄道運賃」、a fare adjustment machine「運賃精算機」、cheat on train fares「キセルする」。The railroad companies are going to raise their fares by 10% next month.「鉄道会社は来月に10%運賃を値上げする」。

ONE POINT split the taxi fare「タクシー運賃を割り勘にする」。

110 **custom** (社会の)慣習、習慣 〔名〕

/kʌ́stəm/

(覚え方) cu-【= con- すべて】+ -s-【= su 追い求める】+ -tom【切り刻む】から「毎回、客の希望にそうように切りそろえたもの」が原義。

(使い方)「(社会の)慣習、習慣」です。a habit「(主に個人の)癖」とは区別してください。In Japan, it is a custom to take off your shoes at the door.「日本では玄関で靴を脱ぐのが習慣です」。a cústomer は、元は「顧客」でしたが、今では「客」の意味です。「固定客」は a regular customer と言います。

ONE POINT customs は「税関」という意味に注意してください。これは昔、収税官がいつも同じやり方で税を徴収したことからきています。

111 be accustomed to ~

/əkʌ́stəmd/

〜に慣れている 形

覚え方 a + 同じ子音の重なりですから、最初の ac は方向性を示す ad の変形です。「習慣に向かう」から「習慣化する」。同語源の an atom「原子」は、a-【否定】+ -tom【切り刻む】から「これ以上には切り刻むことができないもの」です。

使い方 be accustomed to + 名詞／動名詞で「〜に慣れている」という意味で用います。be を get に変えると「〜に慣れる」になります。get accustomed to the dark「暗闇に慣れる」。

ONE POINT 英作文では be used to 〜で十分です。

112 estimate ~

/éstəmèɪt/

〜と推定する 動

覚え方 estimate の語源は複雑です。es- は【原石、鉱石】の意味で、-tim-【= -tom- 切る】から「原石を切る」が原義です。石を切りながら「いくらぐらいになるのかな?」と推定したことから発展。

使い方 多くの場合、It is estimated that SV. の形で用いられ、「ある数字を推定する」という意味になります。It is estimated that there are nearly half a million words in English today.「今日の英語にはおよそ50万語の単語があると推定されている」。

ONE POINT estimate A at 数字「Aが〜だと推定する」。The cost is estimated at 500 million yen.「費用は5億円だと推定されている」。

113 role

/róʊl/

役割 名

覚え方 a role-playing game「各々が役割を演じるゲーム」の role です。【古フランス語 rolle 台詞を書いた巻物】から「役割」へと転じました。roll「転がる、ロールケーキ、ロールパン」と同語源です。

使い方 play a 〜 role in A「Aで〜な役割を演じる」で暗記。〜には、key「鍵となる」、major「主要な」、dual「2つの」などが入ります。この意味では play a 〜 part in A と言うこともできます。Parents play an important role in their children's learning.「子どもの学習において親は重要な役割を演じています」。

ONE POINT play the role of 〜「(芝居で)〜の役割を演じる」も重要。

114 establish ～　～を確立する　動

/ɪstǽblɪʃ/

覚え方 e-【ex- 外】+ -stabl-【= stable 安定した】から。「～を安定させる」の意味です。stay、a station などが同語源の単語です。
使い方 「～を確立する」の意味です。目的語には relations「関係」、an idea「考え」、the proof「その証拠」、one's fame「名声」、a system「システム」など幅広く使えます。名詞形は estáblishment です。
ONE POINT 「（企業、組織など）～を設立する」の意味でも使います。Established since 1900「1900年創業」。

115 regret ～　～を後悔している　動

/rɪgrét/

覚え方 re-【再び】+ -gret【泣く】から。
使い方 regret that S should have(V)p.p. とは言えません。should have(V)p.p.「～すべきだった」は、それ自体に「後悔」の気持ちが入っているからです。I regret that I didn't study hard when I was young.「若い頃、一生懸命勉強しなかったことを後悔している」。また、regret having(V)p.p. でも使います。形容詞は2種類。regréttable「残念だ」と、regrétful「後悔している」です。
ONE POINT regret to say that SV「残念ながらSVと言わねばならない」も、あまり出て来ませんが教養として暗記。

116 flood　洪水　名

/flʌ́d/

覚え方 fl-【流れる】から。同語源の単語は flow「流れる」など。
使い方 a flood で「1回の洪水」です。The bridge was washed away by the flood.「その橋は洪水で流された」。また、a flood of ～ で比喩的に「多くの～」でも用います。a flood of information「情報の洪水」。
ONE POINT 動詞も同形で flood ～「～を水浸しにする」です。flooded houses「洪水にあった家」。なお音の似た blood は「血」です。

117 **regard A as B**　AをBとみなす　動

/rigá:rd/

覚え方 re-【再び】+ -gard【見る】から。同語源の単語は a guard「見張り」、a guárdian「後見人」などがあります。

使い方 regard A as B「AをBとみなす」で暗記してください。B には名詞だけではなく形容詞でもOKです。Bob is regarded as strange.「ボブは変わった人だと思われている」。think of/see/look on A as B でも同じ意味になります。反意語の disregárd ～ は「～を見ない」から「～を無視する」の意味です。

ONE POINT regárding ～「～に関しては」は前置詞の扱いです。ビジネスレターの冒頭などで使います。

118 **reward**　報酬、褒美　名

/riwɔ́:rd/

覚え方 re-【再び】+ -ward【= gard 見る】から「臣下が賞に値するかどうかを君主が見極めるために何度も見た」が原義。

使い方 a reward for ～「～に対する報酬、褒美」です。There is a reward for useful information about the crime.「その犯罪に関する有力な情報には報奨金が払われます」。形容詞の rewárding は「(お金はたいしてもらえなくても)報いがある、やりがいのある」の意味。

ONE POINT WANTED!「指名手配」、REWARD $1000「報奨金1000ドル」。

119 **in ～ respect**　～の点で　名

/rispékt/

覚え方 re-【= back 振り返って】+ -spect【見る】から「スゴーイ」と思って振り返るイメージから「尊敬、尊敬する」に、「何度も見るところ」から「点」という意味になりました。

使い方 in ～ respect の場合には、「～の点で」となります。直訳は「～という視点において」です。in ～ way より硬い表現です。in this respect「この点で」。

ONE POINT 「～を尊敬する、尊敬」の意味では名詞と動詞が同形。人に対して「尊敬している」、モノに対して「尊重している」という意味で用います。なお「敬老の日」は Respect-for-the-Aged Day です。

120 punish ～   ～を罰する   動

/pÁnıʃ/

覚え方 【ラテン語 *poena* 罰、苦痛】から。「パンッ」と叩くイメージ。a penalty「ペナルティー」、pain「苦痛」などが同語源。

使い方 punish + 人 + for ～「～で人を罰する」で使います。学校レベルの罰から司法レベルの罰まで幅広く使われます。punish the student for cheating「その学生がカンニングをしたことに対して罰を与える」。

ONE POINT 名詞形は (a) púnishment「罰」です。as (a) punishment for ～「～の罰として」、escape punishment「罰を逃れる」。

121 spread ～   ～を一面に広げる   動

/spréd/

覚え方 a spr-【放射する】から。a spríng「温泉」、a sprínkler「スプリンクラー」、a spray「スプレー」と同語源です。

使い方 「(新聞や地図やオモチャなど)を一面に広げる」「(水など)を一面にまく」、「(両腕など)を大きく広げる」などで使います。The girl spread a flowered hándkerchief over her lap.「その少女は花柄のハンカチをひざの上にかけた」。spread rumors「噂を広める」。自動詞では「(砂漠などが)広がる」から「(クリームなどが)のびる」「(ニュースが)広まる」など様々に使えます。

ONE POINT with the widespread use of ～は「～の普及と共に」。

122 inform A of B   AにBを伝える   動

/ınfɔ́ːrm/

覚え方 informátion「情報」の動詞形です。

使い方 inform A of B で「A に B を伝える」です。郵便局に住所変更を伝えるなどのイメージです。inform the police of the accident「警察にその事故を通報する」。B に that 節がくる場合には、of を省略して inform ～ that SV の形で用います。一般に「人に～を教える」は tell 人 about ～ や let 人 know ～のほうが普通です。

ONE POINT of ～ はなくても使えます。The newspaper keeps us informed. で「新聞のおかげで常に情報を得ることができる」。

123 **source**

源 　名

/sɔ́ːrs/

覚え方 日本語でも「ニュースソース」って言いますね。同音語の sauce「ソース」は「塩味(salt)を加える」が語源の単語です。

使い方 「源」の意味で、広く使用できます。my chief source of income「私の主な収入源」、a constant source of anxiety「絶えない心配の種」、an énergy source「エネルギー源」。Beans are a good source of protein.「豆は良質のタンパク源です」。

ONE POINT resource は「資源(←源に戻る)」の意味です。natural resources「天然資源」、human resources「人材」。

124 **offer**

〜を申し出る 　動
申し出 　名

/ɔ́(ː)fər/

覚え方 offer =「提供する」は危険です。日本語の「〜を提供する」は、「〜」が相手の手に渡っている場合もありますが、英語の offer 〜 は、「〜」が相手の手に渡っているかどうかは分かりません。

使い方 offer +名詞、あるいは offer to(V)で「〜を提供する、申し出る」の意味です。My brother offered a cigarette to me.「兄は私にたばこを1本差し出した」。I offered to drive Jenny to the station, but she refused.「ジェニーに駅まで送ると申し出たが断られた」。

ONE POINT 名詞形も同じ óffer です。

125 **nervous**

あがっている、神経の 　形

/nə́ːrvəs/

覚え方 nerve【神経】の形容詞形です。文字通り「神経の」という意味から「神経過敏な、あがっている」という意味でも用います。

使い方 「(緊張で)ドキドキしている」という意味です。get nervous at a job ínterview「就職の面接試験であがる」。「(人が)神経過敏だ」とか、the nervous system「神経系(統)」などでも用いられます。a nervous breakdown は「神経衰弱、ノイローゼ」の意味。

ONE POINT nérve は「神経」から「大胆さ」に発展します。get on one's nerves で「〜の神経に触れる」→「〜を怒らせる」。have the nerve to(V)「大胆に〜する」も重要です。

126 scare ~ 〜を怖がらせる 動

/skéɚr/

覚え方 a scárecrow「案山子」は、a crow「カラス」を、scare「怖がらせる」ものという意味です。

使い方 Your driving really scares me.「君の運転は本当に怖い」。子どもが「怖いよー！」というイメージです。frighten 〜「〜を怯えさせる」よりも日常的な単語です。scare 〜 away は「〜を脅して退散させる」という意味になります。形容詞形 scary「怖い」も重要です。a scary movie「怖い映画」。名詞と動詞は同形です。

ONE POINT be afraid of 〜「〜を怖れている」は、一時的な状態には使えません。

127 prefer A to B BよりもAを好む 動

/prɪfɚ́ːr/

覚え方 pre-【= before あらかじめ】+ -fer【持ってくる】から、prefer 〜 で「〜を先に持ってくる」というイメージの単語です。

使い方 prefer A to B で「BよりもAを好む」で暗記してください。I prefer classical music to pop music.「僕はポップミュージックよりもクラシック音楽が好きです」。préference「好み」、préferable「好ましい」も重要です。

ONE POINT prefer A to B は、like A better than B とも言えます。AとBの順序が同じことに注意！

128 suffer 苦しんでいる、(嫌なこと)を経験する 動

/sʌ́fɚr/

覚え方 suf-【= sub 下】+ -fer【持って来る】から「何かの下にみずから来て、その影響を受ける」というイメージです。

使い方 自動詞の場合は suffer from〜で「(病気などで)苦しんでいる」で用います。be suffering from eczema「アトピー性皮膚炎にかかっている」、I am suffering from hay fever.「私は花粉症で苦しんでいます」。他動詞の場合には suffer 〜で「(嫌なこと)を経験する」となります。

ONE POINT hay fever は「枯れ草熱」ですので「杉花粉による花粉症」とは違いますが、慣例として「花粉症」は hay fever とします。

129 artificial 人工の 形

/ɑ̀ːrtəfíʃ(ə)l/

覚え方 art-【技術】+ -fic【作る】から、「人工の」になりました。fiction「作り物=小説」、a feint「(スポーツの)フェイント」も同語源。

使い方 an artificial sweetener「人工甘味料」、artificial intelligence「人工知能」、artificial grass「人工芝」、artificial snow「人工雪」、artificial flowers「アートフラワー」。反意語は natural「自然の」です。

ONE POINT 一般に、-ial、-ual で終わる単語は、直前の母音にアクセントがあります。例外は spíritual を暗記してください。

130 superficial 表面的な 形

/sùːpərfíʃ(ə)l/

覚え方 super-【上のほうで】+ -fic【作る】から、「表面的な」。

使い方 a superficial similarity「表面的な類似」とは、実際には似ていないが、一見似ているように見えることです。同様に superficial kindness は「うわべだけの親切」という意味です。a superficial knowledge of Japanese history「日本史に関する浅薄な知識」。

ONE POINT 類義語は shallow「浅い」で、こちらのほうが日常語です。a shallow dish「浅い皿」、a shallow river「浅い川」。

131 sufficient 十分な 形

/səfíʃənt/

覚え方 suf-【= sub 下】+ -fic-【作る】から、「下から充てんする」。《サーフィンしょ！ 波は十分》という覚え方を作った生徒さんがいました。

使い方 enough の硬い単語です。sufficient food for everyone「全員に行き渡るだけの十分な食料」。反意語は deficient で「欠乏している」という意味です。たとえば、I am deficient in vitamin B.「私はビタミンBが不足している」。

ONE POINT あまり出てきませんが名詞形は sufficiency です。

132 **significant** 意義のある、重要な　形

/signífikənt/

覚え方 sign-【印】+ -fic-【作る】から、「思わず印をつけたくなるような」→「意義のある、重要な」になりました。

使い方 「(主に将来的に)重大な(意味を持つ)」の意味です。a significant change in our plans「我々の計画の重大な変更」。The result is highly significant for the future of our company.「その結果は会社の将来にとって極めて重大である」。

ONE POINT 名詞形は significance「意義、重要性」。of great significance「非常に重要な」、of little significance「ほとんど重要でない」。

133 **assign ～** (仕事や義務など)を割り当てる　動

/əsáɪn/

覚え方 as-【= ad 方向性】+ -sign【印をつける】から「～に印をつけて任命する」感じです。

使い方 「(仕事や義務など)を人に割り当てる」の意味です。assign + 人 + ～、あるいは assign ～ + to 人、で用います。I have been assigned the job of interviewing the female candidates.「その女性候補者達にインタビューする仕事を割り当てられた」。また、be assigned to(V) で「V するように命じられる」という意味です。

ONE POINT 名詞形の an assignment は米語で「(各自に割り当てられたもの→)宿題」の意味です。

134 **issue** (社会的)問題　名
〜を発行する　動

/íʃu/

覚え方 【ラテン語の exire】が【古フランス語で issir】になり、その過去分詞 issue が「外に出ること」の意味で中期英語に入ってきました。

使い方 「(多くの人に影響を及ぼしうる社会的あるいは政治的な)問題」の意味です。これは現在論争の争点になっている問題を指します。a political issue「政治問題」、a social issue「社会問題」。the issue of abducted Japanese「日本人拉致問題」。

ONE POINT 「出てくる」から「(許可証、ビザ、切手など)を発行する、発行」という意味に発展しました。the current issue「今の号」、the latest issue「最新号」。

135 complain about ~

/kəmpléɪn/

~の文句を言う 動

覚え方 com-【= together 強意】+ -plain【嘆く】から。この -plain は現在の英語の plain とは違い、古フランス語から来たものです。
使い方 complain about/of + 事柄 で使います。Visitors to Japan complain about the amount of packaging used.「日本に来る人たちは使われている包装の量の多さに文句を言う」。また、that 節を取る場合は about が省略され、complain that SV の形で使います。「文句は言えないね」は、I can't complain. と言います。
ONE POINT 名詞形は compláint。get complaints from one's neighbor「近所から苦情がくる」。

136 criticize ~

/krítəsàɪz/

~を批判する、~を非難する 動

覚え方 critic- は元は【判断ができる】の意味です。
使い方 criticize +人／モノ で使えますが、criticize A for B「AをBのために批判する」も大切。be criticized for taking bribes「賄賂を受け取ったことで非難される」。「激しく、辛辣に批判する」は severely/sharply/strongly をつけて使います。普通 -ism で終わる単語は「~主義」が多いのですが、críticism は「批判」と訳します。
ONE POINT なお a crític は「評論家」です。

137 demand ~

/dɪmǽnd/

~を要求する 動

覚え方 de-【= down 強意】+ -mand【命じる】から「くれ！ と命じる」→「要求する」になりました。commánd「指揮する」も同語源。
使い方 名詞と動詞は同形。supply and demánd「需要と供給」（順序に注意）。in great demand「非常に需要がある」。The world's demand for oil will lead to higher gasoline prices.「石油に対する世界の需要が高まればガソリンの価格が上がる」。また動詞の demand that S +（should）+ 原形動詞 は重要です。
ONE POINT demánding は「非常に努力、注意を要する」という意味の形容詞です。a demanding job「大変な仕事」。

138 blame A for B   Bの責任はAにあるとする　　　　　　　動

/bléɪm/

覚え方 【ラテン語 *blasphemare* 冒瀆(ぼうとく)する】から。少し難しいですが blasphemy「神への冒瀆」が同語源の単語です。

使い方 blame + A + for B「Bの責任はAにあるとする」という意味です。Everybody blamed me for the accident.「その事故の原因はぼくにあるとみんなが言った」。「誰に責任があるのかをはっきりさせる」ことに重点がある単語です。必ずしも「口頭で非難する」とは限りません。その意味で criticize ～「～を非難する、～を批判する」とは異なります。

ONE POINT blame + ～ + on 人 の形でも使う場合があります。

139 accuse A of B   BでAを非難する　　　　　　　動

/əkjúːz/

覚え方 ac-【ad- 方向性】+ -cuse【= cause 原因、弁明】から「～に弁明を求める」。excuse「(弁明を外す→)を許す」が同語源。

使い方 日常生活で「(人)を責める」から、犯罪に対して「(人)を告訴する」まで広く使えます。of の後には、世間一般の人が「悪い」と同意するような事柄が来ます。その点で criticize より深刻です。Ted was accused of telling a lie.「テッドは嘘をついたことを責められた」。名詞形は accusátion です。

ONE POINT 「ほめる、けなす、罰する」などの動詞は、普通、「理由の for」を伴いますが、この動詞は of を使うことに注意です。

140 recommend ～   ～を推薦する　　　　　　　動

/rèkəménd/

覚え方 re-【= back 繰り返し】+ -commend【= command 命じる】から「何度も命じる」→「是非是非と勧める」から「～を推薦する」。

使い方 recommend + 名詞で「～を勧める」の意味。Could you recommend a good restaurant around here?「この辺に良いレストランはありますか?」。What would you recommend as a souvenir of Japan?「日本のおみやげは何がお薦めですか?」。a recommended retail price「希望小売価格」。さらに recommend that S +(should) +原形動詞 も重要。名詞形は recommendátion。

ONE POINT 「本日のお薦め料理」は today's special です。

141 **tend to (V)**　Vする傾向にある　動

/ténd/

覚え方 tend to (V)で「Vのほうへのびていく」という意味です。そこから「〜する傾向にある」という訳語が当てられています。

使い方 tend to (V)で「(V)する傾向がある」です。どちらかというとマイナスの傾向で使うことが多い語です。Young Japanese people tend to be indifferent to politics.「日本の若者は政治に無関心な傾向にある」。

ONE POINT 名詞形が a téndency to (V) となります。なお、「時代の傾向」には a trend を使います。

142 **pretend 〜**　〜のふりをする　動

/pritténd/

覚え方 pre-【= before 以前に】+ -tend【のびていく】ですから、「あらかじめある方向へのばす」が原義です。「本当は違うのだけど、みんなに気がつかれる前にカムフラージュとしてある方向へ自分を持っていく」という感じから「〜のふりをする」となりました。

使い方 pretend to (V) あるいは pretend that SV として使います。Japanese people often pretend to be unaware of others' faults.「日本人は他人の欠点に気がついていないふりをすることが多い」。

ONE POINT 似た意味の make believe は、make others believe「他の人間を信じさせる」から others が脱落したと考えて下さい。

143 **attend 〜**　〜に出席する　動

/əténd/

覚え方 at-【= ad 方向性】+ -tend ですから、ほとんど tend と同じ意味ですが、使われる場面が違います。

使い方 attend a ceremony/a wedding/a funeral といえば「儀式／結婚式／葬式に(儀礼的に)出席する、参列する」です。ホームパーティなどに「参加する」には使いません。その場合には go to a party と言います。また attend school/university など「〜に通っている」でも使います。名詞形は attendance at 〜「〜への出席」。

ONE POINT attend の名詞形の atténtion は「気持ちがのびていく」から「注意」の意味です。pay attention to 〜「〜に注意を払う」で暗記。

144 extend ～   ～を拡張する、～を延ばす　動

/ɪksténd/

覚え方 ex-【外へ】+ -tend ですから「外へ延ばす」です。exténsions「外へ延ばしたもの」→「付け毛、エクステ」は日本語。

使い方「～を拡張する、～を延ばす」の意味です。extend the fence「フェンスを広げる」、extend the non-smoking area「禁煙区域を拡張する」、extend one's menu「メニューの品目を増やす」、extend the deadline for ～「～の締め切りを延ばす」、extend the business hours「営業時間を延ばす」。名詞形の an exténsion は「拡張、増築」の意味です。

ONE POINT to some extént「ある程度」は大切です。

145 convey ～   (考え、感情など)を伝える　動

/kənvéɪ/

覚え方 con-【= together】+ -vey【= via 道】です。「共に道を歩む」→「～を運ぶ」となりました。回転寿司に不可欠な「ベルト・コンベヤー」は a conveyor belt です。

使い方「(言葉を用いて、あるいは使わずに)～を伝える」の意味です。目的語には informátion「情報」、a méssage「メッセージ」、an impréssion「印象」、an idéa「考え」などが使えます。My mother's tone convéyed her disappointment.「母の声の調子から失望していることが伝わってきた」。

ONE POINT「(モノ)を運ぶ」場合は carry ～が普通です。

146 previous   前の　形

/príːviəs/

覚え方 pre-【= before】+ -vi-【= via 道】です。「以前に通った道に関する」が原義で、「以前の」に発展しました。

使い方「(今現在話題にしていることの)前の」の意味です。the previous chapter「前の章」、a previous owner「以前の所有者」、a previous marriage「以前にした結婚」、a previous engagement「先約」。No previous experience is necessary for this job.「この仕事は過去の経験は必要ありません」。

ONE POINT「前任者」という時には former を用います。the former President「前大統領」。また、my ex-husband「前の夫」も暗記。

147 despite ～

～にもかかわらず　[前]

/dɪspáɪt/

覚え方 despiteという前置詞は、in despite of ～ から in と of が脱落した形。似た意味の in spite of ～「～にもかかわらず」の spite は【古フランス語 *despit* 悪意】の de が消失した形です。

使い方 despite + 名詞「～にもかかわらず」で用います。あとに文を持ってきたい場合には despite the fact that SV とします。Ann is good at chemistry despite the fact that she finds it boring.「アンは化学を退屈だと思っているが得意だ」。

ONE POINT 新聞など短い単語が好まれる場合は despite がよく使われますが、それ以外は in spite of ～ のほうがよく用いられます。

148 complete ～

(特に時間を要するもの)を完成する　[動]

/kəmplíːt/

覚え方 con- (p、b、m の前では com-)【= together 一緒に】+ -ple-【満たす】で、「欠けているものを満たす」から「完成する」。

使い方「(特に時間を要するもの)を完成する」という意味です。This bridge took ten years to complete.「この橋は完成に10年の月日を要した」。またここから「(アンケート)に答える、(書類など)～を記入する」でも使えます。Could you please complete this questionnaire?「このアンケートにご記入いただけますか?」。

ONE POINT 形容詞は「完全な」。the compléte works of Shakespeare「シェークスピア全集」、a complete stranger「見ず知らずの人」。

149 accomplish ～

(努力や忍耐によって、目的、仕事など)を達成する　[動]

/əkʌ́mplɪʃ/

覚え方 a + 同じ子音の重なりですから、最初の ac は方向性を示す ad の変形です。ad を無視すると -complish です。これから、accomplish は complete と同じ意味だと分かります。

使い方「(努力によって、目的、仕事など)を達成する」の意味です。目的語には a task「仕事」、a purpose「目的」などがきます。At last we have accomplished our dreams.「ついに我々は夢を達成した」。

ONE POINT 名詞形の accómplishment は「達成すること」の他に「達成したもの→業績」の意味でも使います。

150 **provide A with B**

/prəváid/

AにBを提供する　　　　　　　　　　動

覚え方 pro-【前方】+ -vide【見る】から「将来を見据える」→「将来のことを考え与える」。「備え付けの紙」は provided paper。
使い方「必要とする人に必要なものを与える」の意味です。provide + 人 + with ～ は重要。provide + ～ + for 人 は、「～をとりあえず準備しています」です。たとえば We provide extra beds for our guests.「お客様のために予備ベッドをご準備しております」。目的語が脱落した provide for ～「～に必要なものを与える」も重要。
ONE POINT providing(that) SV や provided(that) SV が「SVという条件なら」という意味の接続詞で使われることもあります。

151 **supply A with B**

/səpláɪ/

AにBを供給する　　　　　　　　　　動

覚え方 sup-【= sub 下】+ -ply【満たす】から「下から補充する」。compléte「完全な」、accómplish「～を達成する」も同語源。
使い方「必要なものを長期にわたって与える」こと。supply + 人 + with ～ は重要。Kyoto is supplied with water from Lake Biwa.「京都は琵琶湖から水の供給を受けている」。頻度は低いですが supply + ～ + to 人 の形もあります。名詞と動詞は同形。The water supply has failed suddenly.「水道が突然止まった」。
ONE POINT「provide が長期にわたる感じ」と暗記。

152 **circumstance**

/sə́ːrk(ə)mstæns/

事情　　　　　　　　　　　　　　　名

覚え方 circum-【= circle 周り】+ -stance【立つ】から「周りに立っているもの」から「事情、状況」になりました。
使い方 通例は複数形で用います。Difficult circumstances made me quit the job.「厄介な事情があってやむなく仕事をやめた」。under the circumstances「その状況下では」。under no circumstances は「どんな状況下でも～ない」から「決して～ない」という熟語です。
ONE POINT things で「状況」という意味を持つこともあります。Things are getting better.「状況は好転している」。

153 **substance** （基本となる）物質 [名]

/sʌ́bst(ə)ns/

覚え方 sub-【下】+ -stance【立つ】から「物の下に存在するもの」から「（基本となる）物質」になりました。

使い方 「有毒な物質」「ある物質を分析する」などの「物質」。a waterproof substance「防水素材」、There are various substances in blood.「血液中には様々な物質が存在する」。chémical substances「化学物質」。

ONE POINT また、「中に詰まっている物質」のイメージから「本質、実質」という意味でも使われます。Just tell me the substance of what they said.「彼らの発言のうち大事なことだけ言ってください」。

154 **behave** 振る舞う [動]

/bɪhéɪv/

覚え方 be-【強意】+ have【持つ】から「自分自身を完全に掌握する」→「正しく振る舞う」。今では「バカみたいに振る舞う」でも使用可。

使い方 「正しく、良識的に」などの行動の仕方を示す副詞を伴うのが普通です。behave like a child「子どものように振る舞う」。You should tell children to behave well.「子どもに行儀良く振る舞うように言うべきだよ」。名詞形は behávior「（ある人の全般的な）行動」で通例、不可算名詞です。

ONE POINT act は behave よりも使用範囲は広く、「行動に出る」「演技をする」などにも使えます。名詞の an act は「1回の行為」です。

155 **publish ~** ~を公にする、~を出版する [動]

/pʌ́blɪʃ/

覚え方 public【公の】+ -ish【動詞をつくる語尾】から「公にする」。

使い方 「販売目的で、本や雑誌を出す」という意味です。a publishing company は「出版社」です。「~を掲載する」でも使います。publish an advertisement in a newspaper「新聞に広告を掲載する」。さらに publish findings「研究結果を公表する」、publish an e-mail newsletter「メールマガジンを出す」。

ONE POINT 形容詞 públic「公の」も大切です。public opinion は「世論」。名詞形は publicátion。

156 aggressive

攻撃的な　形

/əgrésɪv/

覚え方 ag-【= ad 方向性】+ -gress-【進む】から「前に前に進んでいく」というイメージです。主にマイナスの意味で用います。同語源の単語には progress「(pro- 前に + 進む)進歩」があります。
使い方 人、行動、声などが「怒って相手を威嚇するような、攻撃的な」の意味です。基本的にはマイナスイメージですが、明らかにプラスと分かる場面では「積極的な」という訳語を当てます。aggressive behavior「攻撃的な態度」。
ONE POINT 「穏やかな、優しい行動」は gentle behavior です。

157 persuade O to (V)

OにVするよう説得する　動

/pərswéɪd/

覚え方 《トランプの七並べで「パス(したほうが)ええど」と説得》。
使い方 日本語の「説得する」は、成功しても失敗しても構いませんが、英語の persuade は「説得に成功する」の意味です。ですから「説得する」に対応する英語は try to persuade になります。try to persuade my mother to give me $100「100ドルくれるように母を説得する」。頻度は低いのですが、persuade (人) of ~ /that SV は「(人)に~と納得させる」と訳します。
ONE POINT 形容詞形は persuásive「説得力のある」、名詞形は persuásion「説得」でどちらも重要です。

158 appear

現れる　動

/əpíər/

覚え方 《appear 反対 disappear》と唱えてください。
使い方 人間を主語にする場合には「舞台やテレビに出る」などの意味で使うのが普通です。The TV personality appeared in pajamas on the stage.「そのテレビタレントがパジャマを着てステージに現れた」。反意語は disappéar「姿を隠す」です。「(人がパーティなど約束の場所に)現れる」などでは show up が普通です。また、S appear C. で「SはCに見える」の意味です。
ONE POINT 名詞形の appéarance は「出現」または「外見」の意味です。なお類義語の look は「(自分では意識していない)外見」です。

159 admit ~ ①~の入場、入学を許可する ②(自分にとって不利なこと)をしぶしぶ認める 〔動〕

/ədmít/

覚え方 ad-【方向性】+ -mit【送る】から「~を(内に)送る」→①「~の入場、入学を許可する」から、②「(自分にとって不利なことが入ってくるの)を許可する」→「~をしぶしぶ認める」の意味になります。

使い方 ①は admit 人 into ~ の形で用いることが多いです。名詞形の admission は the National Center Test for University Admissions「センター試験」で有名。②は that 節あるいは動名詞を目的語にします。admit that I am mistaken「自分が間違っていると認める」。名詞形は admíssion。

ONE POINT be admitted to college は「大学入学を許可される」。

160 permit ~ (公的機関などが)~に / ~を許可する 〔動〕

/pərmít/

覚え方 per-【= through】+ -mit【送る】から、「どこかに通るように送る」から「許可」の意味になりました。

使い方 基本的には「(学校や当局が公式に)許可する」という意味ですから allow よりは硬い語です。permit students to use the Internet for personal use「学生にインターネットの個人使用を許可する」。名詞形は permíssion です。

ONE POINT weather permitting/if the weather permits で「天気が良ければ」の意味です。

161 afford ~ (can を伴い)~する余裕がある 〔動〕

/əfɔ́:rd/

覚え方 af-【= ad】+ -ford【前進する】から「何かを前に差し出す」から「~を与える」になりました。さらに afford oneself ~「自らに~を差し出す」から oneself が脱落して「~する余裕がある」に発展。

使い方 can't afford to(V)/ 名詞 で「~の(金銭的)余裕がない」です。We cannot afford to rent such an expensive apartment.「そんな高級マンションを借りる余裕はない」。「時間／お金の余裕がある」は have enough time/money to(V)とします。また硬い文では afford + 人 + ~ で「人に(喜びなど)を与える」の意味。

ONE POINT 形容詞は affordable で「手頃な価格の」の意味です。

162 eventually　最終的に　副

/ɪvéntʃuəli/

覚え方 an evént「出来事」は e-【= ex 外】+ -ven-【来る】から、「外に来る」が原義です。そこから eventually は「様々な出来事があったあと」の感じで覚えておいてください。

使い方「(長期にわたって様々なことが起きた後)ついに、結局」の意味です。これは否定文では使いません。After numerous interviews, I eventually secured a job as a dishwasher.「面接を何度も受けて、ついに皿洗いの仕事を確保した」。

ONE POINT 類語の at last は、プラスイメージで「とうとう成功した」時に使います。in the end は、「最終的に、最後に」という意味。

163 remove ～　～を取り除く　動

/rɪmúːv/

覚え方 re-【= back】+ -move【動かす】から、「元に戻す」が原義。

使い方「取り除く」という意味で幅広く使えます。remove the wallpaper「壁紙をはがす」、remove stains「シミを抜く」、remove scales「鱗を取る」、remove one's makeup「化粧を落とす」、remove the dishes from the table「テーブルから皿を片づける」、remove one's hat「帽子をとる」、remove body odors「体臭を消す」。Illegally parked vehicles will be removed「不法駐車された車両は撤去されます」。名詞形は remóval です。

ONE POINT nail-polish remover「マニキュア落とし」は有名ですね。

164 motive　動機　名

/móutɪv/

覚え方 mot-【=move 動かす】+ -ive【～の性質を持つ】から、「動かす性質を持つ」→「動機」という訳語が当てられています。

使い方 one's motive for ～「～の動機」、the motives behind ～「～の背後の動機」などで使います。What is your motive for starting this research?「この研究を始めた動機は何ですか?」動詞形は mótivate「～に動機を与える」。a highly motivated student「非常にやる気になっている学生」。

ONE POINT motif「モチーフ(=芸術作品の主題)」も同語源です。

165 feed ～　　～に食べ物を与える　　動

/fíːd/

覚え方 food の動詞形です。活用変化は feed；fed；fed です。カタカナの「フィードバック」はこの feed + back です。

使い方 人間に対しても使えます。feed a family of five「5人家族にご飯を食べさせる」→「5人家族を養う」。How often a day should I feed these goldfish?「この金魚には一日に何回えさをやったらいいの?」。

ONE POINT be fed up with ～ で「～にすっかり飽きている」の意味。I am fed up with this humid weather.「この蒸し暑い天候にはうんざりだ」。

166 operate ～　　～を操作する　　動

/áp(ə)rèit/

覚え方 oper-【働く】+ -ate【する】が語源です。同語源の単語には an opera「オペラ(=作品)」、coóperate「協力する」があります。

使い方 a forklift「フォークリフト」、a computer「コンピュータ」などを目的語にして「～を操作する」の意味。自動詞では「作動する、作用する」の意味。また、operate on a patient「患者に対して作用する」→「患者を手術する」も重要。名詞形は operátion です。have an operation (= have surgery 米語)「手術を受ける」。

ONE POINT コンピュータのOSは the operating system「(コンピュータ操作のための)基本ソフト」の略です。

167 branch　　①支店 ②(学問の)分野　　名

/brǽntʃ/

覚え方 a branchの基本的な意味は「枝」ですが、それが発展して、「支店」や「(学問の)分野」の意味を持つようになりました。

使い方 「ロサンジェルスに支店を開設する」なら open a branch in Los Angeles、「京都支店」は the Kyoto branch、「支店長」は a branch mánager です。「生物学の一分野」は a branch of biology です。

ONE POINT 「(警察、軍隊などの)本部」は the héadquarters (常に複数形)、「(銀行などの)本店」は、the head office です。

168 **product**　製品　[名]

/prɑ́dəkt/

覚え方 prodúce ～「～を生産する」の名詞形は prodúction「生産」と、a product「生産されたもの＝製品」の2つがあります。

使い方 例を挙げておきます。a new product「新製品」、a product development「製品開発」、GNP = Gross National Product「国民総生産」、marine products「海産物」、dairy products「酪農製品」、by-products「副産物」、environmentally friendly products「環境に優しい製品」。

ONE POINT products よりも日常的な「商品」という意味の単語は goods。Hello Kitty goods「ハローキティ関連の商品」。

169 **reduce ～**　～を減らす　[動]

/rɪd(j)úːs/

覚え方 re-【= back 後ろへ】+ -duce【導く】から「減らす」。「コストダウン」は和製英語で cost reduction が正しい英語です。

使い方 reduce one's weight by 3 kilograms「体重を3キロ減らす」、reduce crime「犯罪を減らす」、reduce the paper (⇔ enlarge)「縮小コピーする」、reduce the number of pupils per class「一学級あたりの生徒数を減らす」。名詞形は redúction です。

ONE POINT 次の用法にも注意してください。Poor Nancy was reduced to begging for a living.「かわいそうなナンシーは物乞いする羽目になった」。

170 **treat ～**　①（副詞を伴い）～を扱う　②～を治療する　[動]

/tríːt/

覚え方 tr-【引きずる】→「手をかける」から現在の意味に。tra-【引きずる】で始まる単語は多数あります。a train「列車」。

使い方 副詞の有無が重要です。「～を扱う」の場合には副詞が必要です。treat ～ badly/with respect「ひどく／敬意を持って扱う」。The Smiths treated me like one of their family.「スミスさん一家は私を家族の一員のように扱ってくれた」。副詞がなければ、「～を治療する」の意味です。名詞形は tréatment。

ONE POINT treat + 人 + to ～「～まで人を引っぱっていく」から「～を人におごる」。ハロウィンの trick or treat は「お菓子ちょうだい」。

171 **cure ~** (病気、病人など)〜を(完全に)治す 　　動

/kjúər/

覚え方 cure-【世話、治療】から「治療する」になりました。

使い方 cure + 人、病気などで使います。an operation that can cure shortsightedness「近視を治す手術」。また cure 人 of one's disease「人の病気を治す」でも使います。名詞も同じ a cure(for 〜)で、意味は「(〜の)治療、治療法」です。

ONE POINT treat 〜「〜を治療する」は、治るかどうかは分かりませんが、cure 〜 は「〜を完治させる」という意味です。なお、「ケガが治る」は、The injury has healed. で、cure は使えません。

172 **accurate** (データ、機械などが)正確な 　　形

/ǽkjərət/

覚え方 ac-【= ad 方向性】+ -cur-【世話、治療】から「注意深く世話をする」から「正確な」。correct より正確なイメージです。a mánicure「マニキュア(mani-【手】)」、a pédicure「ペディキュア(足の爪にするマニキュア) (pedi-【足】)」などが同語源。

使い方「データ、測定値などの正確さ」でよく使われます。an accurate map「正確な地図」、an accurate answer「正確な答え」、an accurate account「正確な説明」、accurate results「正確な結果」。反意語は ináccurate で、名詞形は áccuracy「正確さ」。

ONE POINT an accurate cutter なら「正確な裁断機」です。

173 **curious** ①好奇心の強い ②奇妙な 　　形

/kjúəriəs/

覚え方 curi-【ラテン語 *cura* 心配、世話】から、「何かに気をかける」→「好奇心を持つ」に発展しました。cure「治療」は同語源。

使い方 人 + be + curious + about 〜 で「〜に対して好奇心を持っている」の意味です。Children are curious about everything.「子供は好奇心のかたまりだ」。be + curious + to know/see/hear でも使います。S + be + curious. は「Sは好奇心をそそる、不思議な」の意味です。

ONE POINT 名詞形は curiósity「好奇心」ですが、curious との綴りの違いに注意してください。out of curiosity「好奇心から」。

174 secure

/sɪkjúər/

安全な 形
〜を確保する 動

覚え方 se-【= side 離れている→〜がない】+ -cur-【世話、治療】から「心配がない」の意味です。accurate「正確な」などが同語源。
使い方 feel secure about the future「将来に対して安心感を持つ」。名詞形の secúrity は、外部からの脅威を遮ったり、防いだりする「安全」。a security camera「防犯カメラ」、build tall fences around one's house to improve security「防犯を強化するために家の周りに高い塀を作る」。動詞も同形で secúre 〜「〜を確保する」。
ONE POINT 「安全」を意味する一般的な単語は safety で、road safety「道路の安全」、a safety razor「安全カミソリ」などで用います。

175 impulse

/ímpʌls/

衝動 名

覚え方 im-【= in 中】+ -pul-【= pel 押す】から、「中に押す」→「強い衝動」。an irregular pulse「不整脈」、take one's pulse「脈をとる」。
使い方 I bought a skirt on impulse yesterday.「昨日スカートを衝動買いしてしまった」。act on impulse で「衝動的に行動する」です。the impulse to(V) は「〜したいという衝動」の意味です。Then, I couldn't resist the impulse to kiss her.「その時、彼女にキスをしたいという衝動が抑えられなかった」。
ONE POINT 「衝動買い」は impulse buying です。

176 arise

/əráɪz/

(問題、誤解などが)生じる 動

覚え方 rise「上がる」に a- がついた形です。
使い方 rise は、témperature「温度」、sales「売り上げ」、the sun「太陽」などが「上がる」に用い、arise は a problem「問題」、a crisis「危機」、a misunderstanding「誤解」、a question「問い」などが「生じる」で使います。A serious problem has arisen.「深刻な問題が生じた」。
ONE POINT rise ; rose ; risen と同様に arise ; arose ; arisen の活用変化です。なお、raise 〜「〜を上げる」は規則変化で raise ; raised ; raised です。

177 praise ～ ～を褒める 動

/préɪz/

覚え方 raise ～ /réɪz/「～を上げる」に p がついた形と暗記。a price「価格」、appréciate ～「～を高く評価する」と同語源です。

使い方 「(特に人前で)～を褒める」という意味です。目的語には人もモノもとりますが、特に praise + 人 + for ～ で「～のために人を褒める」という形が大切です。Ichiro was praised for his terrific performance.「イチローはその凄まじい働きを褒められた」。また、名詞も práise です。

ONE POINT a highly praised novel「高い評判の小説」という形も重要。

178 scold ～ (特に子ども)を叱る 動

/skóuld/

覚え方 cold/kóuld/「冷たい」に s がついた形と覚えましょう。

使い方 scold + 人 + for ～ で「～の理由で人(特に子供)を叱る」という意味です。I scolded my son for kicking our cat.「うちの猫を蹴ったので息子を叱った」。会社で部下を「叱る」には使いません。その場合には críticize ～「～を批判する」を用います。名詞形は a scólding です。get a scolding で「叱られる」です。

ONE POINT tell +人+ off「～を叱る」もよく使われます。lecture +人にも「～に説教する」の意味があります。

179 apologize to ～ ～に謝罪する 動

/əpɑ́lədʒàɪz/

覚え方 apo-【～から】+ -logi-【言葉】から「罪から逃れるために話す」が原義です。a mónologue「独白」、a díalogue「対話」、a prólogue「序章」などが同語源の単語です。

使い方 apologize to 人 for ～「～で人に謝罪する」が重要です。to 人 か for ～ は省略可です。I think you should apologize for swearing at Mr. Robinson.「君がロビンソンさんを罵ったことを謝ったほうがいいと思うよ」。名詞形は an apólogy「謝罪」です。an official apology「正式な謝罪」。

ONE POINT 自動詞であることに注意してください。

180 pour ～　　～を注ぐ　　動

/pɔ́ːr/

(覚え方)「ポー」という音からイメージしてください。
(使い方)「主に液体を注ぐ、かける」という意味です。pour coffee (into a cup)「コーヒーを(コップに)注ぐ」、pour sauce over the omelette「オムレツにソースをかける」、pour syrup over a pancake「ホットケーキにシロップをかける」。First of all, pour the oil into the frying pan.「まず最初に油をフライパンに引いてください」。自動詞でも使います。Blood is pouring from your nose.「鼻血が出ているよ」。
ONE POINT　It poured all night. なら「一晩中土砂降りだった」の意味。

181 wisdom　　知恵　　名

/wízdəm/

(覚え方) wise-【知恵のある】+ -dom【状態】。
(使い方)「(経験などによって得られる)知恵」の意味です。the wisdom of the Creator なら「創造主の英知」です。Wisdom arises from experience.「知恵は経験から生まれる」。形容詞形の wise は「(経験によって得た知恵を持ち)賢い」の意味です。「賢い」は intélligent が一般的です。clever は「(特に米国では)ずる賢い」イメージ、smart は「頭の回転がよい」、bright は「(子供に対して)聡明な」。
ONE POINT　wisdom teeth は「親知らず、知恵歯」のことです。

182 handle ～　　(難題、文句など)を扱う　　動

/hǽnd(ə)l/

(覚え方)「手で握る」が原義です。tackle ～「～に取り組む」も似た意味ですが、こちらは「とりあえずやってみる」という意味です。
(使い方)「(難題、文句など)を扱う」の意味です。George handled the difficult situation very well.「ジョージはその難しい状況を非常にうまく扱った」。名詞の a handle は「取っ手」の意味です。the handle of a cup「コップの取っ手」。
ONE POINT　自動車の「ハンドル」は a steering wheel です。

183 **major** (他と比べて)大きい 形

/méɪdʒər/

覚え方 「大リーグ」=「メジャーリーグ」だから簡単ですね。
使い方 「(他と比べて)非常に大きい、非常に重要な」という意味です。a major earthquake「大地震」、a major operation「大きな手術」、a major repair「大修理」、a major problem「大問題」、a major cause「大きな原因」。There was a major earthquake in this area ten years ago.「10年前この地域で大地震があった」。
ONE POINT major には「(大学の)専攻」「専攻する」の意味もあります。I major in biotechnology.「私は生物工学を専攻しています」。

184 **confuse 〜** 〜を混乱させる 動

/kənfjúːz/

覚え方 con-【= together すべて】+ -fuse【注ぐ】から、「手に持っているコップにあちこちから一度にお酒をされてしまって混乱する」という感じの単語です。基本は「〜を困惑させる」という意味です。
使い方 I'm totally confused. とは、たとえば「話を聞いていて、頭がぐちゃぐちゃになってしまっている」という意味です。When David arrived in Japan, he was totally confused by the language.「デイヴィッドは日本に着いたとき、言語で完全に混乱した」。
ONE POINT 名詞形は confúsion「混乱」、confuse A with B「AとBを混同する」という熟語も一緒に覚えておきましょう。

185 **refuse 〜** 〜を断る 動

/rɪfjúːz/

覚え方 re-【= back 再び】+ -fuse【注ぐ】。「お酒をしてもらったけど、『これいりません』と言いながら注ぎ返す」というイメージ。
使い方 「(頼まれたこと)をキッパリと断る」という意味です。My grandmother refused to go to the hospital.「祖母は入院を拒んだ」。多くの場合に reject と交換可能ですが、refuse は①目的語に to 不定詞を取る②意見などを目的語に取らない、という点で異なります。名詞形は refúsal です。これは arrive の名詞形 arrival に似ています。
ONE POINT 反意語は accépt 〜「(招待、申し出)〜を受け入れる」。

186 **courage** 勇気 [名]

/kə́:rɪdʒ, kʌ́r-/

覚え方 cour-【心臓、心】+ -age【状態】です。日本語でも「心臓に毛の生えたような図太さ」と言いますが、この単語も似た感じです。record「記録(再び心に帰る)」、a core「核(心も真ん中にある)」なども同語源です。形容詞形は courágeous「勇気のある」です。
使い方 have the courage to(V)で「～するだけの勇気がある」です。The rescue team was praised for their courage.「レスキュー隊は、その勇気を称えられた」。
ONE POINT 似た単語の brávery「勇敢さ」の語源は「野蛮、凶暴」ですから courage より「勇ましさ」を強調した単語です。

187 **encourage ～** ～を勇気づける [動]

/ɪnkə́:rɪdʒ, -kʌ́r-/

覚え方 en-【動詞化】+ courage【勇気】から「勇気づける」。
使い方 「(人が)を勇気づける、励ます」が基本的な意味ですが、「あるものが～を促す」でも使います。The TV program will encourage anti-social behavior.「そのテレビ番組は反社会的な行動を促すだろう」。さらに、S + encourage + 人 + to(V)「人に～するように励ます、促す」も大切です。My children encouraged me to run in the London Marathon「子供たちはロンドンマラソンに是非出るように言ってくれた」。名詞形は encóuragement です。
ONE POINT 反意語の discóurage ～ は「～を落胆させる」の意味。

188 **cheer ～** ～を応援する [動]

/tʃíər/

覚え方 「チアリーダー (cheerleader)」の cheer です。反意語は「ブーイング」で有名な boo「ヤジを飛ばす」です。
使い方 「～を応援する」の意味です。自動詞では「歓声を上げる」の意味です。cheer ～ up「(病人など)を元気づける」、cheer up「元気を出す」も重要です。I cheered up my mother, who was in the hospital.「入院中の母を元気づけた」。名詞も同形です。形容詞形は chéerful「陽気な」です。
ONE POINT Cheers！は「乾杯！」の意味です。

189 occasion 場合 [名]

/əkéɪʒ(ə)n/

(覚え方) oc-【= ob の変形 against】+ -casion は【ラテン語 *cadere* 落ちる】から来た語で「〜に対して落ちていったもの」が原義です。「落ちていく」=「偶然性」→「場合」という意味に変化しました。

(使い方) on 〜 occasion で「〜の場合に、〜の時に」の意味です。Years ago, people ate out only on special occasions.「何年か前なら、外食は特別な場合に限られていた」。I met his parents on several occasions.「彼の親には何度か会いました」。on occasion は「たまに」の意味です。

occásional は「たまの」、occásionally は「たまに」です。

190 casual さりげない [形]

/kǽʒuəl/

(覚え方) casion-【ラテン語 *cadere* 落ちる】から「偶然の出来事」→「何気ない、くだけた」に変化しました。

(使い方)「さりげない」の意味です。a casual remark なら「さりげないひと言」、a casual glance「さりげなくちらっとみること」です。casual clothes は「普段着(= everyday clothes)」の意味で、反意語は formal clothes「正装」です。Steve upset his cousin by wearing casual shoes to her wedding.「スティーブが従姉妹の結婚式に普段の靴で来たので、従姉妹は仰天した」。

a cásualty「死傷者」は、「偶然の出来事の被害者」から。

191 moderate (数量、価格、程度が)適度の [形]

/mɒ́d(ə)rət/

(覚え方) 音楽用語の moderato は「モデラート、ほどよい速さで」という意味の同語源の単語です。

(使い方)「(数量、価格、程度が)適度の」の意味です。get moderate exercise「適度の運動をする」、a moderate success「まあまあの成功」、a garden of moderate size「ほどほどの大きさの庭」。政治家に使った場合には「穏健派の」の意味です。

動詞の moderate/mɒ́d(ə) rèɪt/ は「(公正な立場で)〜の進行役をする」で、a móderator は「(討論会などの)司会、進行役」の意味です。

192 **responsible** 責任がある 形

/rɪspɑ́nsəb(ə)l/

覚え方 respónd【反応する】+ -ble【できる】から「何かに対して行動がとれる」が原義です。

使い方 be responsible for ~「~に対して責任を持つ」の意味です。I am responsible for training new staff.「私には新人を鍛える責任がある」。「~の原因となっている」という訳語を当てることもあります。Speeding is responsible for the accident.「その事故の原因はスピードの出し過ぎです」。

ONE POINT 名詞形の responsibílity「責任」は原則として不可算名詞です。take responsibility for ~「~に対して責任をとる」。

193 **notice ~** ~に気がついている 動

/nóʊtəs/

覚え方 not-【ラテン語 noscere 知る】+ -ice【状態、行為】から。

使い方 普通、「直接、見たり聞いたりして気がついている」という意味です。「~に気がついている」という状態動詞ですが、訳語では「~に気がつく」とすることもあります。これは know ~「~を知っている」にも当てはまります。I noticed that she was crying.「彼女が泣いていることに気がついた(=気がついていた)」。

ONE POINT 名詞の nótice は「気がつくこと」の意味の他に、「掲示」の意味もあります。The notice on the door says "Staff only."「ドアの掲示には『関係者以外立ち入り禁止』と書かれている」。

194 **notion** 考え 名

/nóʊʃ(ə)n/

覚え方【ラテン語 noscere 知る】から「知ったもの」→「考え」。notice ~「~に気がついている」、notórious「悪名高い」が同語源。

使い方「(筆者が疑問を持っている)考え」で使います。たとえば the notion that humans are naturally good「人間は生まれながらに善良だという考え」とあれば、筆者はその意見に疑問を抱いているわけです。the notion that it is cool to smoke「タバコを吸うのは格好いいという考え」は嫌煙家の発言です。

ONE POINT 中立的な「意見、考え」は an idea、a belief などです。

195 **order**

①順序 ②秩序　　　　　　　　　　　　　　　　　　　　　　　名

/ɔ́:rdər/

覚え方　日本語の「オーダー（order）する」は「注文」で、【ラテン語 *ordo* 順序正しく一直線に並んだもの】から来ました。「順序正しくなるように命令する」が「注文する」に変化したわけです。また「順序正しく並んだもの」から「秩序」という意味も持ちます。

使い方　in the order of the Japanese syllabary「五十音順で」、in alphabétical order「アルファベット順で」、in descénding order「降順で(=数値、レベルが上から下の順で)」、in chronológical order「年代順に」、in the order of importance「重要な順で」、in the order of age「年齢順に」、in the order of height「身長順に」。
「整然とした順序」から「秩序」という意味になります。maintain peace and order「平和と秩序を維持する」、public order「公衆の秩序」。out of order は「秩序から外れた状態で」→「故障中で」の意味で、主に公共物の貼り紙などに使われます。一般家庭の冷蔵庫が故障している場合には The refrigerator doesn't work. とします。

ONE POINT　orderly は「整然とした」の意味の形容詞です。たとえば an orderly mind なら「整然とした頭脳」→「明晰な頭」の意味です。

196 **ordinary**

平凡な　　　　　　　　　　　　　　　　　　　　　　　　　　形

/ɔ́:rd(ə)nèri, -n(ə)ri/

覚え方　ordinary は【ラテン語の *ordo*】が古フランス語を経てこの形になりました。「順序正しく並んだもの」は変化に富むことはありませんので「平凡な」に変化しました。

使い方　「平凡な生活」は ordinary life、「庶民、凡人」は ordinary people、「平社員」は ordinary employée です。反意語は extraórdinary です。extra- は「外」ですから、「平凡の外」で「非凡な」です。a woman of extraordinary beauty「類いまれなほど美しい女性」、an extraordinary session of the Diet「臨時国会」。

ONE POINT　órdinarily は「ふだんは」の意味の副詞です。

197 count

/káunt/

①(〜を)数える ②重要である 動

覚え方 「数を数える」が「数に入れる」となり、さらに「重要である」「当てにしている」と発展します。

使い方 count to ten on one's finger「指で10まで数える」、count sheep「(眠れない時に)羊の数を数える」、count by twos「2ずつ数える」。Don't count your chickens (before they're hatched).「捕らぬ狸の皮算用(←鶏が生まれる前に数を数えるな)」は有名な諺。First impressions really count. なら「第一印象は本当に重要だ」。

ONE POINT count on +人で「人を当てにする」の意味。上司が部下にI'm counting on you.「頼りにしてるよ」と言う感じです。

198 evil

/íːv(ə)l/

邪悪な、悪い 形

覚え方 d + evil = devil「悪魔」です。

使い方 「(道徳的に)悪い、邪悪な」の意味です。her evil deeds なら「彼女の悪い行い」です。People in the past believed that evil spirits caused sickness.「昔の人は悪霊が病気を引き起こすと信じていた」の意味。名詞も同形です。The Bible often refers to good and evil. なら「聖書は善と悪について言及することが多い」で、the social evils of our time なら「現在の社会悪」です。

ONE POINT Snow White「白雪姫」に出てくる「悪い継母」を英語にすると the evil mother-in-law です。

199 bow

/báu/

お辞儀する 動

覚え方 英米では日常生活の中で「お辞儀する」習慣は、日本ほど一般的ではありません。bow は、役者が観客に、ホテルの従業員が客に、召し使いが主人に「お辞儀する」の意味です。

使い方 bow to 人で「(人)にお辞儀をする」です。「深くお辞儀する、最敬礼する」は bow low です。名詞も同形の bow です。give / take a bow で「(観衆の喝采に対して)お辞儀をして応える」の意味です。

ONE POINT /bóu/ と発音する場合は「弓」の意味です。a bow and arrow「弓矢」でセットで覚えておきましょう。

200 **load**　(大量の)荷物　[名]

/lóud/

(覚え方) download「ダウンロード、情報を取り込む」は、元は「荷物を積む」から来ました。

(使い方) 1つ1つの荷物ではなく、「(全体としての大量の)荷物」の意味。a truck carrying a load of wood で「材木を積んだトラック」です。さらに a load of 〜で「多くの〜」でも使います。動詞の load 〜は「(荷物)を積む」あるいは「(車など)に荷を積み込む」の意味です。We have finished loading the van.「ワゴン車に荷を積み終わった」。load the disk into the A drive「ディスクをAドライブに入れる」。

ONE POINT　a loaded gun は「弾丸の入った銃」の意味です。

201 **manner**　流儀　[名]

/mǽnər/

(覚え方) 【ラテン語 manus 手】から発展し、本来の意味は「手さばき」です。そこから「やり方」「作法」になりました。

(使い方) a manner of 〜「〜のやり方」、in a 〜 manner「〜のやり方で」が頻出です。「作法(=やり方の集合)」の場合には必ず複数形にします。It is bad manners to talk with your mouth full.「食べながら話すのは行儀が悪い」。Young people today have no manners.「今日の若者はマナーを知らない」。

ONE POINT　a manner は可算名詞ですが、etiquette は不可算名詞です。That is against etiquette.「それはエチケットに反する」。

202 **nod**　うなずく　[動]

/nád/

(覚え方) nod は "Yes" の仕草ですが、no から始まります。

(使い方) 「(しばしば同意を示すために)うなずく」という意味です。I asked my boss if she agreed with me, and she nodded.「上司に同意しているかどうか尋ねたら、上司はうなずいた」、nod back to 〜「〜にうなずき返す」。自動詞として使いますが、nod one's head とすることもあります。名詞形も同形です。give a friendly nod「親しげにうなずく」。

ONE POINT　shake one's head は「(反対を示すために)首を横にふる」です。shake ; shook ; shaken にも注意！

外来語のスピードチェック60
(＊のついたものは意味に注意)

1	*trade	/tréɪd/	名	貿易
2	trouble	/trʌ́b(ə)l/	名	苦労
3	*sign	/sáɪn/	名	兆候
4	officer	/ɔ́(ː)fəsər/	名	役人
5	passage	/pǽsɪdʒ/	名	一節
6	taste	/téɪst/	名	味
7	project	/prɑ́dʒekt/	名	計画
8	*department	/dɪpɑ́ːrtmənt/	名	部門
9	shape	/ʃéɪp/	名	形
10	method	/méθəd/	名	方法
11	trend	/trénd/	名	傾向
12	situation	/sìtʃuéɪʃ(ə)n/	名	状況
13	nation	/néɪʃ(ə)n/	名	国家
14	research	/rɪsə́ːrtʃ/	名	研究
15	proportion	/prəpɔ́ːrʃ(ə)n/	名	割合、比例
16	function	/fʌ́ŋ(k)ʃ(ə)n/	名	機能
17	standard	/stǽndərd/	名	基準、水準
18	theory	/θíːəri/	名	理論
19	square	/skwéər/	名	正方形、2乗
20	career	/kəríər/	名	経歴
21	concept	/kɑ́nsept/	名	概念
22	brain	/bréɪn/	名	脳
23	goods	/gúdz/	名	商品
24	status	/stéɪtəs/	名	地位
25	bottom	/bɑ́təm/	名	底
26	technology	/teknɑ́lədʒi/	名	科学技術
27	generation	/dʒènəréɪʃ(ə)n/	名	世代
28	factor	/fǽktər/	名	要因
29	vocabulary	/voukǽbjəlèri/	名	語彙
30	lecture	/léktʃər/	名	講義
31	release~	/rɪlíːs/	動	～を解放する
32	protect~	/prətékt/	動	～を保護する
33	recover	/rɪkʌ́vər/	動	回復する
34	*seat~	/síːt/	動	～を座らせる
35	produce~	/prəd(j)úːs/	動	～を生産する
36	discuss~	/dɪskʌ́s/	動	～を議論する
37	education	/èdʒəkéɪʃ(ə)n/	名	教育
38	freeze	/fríːz/	動	凍りつく
39	campaign	/kæmpéɪn/	名	運動
40	*talent	/tǽlənt/	名	才能
41	shift~	/ʃíft/	動	～を移す
42	stretch	/strétʃ/	動	身体を伸ばす
43	advice	/ədváɪs/	名	忠告
44	select~	/səlékt/	動	～を精選する
45	*announce~	/ənáʊns/	動	～を発表する
46	*local	/lóʊk(ə)l/	形	地元の
47	equal	/íːkw(ə)l/	形	平等な
48	private	/práɪvət/	形	私的な
49	breath	/bréθ/	名	息
50	native	/néɪtɪv/	形	土着の
51	global	/glóʊb(ə)l/	形	地球規模の
52	medical	/médɪk(ə)l/	形	医学の
53	excellent	/éks(ə)lənt/	形	素晴らしい
54	amusement	/əmjúːzmənt/	名	娯楽
55	crash	/krǽʃ/	名	衝突、墜落
56	burst	/bə́ːrst/	動	破裂する
57	breed~	/bríːd/	動	～を繁殖させる
58	frustration	/frəstréɪʃ(ə)n/	名	欲求不満
59	moral	/mɔ́(ː)r(ə)l/	形	道徳的な
60	violence	/váɪələns/	名	暴力

STAGE 2 ▷ 滑走

語源に注目できるようになると、単語から「記憶のとっかかり」が見えてくる。慣れないうちは面倒くさいと感じるかもしれないけれど、いったん慣れてしまえば語源の大きな効果にきっと驚くはず。さあ、走り出せ!

203 appetite 食欲 [名]

/ǽpətàɪt/

覚え方 ap-【= ad 方向性】+ -petite【= pet 請う】から「何かが欲しいと請い願うこと」。同語源の単語は compete「競争する」。

使い方 典型的な例を挙げておきます。one's appetite improves「食欲が増進する」、have a big appetite「食欲が旺盛だ」、S give ~ an appetite「~に食欲をもたらす」、lose one's appetite「食欲をなくす」、control one's appetite「食欲を抑える」。Don't eat the sweets now, or you'll spoil your appetite.「今そのお菓子を食べてはいけないよ。さもないと食欲がなくなるよ」。

ONE POINT 米語で an áppetizer は「前菜」のことです。

204 compete 競争する [動]

/kəmpíːt/

覚え方 com- は con-【= together】の変形。-pete は【= pet 請う】の意味ですから、「共に探す」が原義となります。-pete は appetite「食欲」や、a petítion「懇願」などにも出てきます。名詞形の competítion「競争」は、日本語でも「ゴルフのコンペ」などという言い方をしますね。

使い方 「誰と競争するか」は with で示し、「何を求めて競争するか」は for で示します。We competed with each other for good grades in high school.「僕たちは高校の時に成績を競った」。

ONE POINT compléte「~を完成する」と間違わないように注意!

205 competent (専門的な技術を備え)有能な [形]

/kámpət(ə)nt/

覚え方 compete の親戚です。「競争できるほどの力を持つ」から「有能な」になったと考えると覚えやすいでしょう。

使い方 「ある専門的な技能や知識を備えた」という意味です。a competent skier は「スキーがうまい人」、a competent translator は「有能な翻訳家」。Tom was a competent reader by the age of seven.「トムは7歳までには本を読めるようになっていた」。Sophia is a competent secretary; she is quick at everything.「ソフィアは有能な秘書で、何をしても速い」。名詞形は cómpetence「能力」です。

ONE POINT 「能力」を意味する一般的な語は an ability です。

206 **punctual**

時間厳守の　　　　　　　　　　　　　　　　　　　　　形

/pʌ́ŋktʃuəl/

覚え方　「タイヤがパンクする」の「パンク」は a púncture です。これは「何かを突き刺す」イメージです。punctual「時間厳守の」も同様に、決められた時間をピシッと突く感じの語です。

使い方　be punctual(for 〜)「（〜に対して）時間厳守だ」。Japanese trains are probably the most punctual in the world.「おそらく日本の列車が世界で一番時間に正確だ」。名詞形は punctuálity「時間を厳守すること」です。

ONE POINT　「うちの先生は時間にルーズだ」なら Our teacher is not punctual. です。

207 **derive A from B**

BからAを引き出す　　　　　　　　　　　　　　　　　　動

/dɪráɪv/

覚え方　de- は【= down】、rive は river「川」の変形(ちなみに arrive も、元は「川の向こう岸に着く」)。よって、元々は「川の水を引いてくる」の意味。それが「〜を引き出す」へと発展したもの。

使い方　derive A from B「BからA(pleasure 喜びなど)を引き出す」で、get A from B「BからAを得る」とほぼ同義です。また derive oneself from 〜「自らを〜から引き出す」→「〜に由来する」になります。この場合 oneself が省略され derive from 〜 の形になります。a word which derives from Latin「ラテン語に由来する語」。

ONE POINT　a derívative は「派生語」の意味です。

208 **register 〜**

〜を登録する　　　　　　　　　　　　　　　　　　　動

/rédʒɪstər/

覚え方　re-【= back 元へ】+ -gister【運ぶ】から。スーパーの「レジ」は cash register「金銭出納記録装置」です。

使い方　register a birth/death/marriage「出生届／死亡届／婚姻届を出す」。自動詞も重要。register for math classes「数学の授業の登録をする」。Himeji Castle was registered on the World Heritage List in 1993.「姫路城は1993年に世界遺産リストに登録された」。

ONE POINT　名詞形は registrátion です。a registration fee で「登録料」の意味です。

209 environment 環境 〔名〕

/ɪnvάɪ(ə)r(ə)nmənt/

覚え方 en-【中】+ -viron-【輪】から「輪の中へ入れる」→「～を取り巻く」に -ment がつき「取り巻くモノ」=「環境」。

使い方 「自然環境」では the が必要。dámage the environment「環境に被害を与える」、destroy the environment「環境を破壊する」、pollúte the environment「環境を汚染する」。You must recycle paper and cans to help (to) preserve the environment.「環境保護に役立つために紙や缶はリサイクルすべきだ」。

ONE POINT a home environment「家庭環境」、a learning environment「学習環境」などでも使います。

210 pollute ～ ～を汚染する 〔動〕

/pəlúːt/

覚え方 【ラテン語 *polluere* 汚す】。a poll は「世論調査」、pollen は「花粉」。でも pollútion は「汚染」です。

使い方 「～を汚染する」の意味です。The factory pollutes the air and water.「その工場は空気と水を汚染している」。名詞形は pollútion です。air pollution「大気汚染」、water pollution「水質汚染」、a source of pollution「汚染源」。

ONE POINT a pollútant は「汚染するもの」から「汚染物質」です。

211 labor （肉体的な）労働 〔名〕

/léɪbər/

覚え方 ラテン語も同形の *labor* で「労働、苦労」の意味です。collaborátion「(col-【= con 一緒に】) 共同して働くこと」、a laboratory「(-tory【場所】) 研究室、実験室」も同じ語源です。イギリス英語では labour の綴りです。

使い方 「（主にノコギリやハンマーなどを用いて行う肉体的な）労働」を指します。manual labor は「肉体労働」で、hard labor は「(刑罰などの) 重労働」のことです。the Labour Party はイギリスなどの「労働党」のことです。

ONE POINT 形容詞形の labórious は「手間のかかる」という意味です。

212 **elaborate** 入念な 形

/ɪlǽb(ə)rɪt/

覚え方 e- は【= ex 外】+ -laborate【= labor 労働】から、「努力した結果が表に現れている」という意味の形容詞。

使い方 an elaborate meal「手のこんだ食事」は、悪く言えば「ごちゃごちゃした食事」ですね。elaborate もプラスイメージの場合とマイナスイメージの場合がありますから、文脈に適した訳をするように注意してください。Julia made elaborate plans for our trip to Italy, including a meeting with the Pope!「ジュリアがイタリア旅行の入念な計画を立てたが、そこにはローマ教皇と会うことも入っていた」。

ONE POINT 動詞 elaborate /ɪlǽbərèɪt/ は、「さらに詳しく述べる」。

213 **manuscript** 原稿 名

/mǽnjəskrìpt/

覚え方 manu-【手】+ -script【書く】から「手で書いたもの」。同語源の単語には descríbe「〜を説明する」などがあります。

使い方 印刷にまわす前の原稿ならワープロで書かれたものもこの単語で表します。小説以外は楽譜などにも使えます。submít a manuscript to a publisher「原稿を出版社に提出する」、insert a change in a manuscript「原稿に訂正を書き込む」。in manuscript は「原稿の状態で」から「未発表の」の意味です。

ONE POINT 「1枚の原稿用紙」は a sheet of manuscript paper です。

214 **surface** 表面 名

/sə́ːrfəs/

覚え方 sur-【上で】+ face【顔】から「顔の上」が原義です。surprise「〜を驚かせる(-prise つかむ:上からつかむ)」、súrplus「余剰」、survey「概観する、調査(-vey = video 見る)」などが同語源の単語です。

使い方 the earth's surface「地球の表面」、a smooth surface「なめらかな表面」、the road surface「道路の表面」、surface tension「表面張力」、on the surface「表面的には」などで使います。動詞も同形で「表面化する」の意味です。

ONE POINT a face には「(時計の)文字盤」の意味もあります。

215 survive

①生き残る ②〜を乗り越え生き残る 〔動〕

/sərváiv/

覚え方 sur-【〜を越えて】+ -vi-【命】です。「何かを越えて生き残る」というイメージです。sur- は a súrface「表面」、survey「調査」などにも見られます。-vi- が入った語は a vítamin「ビタミン」とか a vegetable「野菜(ve- は vi- の変形)」、a revival「復活」など。

使い方 自動詞で「生き残る」、他動詞で「〜を経験した後も生き残る」です。Two passengers survived the plane crash.「その飛行機の事故で2人の乗客が助かった」。

ONE POINT 名詞形は survíval です。the survival of the fittest は「適者生存(=環境に適した一番強い者が生き残ること)」です。

216 be likely to (V)

Vする可能性がある 〔形〕

/láikli/

覚え方 -ly で終わっていますが、形容詞と副詞の用法があり、副詞は「おそらく」の意味です。

使い方 まず「可能性がある」という訳を覚えてください。Young drivers are very likely to have accidents.「若いドライバーは事故を起こす可能性がとても高い」。「早起きの人のほうが、早起きでない人より風邪を引きにくい」という「〜しにくい」を英作文する時には、A be less likely to (V) than B. とすれば簡単に書けます。

ONE POINT 名詞形の líkelihood「可能性」も暗記してください。副詞の likely は「おそらく」の意味です。

217 object to 〜

〜に反対する 〔動〕

/əbdʒékt/

覚え方 ob-【= against 何かに対して】+ -ject-【投げる】から、「反対」のイメージをつかんでください。同語源の単語は、a project「(pro-【前方】)企画」、reject「(re-【再び】)を拒絶する」。

使い方 まず、to が前置詞で、to の後には名詞、あるいは動名詞がくることが大切です。意味は dislike 〜「〜を嫌う」に近い動詞です。object to their marriage「彼らの結婚に反対している」。「異議あり！」は I object！です。

ONE POINT object(to 〜)の名詞形は objéction(to 〜)「反対」です。名詞の an óbject【投げる相手】→「対象」「目的」とは要区別。

218 reject ～ 〜を断る 動

/rɪdʒékt/

覚え方 re-【= back 再び】+ -ject【投げる】。「投げ返す」から「断る」となりました。a project「(pro-【前方】)企画」などが同語源。

使い方 an óffer「申し出」、a propósal「提案」、an idéa「考え」などを拒む時に用いられます。「人をのけ者にする」の意味もあります。Jill's job application was rejected because she had a criminal record.「ジルは前科があるので仕事を申し込んだが断られた」。名詞形は rejéction です。

ONE POINT 反意語は accépt ～「(招待、申し出)～を受け入れる」。なお、reject to(V)とは言いません！

219 anxious 心配な 形

/ǽŋ(k)ʃəs/

覚え方 worried より相当強い語です。

使い方 過去のこと、未来のこと、あらゆる場面で使います。Sally is an anxious type.「サリーは心配性だ」。worried と同様、be anxious about ～ /be anxious that SV の形でよく用いられます。名詞形は anxíety と変わった形になりますから注意してください。

ONE POINT be anxious to(V)の場合には、「～したい」という意味で用いられます。これは本来、「心配だけど見てみたい」というような場面で使われたようですが、現在では「心配だけど」の意味は薄れています。

220 objective 客観的な / (政治的)目的 形 名

/əbdʒéktɪv/

覚え方 an object は「対象」ですから、その形容詞形の objective は、「物事を少し離れたところから見る」→「客観的な」となります。subjéctive「主観的な」は sub-【下】+ -ject-【投げる】から、「自分の下に投げる」→「自分の気持ちの影響下にくる」というイメージ。

使い方 have an objective view of ～「～に対して客観的見方をする」といった表現で英作文でも使えます。

ONE POINT objéctive は名詞では、「(長期的な視野に立った政治などの)目的」という意味も持つので注意が必要です。the main objective of this policy「この政策の主な目的」。

221 surround ～　～を囲む　動

/səráund/

覚え方 sur-【上に】+ -round【ラテン語 *rundae* 流れる】から「水が溢れてきて～を囲む」でした。

使い方「(文字通り)～を囲む」という意味です。a mansion surrounded with brick walls「赤煉瓦の塀に囲まれたお屋敷」。Angry players surrounded the referee when he did not award a penalty.「審判がペナルティーを科さなかったので怒った選手たちが審判を取り囲んだ」。名詞形は surróunding。これは通例複数形で「(地理的な)環境」の意味。

ONE POINT「(警察などが)～を包囲する」でも使います。

222 rely on ～　～を信頼する　動

/rɪláɪ/

覚え方 re-【= back】+ -ly【ラテン語 *lier* 結ぶ】から「何かを信頼して自分を結びつける」の意味です。relígion「宗教」、an ally「同盟国(al- = ad 方向性)」、obligátion「責務、恩義」などが同語源。

使い方 depend on ～ は「～に(全面的に)依存している」という意味ですが、rely on ～は「信頼している」ことに重点がある単語です。You can rely on Mr. Bean. He never breaks his promises.「ビーン先生は信頼できる。彼は決して約束を破らない」。

ONE POINT relíable「信頼できる」も重要です。a reliable car/map/secretary/sources「信頼性のある車／地図／秘書／筋」。

223 religion　宗教　名

/rɪlídʒ(ə)n/

覚え方 re-【再び】+ -lig-【ラテン語 *lier* 結ぶ】+ -ion【名詞語尾】から「何度も縛られること」。宗教には束縛がつきものですね。

使い方「宗教(全般)」なら不可算名詞。「1つの宗教」なら可算名詞です。Islam and Buddhism are two of the great religions in the world.「イスラム教と仏教は世界の主要な宗教のうちの2つです」。

ONE POINT relígious「宗教の、敬虔な」が形容詞形です。Religious wars make no sense to me.「宗教戦争は私にとって何の意味もない」。

224 **emotion** (強い)感情 [名]

/ɪmóʊʃ(ə)n/

覚え方 e-【= ex 外】+ motion【動き】から、「心の動きを外に出すこと」が原義で、「感情」という意味になりました。

使い方 a feeling に比べて強い感情を意味します。ですからemotions を「喜怒哀楽」と訳すこともできます。Japanese people often hide their emotions.「日本人は喜怒哀楽を隠すことが多い」。

ONE POINT 形容詞形の emótional「感情的な」は rátional「理性的な」の反意語です。get emotional「感情的になる」。

225 **rapidly** 急速に [副]

/ræpədli/

覚え方【ラテン語 *rapere* 強奪する、運び去る】から「さっと運び去るような」が原義です。rape「強姦」も同語源の単語です。

使い方 極端に quickly/fast の意味です。Japanese society is rapidly aging.「日本社会は急速に高齢化している」。名詞形はrapídity です。with rapidity で= rapidly です。

ONE POINT rapids で「急流」の意味があります。We shot the rapids in our canoe.「急流をカヌーで下った」。

226 **somehow** 何らかの方法で [副]

/sʌ́mhàʊ/

覚え方 some【何かの】+ how【方法で】。

使い方「よく分からないが、何らかの方法で」の意味です。ですからI got the money somehow.「(自分にはよく分からないが)何らかの方法でその金を得た」などは変な文になります。Bob escaped from the room somehow.「何らかの方法でボブはその部屋から脱出した」。

ONE POINT sómewhat は「いくぶん」の意味です。John has changed somewhat since I last met him.「ジョンはこの前会った時からいくぶん変わった」。

227 annoy ～ 〜を苛立(いらだ)たせる 動

/ənɔ́ɪ/

覚え方 「非常に不愉快にさせる」が原義ですが、annoy と noise の音が似ていますから、The noise annoys me. と覚えておきましょう。
使い方 「〜を少し怒らせる」の意味です。日本語では「苛立たせる」ぐらいが妥当でしょう。It really annoys me when people use cell phones on trains. 「電車で人が携帯電話を使うと本当に苛立つ」。名詞形は annóyance です。
ONE POINT írritate は「繰り返し annoy させる」の意味です。

228 practical 実践的な、現実的な 形

/prǽktɪk(ə)l/

覚え方 practice 本来の意味は「実際にやってみる」です。practice playing the piano は「ピアノの練習をする」と訳しますが、「練習する」=「実際に弾いてみる」です。その形容詞形が practical です。
使い方 「実践的な、現実的な」の意味です。反意語は theoretical「理論上の」です。動詞形も名詞形も práctice「実際に行う(こと)、慣習」です。put A into practice は「Aを実践する」。
ONE POINT in practice で「実践で」の意味の熟語です。It sounded like a good idea, but in practice it did not work. 「いい考えに思えたが、実際はうまくいかなかった」。práctically「事実上」も重要。

229 devise ～ (新しい方法、装置)を考案する 動

/dɪváɪz/

覚え方 de-【= dis 分ける】+ -vise【ラテン語 videre 見る】。元は「分割するには工夫が必要」→「工夫する」になりました。同語源の単語には revíse「(後を見る)〜を修正する」、advíse「忠告する」、visit「〜を訪問する」、vision「未来像、先見の明」などがあります。
使い方 「(新しい方法、装置)を考案する」という意味です。目的語には a way of 〜、a method for 〜「〜のやり方」が多いですが、a system「システム」や a game「ゲーム」なども来ます。
ONE POINT 名詞形は a device「(新しい)やり方、装置」。「ちょっとした工夫」の「工夫」の感じです。

230 evidence　証拠　[名]

/évəd(ə)ns/

覚え方 e-【外】+ -vide-【見る】は「外に見えてくる」から「証拠」。

使い方 形容詞がついても冠詞がつかないタイプの不可算名詞です。「何かを信じるだけの理由になりうる証拠」のことです。physical evidence「物的証拠」、strong evidence「有力な証拠」。There is evidence that Kenta cheated in the math test.「ケンタが数学の試験でカンニングをした証拠がある」。

ONE POINT 形容詞形の évident「明らかな」も重要です。The children ate dinner with evident enjoyment.「その子どもたちは、いかにもうれしそうに晩ごはんを食べた」。

231 perceive ～　～をとらえる、～を認識する　[動]

/pərsíːv/

覚え方 per-【= through 通して】+ -ceive【(receive と同じ)受け取る】。そこから「五感を通して～をとらえる」の意味となります。

使い方 主に視覚によって「～をとらえる、認識する」の意味。perceive a change in his attitude「彼の態度の変化をとらえる」。perceive O as C で「OをCとしてとらえる」の形でも重要。

ONE POINT 名詞形の percéption を用いた a perception gap は「認識の相違」です。

232 deceive ～　～をだます　[動]

/dɪsíːv/

覚え方 de-【= down】+ -ceive【(receive と同じ)受け取る】から、「相手の頭を押さえつけ、自分の中に取り込む」のイメージです。

使い方 「相手を取り込む」から「真実を隠したり、歪めたりして誤ったことを信じ込ませる」という意味になりました。おかしな壺を高額で買わせたりする感じです。deceive an old woman「老女をだます」。

ONE POINT 形容詞形は decéptive で、副詞形は decéptively。deceptively slow と言えば「本当は速いことを隠して遅いような感じを与える」という意味。たとえば、ヘビがカエルを襲う時の様子をイメージしてください。

233 temporary 　一時的な　　　　　　　　　　　　　　　　　　　　形

/témpərèri/

覚え方　【ラテン語 *tempus* 時間】です。そこから temp-【時間】。

使い方　temporary は「一時的な」です。「派遣社員(=一時的な労働者)」は a temporary worker。a temporary job「臨時の仕事」、a temporary relief「つかの間の安堵感」、a temporary housing unit「仮設住宅」、a temporary measure「一時的な手段」。The government provided temporary housing for victims of the hurricane.「政府はハリケーンの被災者に仮設住宅を提供した」。副詞形は témporarily「一時的に」です。

ONE POINT　「定職(=永久の仕事)」は a pérmanent job です。

234 contemporary 　①同時代の ②現代の　　　　　　　　　　　　　形

/kəntémp(ə)rèri/

覚え方　con-【= together 一緒に】+ -temp-【時間】から「同じ時間を共有する」→「同時代の」となりました。さらに「現代と同時代の」の場合には「現代の」と訳せばよいわけです。

使い方　「文化」との相性がよい形容詞です。contemporary art/dance/novels/music「現代芸術／ダンス／小説／音楽」。

ONE POINT　例を追加します。My great-grandfather was contemporary with Natsume Sōseki.「私の曾祖父は夏目漱石と同じ時代に生きました」。

235 glance 　ちらっと見る　　　　　　　　　　　　　　　　　　　動

/glǽns/

覚え方　look「視線を向ける」を短時間でする感じです。see ～「～が見えている」を短時間でするのは glimpse ～ です。

使い方　glance at ～ で「～をちらっと見る」の意味です。前置詞は at 以外にも使います。glance around ～ は「～の周りをちらっと見る」。glance at one's watch「腕時計をちらっと見る」。名詞も同形です。take a glance at ～は「～をちらっと見る」です。

ONE POINT　ついでに次の単語も暗記しましょう。stare at ～「(意識的に)～をじっと見る」、gaze at ～ は「(無意識に)～をじっと見る」、peer at ～「(何か見えにくいもの)～をじっと見る」。

236 be aware of ～   ～に気がついている   [形]

/əwéər/

覚え方 ware【用心して】から。同語源のものに warn「〜に警告する」、bewáre「〜に用心する」があります。

使い方 be aware of〜 で「〜を知っている、気がついている」です。become aware of 〜 にすると「〜を知る、気がつく」の意味になります。また be aware that SV でも使えます。Newton became aware of the existence of gravity by accident.「ニュートンは偶然重力の存在に気がついた」。

ONE POINT 反意語は unaváre で、名詞形は awáreness です。

237 particular   ある特定な   [形]

/pərtíkjələr/

覚え方 part【部分】から。general「全体的な」の反対語です。

使い方 「ある特定な」が基本的な意味です。on that particular day「その日に限って」は、「様々な日があるうちの、その特定の日」の意味で、「特別な日」という意味ではありません。訳に出さないほうが自然なこともあります。in particular は熟語で「とりわけ」の意味。

ONE POINT be particular about 〜 は、「〜に関しては部分しか見ていない」から「〜にはこだわりがある」という意味です。I am particular about my food.「食べるものについての好みがうるさい」。

238 whisper   ささやく   [動]

/(h)wíspər/

覚え方 擬音語です。whistle「口笛を吹く、口笛」も同語源です。また whip 〜「〜をむち打つ」も音から連想できる単語です。

使い方 自動詞で「ささやく」、他動詞では whisper 〜 to 人「人に〜とささやく」で使います。whisper in one's ear「耳元でささやく」は熟語です。Sally whispered in my ear.「サリーが私の耳元でささやいた」。名詞形も whísper です。in a whisper「ひそひそ声で」。

ONE POINT múrmur「ぼそぼそとつぶやく」、rattle「（風などで）ガタガタいう」なども音からイメージしてみてください。

239 wander

さまよう 動

/wándər/

覚え方 wand-【行く】+ -er【反復を示す】。wade/wéɪd/「(水につかって)水中を歩く」。walk「歩く」と似た音ですね。

使い方 「さまよう」という意味です。副詞の around、about「あちこち」を伴うこともあります。wonder とは意味も発音も違います。Eric was wandering aimlessly in the mountains until he was rescued. 「エリックは救出されるまで山の中をあてもなくさまよっていた」。

ONE POINT 頻度は低いですが類義語に roam「歩き回る、放浪する」があります。音の似た a road「道」とセットで覚えておいてください。

240 develop

発達する 動

/dɪvéləp/

覚え方 de-【= down】+ -velop【包む】から「包みがなくなり、広がっていく」というイメージの単語。an énvelope「封筒」が同語源です。

使い方 プラス方向かマイナス方向へ「発達する」「～を発達させる」の意味で訳語は様々。Pneumónia can develop quickly.「肺炎は急速に悪化しうる」、develop muscle「筋肉をつける」、develop a new computer「新型コンピュータを開発する」。develop one's ability to think logically「論理的に思考する能力を伸ばす」。

ONE POINT developing countries「発展途上国」と、developed countries「先進国」は有名ですね。名詞形は devélopment。

241 offend ～

～の気分を害する 動

/əfénd/

覚え方 of-【= ob ～に対して】+ -fend【ラテン語 *fendere* 打つ】から、バスケの「オフェンス」と同様、「攻める」感じです。a fence「柵」、fencing「フェンシング」は defence「(打つものをよける→)防御」の de- が消えた形です。

使い方 「(人が)～の気分を害する」、「(モノが)～に不快感を与える」の意味。Your rude remark offended Tom.「君の無礼な発言でトムは気分を害しているよ」。形容詞形は offénsive「非常に失礼な」。

ONE POINT 自動詞では「犯罪を犯す」という意味で、an offénder は「犯罪者」の意味です。

242 **similar** 似ている 形

/sím(ə)lər/

覚え方 simi- は same と同系列で【同じ】の意味です。「ファクシミリ (facsimile)」は fac-【作る】+ -simile【同じ】から「同じものをつくる」。a simile「似たもの」→「直喩、明喩」は同語源です。

使い方 A be similar to B in… で「AとBは…で似ている」の意味です。Aaron is similar in appearance to his mother.「アロンは見た目が母親に似ている」。名詞形は similárity「類似」です。

ONE POINT 数学の「相似」の記号を覚えていますか？ Sを横にした記号です。これは similarity「類似、相似」の頭文字なのです。

243 **simultaneous** 同時の 形

/sàɪməltéɪniəs/

覚え方 simi-【同じ】の後に、instantáneous「即座の」の語尾と同じ -taneous をつけてできあがった単語で「同時の」という意味です。

使い方 simultaneous equations は「連立方程式（同時に解く方程式）」で、simultaneous terrorist attacks は「同時テロ攻撃」の意味です。At the conference, Ann worked as a simultaneous intérpreter.「アンはその会議で同時通訳を務めた」。

ONE POINT -ous は原則として2つ前の母音の上にアクセントがあります。

244 **ideal** 理想の 形 / 理想 名

/aɪdíəl/

覚え方 元はギリシア語の「イデア、観念」から来ました。

使い方 形容詞では「理想の」です。My job is far from ideal.「ぼくの仕事は理想とはほど遠い」、「理想的な社会」an ideal society 。名詞では「理想」です。「理想を実現する」realize one's ideals、「理想を追求する」pursúe one's ideals、「理想が高い」have high ideals、a gap between the ideal and the reality「理想と現実とのギャップ」。

ONE POINT 「理想的には」なら idéally です。

245 influence

/ínfluəns/

~に(間接的)影響を及ぼす 動
影響 名

覚え方 in-【中】+ -flu-【= flow 流れる】から、「考え方などが流れ込んでくる」という意味です。-flu- を含んだものには influénza/flu「インフルエンザ」、fluently「流暢に」、fluid「流体」などがあります。
使い方 「地球温暖化の影響」などの直接的な影響には普通用いません。「思想、考え方が流れ込んでくる」というイメージを大切に。「あの人の影響を受けました」なら I was influenced by ~ とします。
ONE POINT 名詞形も ínfluence ですが、これは have[× give]a ~ influence on A「Aに対して~な影響を持つ」という形で使います。形容詞形は influéntial「影響力のある」です。

246 fluent

/flúːənt/

流れるような 形

覚え方 flu-【= flow 流れる】から、文字通り「流れるような」。
使い方 「言葉が流暢(りゅうちょう)な」が一般的ですが、「文体や動きがなめらかだ」でも使うことは可能です。副詞形の flúently も重要です。speak fluent French「流暢なフランス語で話す」。
ONE POINT 「片言のフランス語」は broken French です。

247 besides

/bɪsáɪdz/

その上 副

覚え方 beside は「そば(= side)にいる」から、「~のそばに」の意味の前置詞です。これに -s【副詞をつくる】がついて besides「そばに」→「加えて」です。今では besides は前置詞としても使います。
使い方 besides は話し言葉で使う単語です。Besides Charlie and Mike, there were five women in the bar.「そのバーにはチャーリーとマイクの他に女性が5人いた」。書き言葉では、in addition (to ~)「(~に)加えて」、furthermore「さらに」のほうが使われます。
ONE POINT excépt ~「~以外」との区別が大切です。Everybody except me wore a T-shirt.「ぼく以外はみんなTシャツを着ていた」。

248 accompany ~ ～に同伴する 動

/əkʌ́mp(ə)ni/

(覚え方) 最初の ac-【= ad- 方向性】を無視すれば cómpany「仲間」が見えてきます。この単語は com-【一緒に】pan【パン】を食べる、が原義です。よって accompany～で「～と一緒にいる」→「～に同伴する」となりました。

(使い方)「人がある人のお供をする」という場面から、「あることにはあることが伴う」といった場面まで幅広く使えます。Children under 14 must be accompanied by an adult.「14歳未満のお子様は保護者同伴でなければなりません」。

ONE POINT in her company は「彼女と一緒にいて」の意味です。

249 literature ①文学 ②文献 名

/lít(ə)rətʃər/

(覚え方) letter【文字、手紙】と同語源です。

(使い方)「小説や詩など文学全般」を意味しますから不可算名詞です。the great works of Chinese literature「中国文学の偉大な作品」。形容詞形は líterary で「文学の」です。literary works「文学作品」、a literary talent「文学の才能」。

ONE POINT 「書かれたもの」が原義ですから「文献」の意味を持つことがあります。literature on Shakespeare「シェークスピアに関する文献」、medical literature「医学文献」。

250 intellectual 知的な 形

/ìnt(ə)léktʃuəl/

(覚え方) 日本語でも「知的な人」を「インテリ」と言いますね。

(使い方)「知力を錬磨した、アカデミックな」の意味ですから、an intellectual animal/child は不自然です。an intellectual criminal「知能犯」、intellectual curiosity「知的好奇心」、intellectual topics「知的な話題」。名詞形の íntellect「知性」は「理性を用いて物事を理解したり考えたりする力」の意味です。a woman of superior intellect なら「優れた知性を持った女性」です。

ONE POINT intélligent のほうが一般的で、幅広く使える単語です。

251 trust ~ 〜を信頼する 動

/trʌ́st/

覚え方 true【真実の】から「真実だと信じる」が原義です。「信頼性の高い車」「信頼できる友達」などの「信頼」のイメージです。
使い方 「(人)〜を信頼する」が基本です。I trust you completely.「君のことは100%信頼している」。trust 人 with 〜「(信頼して)人に〜を預ける」、trust 人 to (V)「人が(V)すると信用している」でも使います。また、trust one's ínstincts「本能を信じる」、trust one's judgment「判断を信じる」でも使います。名詞も同形で、しばしば trust in 〜の形で使います。
ONE POINT trustworthy「信頼に値する」も重要。

252 embarrass ~ 〜を当惑させる 動

/ɪmbǽrəs/

覚え方 em-【= in 中に】+ -bar-【棒】から、元々は「牢屋の中に閉じこめる」ようなイメージでした。そこから「困らせる、当惑させる」へ。a bárrier「壁、バリア」、an embárgo「通商禁止」が同語源です。
使い方 get embarrassed は「人前でしくじったりして顔を真っ赤にする」という感じです。embarrassing questions は「彼氏はいるの?」といった類いの恥ずかしくて困ってしまう質問。Ann gets embarrassed when I kiss her in public.「アンは人前でキスをすると恥ずかしそうにする」。embárrassment が名詞形。
ONE POINT an embarrassed smile は「きまりの悪そうな笑み」です。

253 be ashamed of ~ 〜を恥じている 形

/əʃéɪmd/

覚え方 a-【強調】+ shame【恥】から。
使い方 人 + be ashamed of 〜 /that SV「(自分の恥ずべき行為に対して)〜を恥じている」です。I was ashamed of hurting her feelings.「私は彼女の気持ちを傷つけたことを恥じている」。モノが主語なら形容詞形の shámeful「恥ずかしい」を使います。a shameful act「恥ずかしい行為」。
ONE POINT It is a shame that SV は「SVとは残念だ(= It is a pity that SV)」の意味です。It is a shame that you were not at the party.「君がパーティに出席しなかったのは残念だ」。

254 harm　害　名

/háːrm/

覚え方 インターネットの「有害サイト」は、a harmful site です。
使い方 do (+ 人) + harm/do + harm + (to 人)「(人に)害を与える」。Smoking does harm to you and people around you.「喫煙は本人およびまわりの人間に害を与える」。反意語は good「利益」です。do more harm than good は「百害あって一利なし」です。
ONE POINT 形容詞形は hármful「有害な」。harmful chemicals「有害な化学物質」。hármless「無害な」。他にも、cause harm「害をもたらす」、suffer harm「害を被る」などで使います。動詞は同形の harm ～「～に害を与える」です。

255 insurance　保険　名

/ɪnʃúərəns/

覚え方 in-【動詞化】+ sure【確かな】から「確かなものにする」。そこから「保険を掛ける」という意味になりました。
使い方「保険に入る=買う」は buy/get insurance です。「保険」も商品なわけですね。travel/accident/unemployment/life/medical insurance「旅行／傷害／失業／生命／医療保険」。We have health insurance for our children.「子供たちのために健康保険に入っています」。動詞形は insúre ～「～を保険に掛ける」です。
ONE POINT the insurance industry なら「保険業界」です。

256 effect　(具体的な)影響、効果　名

/ɪfékt/

覚え方 ef-【= ex 外】+ -fec-【作る】から「変化、影響を作り出すこと」。perfect「(per-【= through 隅から隅まで】+ -fec-【作る】)完璧な」、inféct「(in-【中】+ -fec-【作る】)感染させる」などが同語源です。類義語に an impact「衝突→強い影響」があります。
使い方「具体的な影響、効果」を表します。have a ～ effect on A「Aに～な影響を与える」の形でも頻出。～には big/major「大きな」、bad/harmful「悪い」、adverse「逆の」などがきます。
ONE POINT 形容詞形 efféctive は「効果的な」の意味。an effective medicine は「何か具体的な影響を与える薬」から「よく効く薬」。

257 affect ～　〜に(直接的な)影響を及ぼす　動

/əfékt/

覚え方 af-【= ad 方向性→無視】+ -fect【fac、fic、fec 作る】から「作る」の意味です。同語源の単語は a fáctory「作る場所」→「工場」、fiction「作ったもの」→「小説」などがあります。

使い方 直接的な影響で用いられます。Smoking badly affects your health.「タバコは健康に悪影響を与える」、Changes in the law will affect us favorably.「その法律の改正は私たちに好ましい影響を及ぼす」、affect global warming「地球温暖化に影響を及ぼす」。

ONE POINT 「何かを作り出す」というイメージの語です。

258 affection　(穏やかな)愛情　名

/əfékʃ(ə)n/

覚え方 afféct ～には「人の心に影響を与える」の用法があり、その名詞が affection「人の心を動かすもの→愛情」。《「あ、フェクション(くしゃみの音)」―「大丈夫?」愛情ある言葉》。

使い方 express/show + 人 + affection で「人に愛情を示す」です。Cats express their affection for you by rubbing themselves against your legs.「猫は人の足に体をこすりつけることで親愛の情を示す」。形容詞形は affectionate。an affectionate hug で「優しく抱きしめること」です。

ONE POINT love は激しい愛情で、affection は穏やかな愛情です。

259 legend　伝説　名

/lédʒənd/

覚え方 【ラテン語 *legenda* 読むべきもの】が語源です。宗教改革以前では「聖人に関する読み物」の意味でした。

使い方 漠然とした「伝説」の場合には不可算名詞の扱いです。according to legend「伝説によれば」。具体的な「1つの伝説」なら可算名詞です。The Star Festival dates back to a Chinese legend.「七夕祭りの起源は中国の伝説です」。There is a legend that SV.「SVという伝説がある」。

ONE POINT a legend と可算名詞の扱いの場合には「伝説上の人物」の意味もあります。

260 contribute A to B

/kəntríbjuːt/

AをBに与える 動

覚え方 contribute は con-【= together 共に→強意】+ -tribute【与える】だから、実質上 give と同意だと考えても構いません。

使い方 自明な目的語を省いて、contribute to 〜 の形でもよく使われます。訳語は文脈により決定。「原稿を出版社に与える＝寄稿する」、「図書館に本を与える＝寄贈する」、「物理学に自らを与える＝貢献する」。名詞形は contribútion 。

ONE POINT マイナスイメージでも使われます。The increase in carbon dioxide in the atmosphere has contributed to global warming.「大気中の二酸化炭素の増加が地球温暖化の原因となった」。

261 distribute 〜

/dɪstríbjuːt/

〜を分配する 動

覚え方 dis-【分ける】+ -tribute【与える】から「〜に分け与える」。dis- の代表例は distance【離れて+立つ】「距離」が有名。

使い方 「〜を配る、〜を分配する」の意味です。distribute leaflets to passers-by「チラシを歩行者に配る」、distribute the test papers to the class「テスト用紙をクラスに配る」。簡単な英語なら hand 〜 out です。hand out tissues free「ただでティッシュを配る」。名詞形は distribútion 。「配送センター」a distribution center。

ONE POINT a distribution は「分布」と訳すこともあります。normal distribution なら「正規分布」です。

262 attribute A to B

/ətríbjət, ətríbjuːt/

Aの原因をBに押しつける 動

覚え方 at-【= ad 方向性→無視】+ -tribute【与える】から give の意味。attribute + 結果+ to 〜「結果を〜に押しつける」イメージ。

使い方 attribute A to B「Aの原因をBに押しつける」→「Aの原因はBだと考える」の意味です。You should not attribute anybody's behavior to his or her culture.「人の行動をその文化のせいにすべきではない」。名詞形は attribútion 。

ONE POINT 名詞の an áttribute /ǽtrɪbjuːt/ は、「ある結果がそのもの自身に起因する」ことから「(あるモノの) 属性」という訳語が妥当。

263 **voluntary** 自発的な 形

/vάləntèri, -t(ə)ri/

覚え方 「ボランティア」a voluntéer の形容詞形。vol- は【意志】の意味。benevolent「慈悲深い」は bene-【良い】+ -vol-【意志】から。
使い方 voluntary は「自分の意志による、自発的な」の意味で、反意語は compúlsory「強制的な、義務的な」です。voluntary retirement「依願退職」。
ONE POINT 「ボランティア活動を行う」は work as a volunteer が一般的。do voluntary work は「自主的な仕事をする」の意味で、「ボランティア活動」とは限りません。

264 **vote** 投票する 動
投票 名

/vóut/

覚え方 【ラテン語 *votum* 望む】から。vow「誓う」、vóluntary「自発的な」、volítion「意思の働き」などが同語源。
使い方 「投票する」の意味で幅広く使われます。vote for ~ in the election「その選挙で~に投票する」、vote ~ down「~を否決する」。名詞も同形です。put ~ to a vote「~の採決をとる」、get one million votes「100万票を獲得する」、count the votes「開票する」、the results of the vote「開票結果」、an absentée vote「不在者投票」、undecided votes「浮動票」、the right to vote「投票権」。
ONE POINT a boat/bóut/ との発音の違いに注意してください。

265 **devote A to B** AをBに捧げる 動

/dɪvóut/

覚え方 de-【= down 強意】+ -vote【誓う】から「すべてを捧げると宣言する」のイメージです。a vote「投票」。vow/vau/ が同語源。
使い方 devote + 時間 + to + 名詞、動名詞 で「~を…に捧げる」の意味です。目的語には時間以外にも money、attention、energy、oneself などが置かれます。The teacher devoted most of his time to writing a wordbook.「その先生は単語集を書くことに大半の時間をあてた」。名詞形は devótion です。
ONE POINT be devoted to ~ でも「~に捧げている」の意味になります。

266 mature

(判断などが)成熟した、(身体が)成長した 〔形〕

/mət(j)úər/

覚え方【ラテン語 maturus 熟した】から。《私、まちゅわ!?》。

使い方「(判断などが)成熟した」という意味で、人に対して使うことが多い単語です。「(身体が)成長した」でも使います。Sally is mature for her age.「サリーは歳の割には成熟している」。動詞形も同形で matúre「成熟する」の意味です。名詞形は matúrity「成熟」です。反意語は immatúre「成熟していない」です。

ONE POINT「(果物、ワイン、チーズなどが)熟した」にも使いますが、その場合には ripe「熟した」のほうがよく使われます。なお銀行の「満期日」は the maturity date と言います。

267 decade

10年間 〔名〕

/dékeɪd, dekéɪd/

覚え方 dec-【10】です。December「12月(古代ローマ暦では10月)」、déciliter「10分の1リットル」が同語源です。イタリア文学の『デカメロン(Decameron)』は「十日物語」の意味です。

使い方 可算名詞です。several decades ago なら「数十年前に」です。in the first decade of the 21st century「21世紀の最初の10年間に」。

ONE POINT「100年、1世紀」は a century です。また、「1000年」は a millénnium です。

268 tribe

部族 〔名〕

/tráɪb/

覚え方 tri- は【3】ですが、昔ローマにあった3つの部族(Tities、Ramnes、Luceres)に由来したものです。tri- は、a tríangle「三角形」、a trícycle「三輪車」、a trio「三重唱」が有名。

使い方「(しばしば軽蔑的に)部族、種族」を意味します。a famous tribe of Aborigines「アボリジニ(オーストラリア先住民)の有名な部族」。形容詞形は tríbal「種族の」です。「(同じ職業、趣味の)連中」という意味でも使います。

ONE POINT a race「人種」は、肌の色などで区別されるもっと大きな集団を指します。

269 trivial   とるに足らない   形

/tríviəl/

覚え方 tri-【=3】+ -via-【道】。語源には諸説ありますが、「三叉路(さんさろ)で行われた会話(=井戸端会議)がくだらなかったから」が面白いです。
使い方 trivial「とるに足らない」の意味です。a trivial mistake「ささいなミス」、trivial information「どうでもよい情報」、trivial details「どうでもよい細かいこと」。Don't worry about such a trivial matter.「そんなささいなことで悩むな」。
ONE POINT ローマにある有名な「トレビの泉(Trevi Fountain)」の、Trevi の tre- は tri- と同じで【3】を表し、-vi- は【道】を表します。つまり、三叉路に噴水があったためにそのように呼ばれたわけです。

270 via ～   ～経由で   前

/váiə/

覚え方 via【道】ですから、via ～ で「～の道を通って」→「～経由で」となりました。via を使ったちょっと難しい単語は déviate「道から外れる」→「逸脱(いつだつ)する」です。
使い方「～経由で」が基本ですが、via e-mail「Eメールを用いて」、via satellite「衛星を用いて」といった時にも使えます。I flew to Athens via London.「ロンドン経由でアテネに飛行機で行った」。
ONE POINT by way of ～と同じ意味です。

271 obvious   明白な   形

/ábviəs/

覚え方 ob-【= against ～に対して】+ -vi-【= via 道】。語源に関しては諸説ありますが、「道を通る我々に対して横たわっている」→「我々の目に付く」→「自明な」と考えるのが分かりやすいと思います。
使い方 極めて clear という意味です。よく使われるパターンは、It is obvious that SV.「SVは自明だ」です。名詞を限定することも可能です。an obvious remark「自明な発言」。
ONE POINT 副詞形の óbviously「明らかに」も重要です。Students who sleep in class obviously go to bed too late.「授業中に寝る生徒は、夜、寝るのが遅すぎるのは明らかだ」。

272 bother ～　　～に迷惑をかける　　動

/bάðər/

(覚え方) The Beatles の曲"Don't Bother Me"を知っていますか？
(使い方) 方法はどうであれ、「～を苛立たせる」「～に迷惑をかける」ということに重点がある単語です。ただし「怒らせる」とまではいかない程度です。Don't bother me.「邪魔するな」。名詞も同形のbother です。His son is a bother to him.「息子は悩みの種だ」の用法も暗記。
(ONE POINT) 「～に迷惑をかける、邪魔をする」の意味の場合、bother の目的語は「人」のみ。「睡眠の邪魔をする」は disturb one's sleep。

273 disturb ～　　～を邪魔する、～を乱す　　動

/dɪstə́:rb/

(覚え方) dis-【分ける】+ -turb【回転させる→混乱させる】から、「～をバラバラ、ぐちゃぐちゃにする」イメージです。a turbine「(飛行機などの)タービン」も同語源の単語です。
(使い方) 「静かな部屋で騒いで迷惑をかける」というイメージの単語です。disturb + 人 の形でも用いられます。Don't disturb others in the library.「図書館では騒ぐな」。名詞形は distúrbance。
(ONE POINT) ホテルのドアノブに掛ける「起こさないでください」という標示がありますが、この英語版が "DON'T DISTURB" です。

274 suburb　　郊外　　名

/sʌ́bə:rb/

(覚え方) sub-【下】+ -urb【= urban 都会】はローマ時代の「郊外」が都市周辺の低地にあったことから。urban「都会の」は大切。
(使い方) move out to the suburbs「郊外に引っ越す」。「～の郊外に」は in a suburb of ～、あるいは in the suburbs of ～です。後者は熟語的な表現で複数形になることに注意してください。似たものに go to the movies「映画に行く(= go to a movie)」があります。
(ONE POINT) 似た表現の I live on the óutskirts of Kyoto City. は「京都市の郊外(=外れだが京都市内)に住んでいる」の意味。

275 **grasp ~** 〜をつかむ、〜を理解する 〔動〕

/grǽsp/

覚え方 日本語では「取っ手」＝「グリップ」ですが、その親戚にあたる語。元は古い英語 *graspen*【手探りする】という語から来ました。

使い方 「〜をつかむ」から「〜を理解する」にまで使えます。grasp a rope firmly「ロープをしっかりつかむ」、grasp an opportúnity「機会をとらえる」、grasp the cóncept「その概念をとらえる」、beyond my grasp は「つかむ範囲を超えている」→「理解できない」。

ONE POINT 余談ですが an asp といえば「毒蛇」のこと。grasp an asp「毒蛇をつかむ」と覚えても面白いかもしれません。

276 **seize ~** (力や機会など)をつかむ 〔動〕

/síːz/

覚え方 語呂合わせは《しーずかにつかむ》。実際には「急につかむ」という意味です。反乱軍が武力で政府を制圧するイメージです。

使い方 「(突然)をつかむ」から、「(力や機会など)をつかむ」にまで使えます。seize the airport「飛行場を制圧する」、seize a lot of fake bills「大量の偽札を押収する」。Suddenly Susan seized my hand.「突然、スーザンがぼくの手をつかんだ」。名詞形は séizure です。

ONE POINT 類語の grab 〜は「(突然力強く)〜をつかむ」の意味です。seize とは目的語にくる単語に若干の違いがあります。

277 **relate A to B** AをBに関連づける 〔動〕

/rɪléɪt/

覚え方 an 800m relay「800mリレー」は、走者が次々と連続していきます。この a relay と同語源です。

使い方 「〜を関連づける」という意味です。These two events are closely related.「これら2つの出来事は密接に関連している」。relate A to B「AをBに関連づける」という形も重要です。relate ＋話は「〜を(関連づけて順序立てて)話す」と訳します。relate the whole story to him「彼にその話を包み隠さず伝える」。

ONE POINT 名詞＋ related で「〜関連の」。stress-related illness「ストレス関連の病気」。

278 relationship

(個人と個人の)関係　[名]

/rɪléɪʃ(ə)nʃɪp/

覚え方 reláte の名詞形です。
使い方 「個人と個人の関係」は a relationship を用います。I have a good relationship with my parents.「親との関係が良好である」。build relationships with others「他人と人間関係を形成する」。
ONE POINT relations は、「組織間／国家間の関係」など、個人の感情の入らない関係の意味で、通例複数形で用いられます。labor-management relations「労使関係」、relations between the two countries「両国間の関係」、public relations (= PR) は「広報」の意味です。

279 engage ～

(人の想像力、好奇心など)をつかんで放さない　[動]

/ɪngéɪdʒ/

覚え方 an engágement ring「エンゲージリング、婚約指輪」の engage です。語源は en-【= in 中】+ -gage【= pledge 誓約】から「担保を入れて約束する」→「(お金を払う代わりに)人を束縛する」。
使い方 「(人の想像力、好奇心など)をつかんで放さない」が基本的な意味です。engage children's attention「子どもの注意をつかんで放さない」。さらに、be engaged in/engage in ～で「～につかまれている」→「(活動など)～に従事している」、engage ～「～を雇う」。
ONE POINT be engáged to ～ で「～と婚約している」です。

280 burden

負担　[名]

/bə́ːrd(ə)n/

覚え方 bear は「(重たいもの)を持つ、運ぶ」の意味の動詞。bear responsibílity なら「責任を担う」の意味です。a burden はそれと同語源。「重たいものを持っている」→「負担」と暗記。
使い方 日本語の「負担」とほぼ同じように使えます。I don't want to be a burden on my children when I am old.「歳を取った時に子供のお荷物(=負担)にはなりたくはない」、heavy tax burdens「重い税の負担」、the burden of responsibility「重責」。
ONE POINT can't bear ～「～を持っていられない」から「耐えられない」です。I can't bear sleeping here.「こんなところで寝るのは嫌」。

281 value

価値 　名

/vǽlju/

覚え方 マクドナルドのバリューセットは「値打ちのあるセット」という意味。バリューは value で「価値」の意味です。

使い方 「金銭的な価値」から「一般的な価値」まで使えます。
Gold's value increases when the world's economy has problems. 「世界経済に問題があるとき金の価値が上がる」。market value なら「市場価値」、street value なら「末端価格」。動詞も同形で、value ～「～を重んじる」。value one's privacy「プライバシーを重んじる」。形容詞形は váluable「価値がある」です。

ONE POINT values と複数形の場合には「価値観」と訳します。

282 luxury

贅沢(ぜいたく)　名

/lʌ́gʒ(ə)ri, lʌ́kʃ(ə)ri/

覚え方 luxury は【ラテン語 *luxuria* 豪華さ】から出てきたものです。この単語は lux「ルクス(照度の国際単位)」の元の【ラテン語 *lux* 光】と関係があるのかもしれません。「贅沢」=「光り輝く」では?

使い方 「贅沢」の意味の不可算名詞です。名詞の前につけて形容詞的に使うこともあります。a luxury hotel「豪華ホテル」、live in luxury「贅沢な暮らしをする」。形容詞形は luxúrious です。

ONE POINT 「質素な生活をする」は live[lead] a simple life です。

283 fortune

①大金 ②運　名

/fɔ́ːrtʃ(ə)n/

覚え方 fortune【運】から「幸運によって手にいれたもの」=「多額のお金」に発展しました。a fórtune-teller は「占い師」です。

使い方 「大金」の意味では可算名詞で、spend a fortune「大金を使う」、one's personal fortune「個人の資産」などで用います。Mike has made a fortune by trading Internet stocks. 「マイクはインターネットの株を売買して大金を手にした」。「運」の意味では不可算名詞です。have the good fortune to(V)「幸運にも～する」。反意語の misfortune は「不運」の意味しかありません。

ONE POINT unfórtunately「残念なことに」は頻出語です。

284 **verbal**

言葉による　　　　　　　　　　　　　　　　　　　　　　　形

/və́ːrb(ə)l/

覚え方 SVOのVはverb「動詞」のことです。このverbは元々は「言葉」という意味でした。「言葉」=「動詞」というのは動詞中心の英語らしい感覚ですね。なおan ádverb「副詞」は「動詞に付加するもの」の意味。

使い方 「言葉に関する」「言葉による」という意味です。verbal communication「言葉による意思の疎通」。

ONE POINT 反意語のnonvérbalは「言葉によらない」の意味です。nonverbal communicationとはgestureなどを用いた意思の疎通の意味です。

285 **characteristic**

(個々の)特徴　　　　　　　　　　　　　　　　　　　　　名

/kæ̀rɪktərístɪk/

覚え方 cháracterの同系語です。

使い方 「(すぐに認識できるような1つの)特徴」で可算名詞です。the characteristics of his novels「彼の小説の特徴」、the characteristics of a good doctor「優れた医師の特質」、describe his physical characteristics「彼の肉体的特徴を説明する」。形容詞も重要。S + be characterístic of ～「Sは～が特徴だ」。This pronunciation is characteristic of Australians.「この発音はオーストラリア人に特有だ」。

ONE POINT Characterístically, SV ～は「SはVなのが特徴だ」です。

286 **character**

①(全体的な)特徴　②(道徳的な意味での)人格　　　　名

/kǽrɪktər/

覚え方 a characterístic が「具体的な個々の特徴」なのに対して、character は「全体的な特徴」の意味です。

使い方 「全体的な特徴」の意味で、通例単数形で用います。the character of this school「この学校の特色」、the Japanese character「日本人の特徴」。人間に用いた場合には「(道徳的な意味での)人格」の意味です。その場合、形容詞はgood「良い」、bad「悪い」、noble「高貴な」などで修飾します。

ONE POINT 特殊な意味として、「(小説、劇などの)登場人物」、Chinese characters「漢字」などの文字には要注意です。

287 imitate ～　　～を真似る　　動

/ímɪtèɪt/

覚え方　「イミテーションゴールド」は「偽物の金」のことです。

使い方　imitate ～で「～を真似る」の意味です。imitate his actions「彼の行動を真似る」、imitate others「他人を真似る」、imitate real life「実生活を写す」。名詞形の imitátion は「真似ること」の他に「模造品」の意味もあります。Children learn by imitation.「子どもは真似ることで学ぶ」。

ONE POINT　「(笑わせるために～の)物真似をする」は mimic です。Paul is good at mimicking Mr. Smith's voice.「ポールはスミス先生の声を真似るのがうまい」。

288 doubtful　　疑わしい　　形

/dáʊtful/

覚え方　トランプゲームに「ダウト」というのがありますが、まさに「疑う」という意味です。語源的には dou- が double と同じ「2」を表します。日本語でも「二枚舌」といえば嘘つきの代名詞ですね。

使い方　It is doubtful whether this painting is a Picasso.「この絵画がピカソのものかどうかは疑わしい」。I doubt that SV. は「SVではないのではと疑う」という意味です。つまり「SVだと思っていない」ということです。doubt that SV は、don't think that SV と覚えておけばよいわけです。なお名詞形も doubt です。

ONE POINT　doubt + 名詞は「～の信憑性を疑う」です。

289 suspect ～　　～ではないかと疑う　　動

/səspékt/

覚え方　sus-【= sub 下】+ -pect【見る】から、「疑いを持って下からジロリと見上げる」というイメージ。同語源の単語は a spectator「見る人」→「観客」、prospect「pro-【前方】+【見る】」→「見通し」など。

使い方　I suspect that SV. は「SVではないかと疑う」という意味。= think that SVと暗記。I suspect that there is something wrong with this system.「このシステムには問題があると私は思っている」。形容詞形は suspícious「疑わしい」、名詞形は suspícion「疑い」。

ONE POINT　suspect + 名詞は「～ではないかと疑う、～であると思う」です。suspect murder「殺人ではないかと疑う」。

290 **aspect** (一つの)見方 [名]

/æspekt/

覚え方 an aspect の a- は本来は【～を】という意味です。覚える時には a- を「一つの」と考え「一つの見方」と覚えたほうが楽です。
使い方 an aspect は「様々な見方のうちの一つの見方、側面、面」という訳になります。in every aspect of life「人生のあらゆる側面で」。GM foods have both positive and negative aspects.「遺伝子組み換え食品はプラス面と同時にマイナス面を有している」。
ONE POINT 類義語の a diménsion は「(政治、経済などの)側面」の意味です。

291 **spectator** (催し物、特にスポーツの)観客 [名]

/spéktèɪtər, -́--́-/

覚え方 spect-【見る】から「じっと見る人」が語源です。
使い方「(催し物、特にスポーツの)観客」という意味です。The title match attracted more than 10,000 spectators.「そのタイトルマッチには1万人以上の観客が押し寄せた」。
ONE POINT「(劇場などの)観客(全体)」は an áudience と言います。

292 **audience** (芝居、講演、映画などの)観客(全体) [名]

/ɔ́:diəns/

覚え方【ラテン語 *audire* 聞く】から。元は「聴衆」の意味でしたが、今では「(芝居、講演、映画などの)観客」の意味で使います。an audítion「オーディション」、audiovísual「視聴覚の」などが同語源。
使い方 an audience で「観客全体」の意味ですから、「1人の観客」は one member of the audience と言います。a large audience「大観衆」。
ONE POINT an auditórium は「講堂」、áudible は「聞こえる」です。

293 term

言葉 　名

/tə́ːrm/

覚え方　【ラテン語 *terminus* 限界、境界】から term =「枠」の意味です。a medical term の直訳は「医学の枠」→「医学で使われるもの」→「医学用語」となります。a términal「終点」は同語源。

使い方　まずは「言葉」と訳してみてください。Technical terms are hard to learn in any language.「専門用語はどんな言語でも習得が困難だ」。熟語では、in terms of ～「～の枠組みの中で」→「～の観点から」となります。Jack looks at everything in terms of money.「ジャックはあらゆることをお金に換算する」。人 + be + on good terms(with ～)なら「人は～と良い間柄だ」と訳せます。good terms の代わりに speaking terms「話すような仲」、visiting terms「家を行き来する仲」、first-name terms「ファーストネームで呼び合う仲」、nodding terms「会釈する仲」でもOKです。さらに、term に long、short、summer、autumn、30-year などがつくと「期間」という訳語になります。

ONE POINT　come to terms with ～ は「～を持って枠内にはいる」から「(受け入れたくない現実)～を受け入れる」という意味です。It took years for me to come to terms with my dog's death.「私がイヌの死を受け入れるのに何年もかかった」。

294 determine ～

(ある事柄がある事柄)を決める 　動

/dɪtə́ːrmɪn/

覚え方　de-【= down 下】+ term【ラテン語 *terminus* 限界、境界=枠】ですから「枠を下に置く」イメージです。

使い方　determine は、「(ある事柄がある事柄)を決める」という文脈で用いるのが普通です。People's lifestyles are often determined by their incomes.「人の生活スタイルは収入で決まることが多い」。ただし、人+ be determined to(V)で「～する固い決意を抱いている」となります。

ONE POINT　名詞形は determinátion ですが、with determination というのは「(揺るがぬ決意を持って)断固として」となります。

295 **phenomenon** 現象 　名

/fɪnάmənὰn/

覚え方 【ラテン語 *phantasia* 出現】からa phenomenonは「出現したもの」→「現象」になりました。同語源のものにはfantasy「ファンタジー、空想」があります。

使い方 日本語の「現象」と同様に使えます。A mirage is a beautiful natural phenomenon.「蜃気楼は美しい自然現象だ」。複数形はphenómenaですが、現在では単一の現象でも複数形を用いることがあります。

ONE POINT 形容詞形はphenómenalで「一大現象となるような」→「驚くべき」、the phenomenal success of ~「~の驚くべき成功」。

296 **tissue** (細胞などの)組織 　名

/tíʃuː, tísjuː/

覚え方 tissueは【古フランス語 *tistre* の過去分詞 *tissu*】を経て英語に入ってきた単語です。textile「織物」と親戚関係にある単語です。

使い方 日本語で「ティッシュ」といえば「ティッシュペーパー(tissue あるいはKleenex)」のことですが、英語では「(細胞などの)組織」の意味も持ち、その場合は不可算名詞です。normal tissue in the body「身体の中の正常な組織」、muscle tissue「筋肉組織」、brain tissue「脳組織」、The virus damages nervous tissue.「そのウイルスは神経組織を傷つける」。

ONE POINT 「ティッシュをとる」はtake a tissue [×a tissue paper]。

297 **vary** 様々だ 　動

/véəri/

覚え方 variety「多様性、バラエティ」ですが、その動詞形です。

使い方 S vary from 単数形 to 単数形.で「Sは~によって様々だ」という意味です。The way of greeting varies from country to country.「挨拶の仕方は国によって様々だ」。Opinions vary from person to person.「意見は人により様々だ」。形容詞形はvárious「様々な」です。

ONE POINT a varíety of ~「様々な~」も重要です。

298 admire ~

~を高く評価する、~を称賛する 動

/ədmáɪər/

覚え方 ad-【方向性を示す】+ -mir-【驚く】。a mírror「鏡」、a mirage「蜃気楼」、márvelous「素晴らしい」が同語源。「すごいと思う」感じ。

使い方 respect より強く、「本当にすごいなーと思う」という意味です。admire +人 + for ~「~で人を称賛する」でも頻出です。Mark Twain is often admired for his humor.「マーク・トウェインはそのユーモアで称賛を受けることが多い」。名詞形は admirátion。

ONE POINT 形容詞形の ádmirable は、「admire に値する」の意味です。his admirable patience「彼の素晴らしい忍耐力」。

299 absorb ~

~を吸収する 動

/əbzɔ́ːrb, -sɔ́ːrb/

覚え方 ab-【= away】+ -sorb【吸い込む】から「吸い込んで持ち去る」が原義。

使い方 Plants absorb nutrients from the soil. は「植物は土から栄養分を吸収する」。This substance absorbs heat. なら「この物質は熱を吸収する」。名詞形は absórption です。

ONE POINT be absórbed in ~ で「~の中に気持ちを吸収されている」から「~に熱中している」という意味です。We were so absorbed in our conversation that we forgot the time.「会話に夢中で時間の経つのを忘れていた」。

300 experiment

実験 名

/ɪkspérəmənt/

覚え方 ex-【外】+ -periment【ラテン語 *periri* 試みる】から。expérience「経験(する)」と同語源ですから、形が似ているので注意が必要です。

使い方 「実験をする」は、carry out/do/perform/conduct an experiment です。conduct a chemical experiment「化学の実験をする」。動詞も同形です。expériment on animals「動物実験をする(=動物に対して実験をする)」。形容詞形は experiméntal。

ONE POINT 「試行錯誤で」は by/through trial and error です。

301 **elderly**

/éldərli/

年配の　　　　　　　　　　　　　　　　　　　　　　　　　形

覚え方 -ly で終わっていますが形容詞です。イギリス英語の an elder sister は「年上の sister →姉」のことです。

使い方 「老人」は old people と言うよりも、elderly people と言ったほうが丁寧な響きがあります。また婉曲的な表現として senior citizens と言うこともあります。また the elderly で「老人（複数扱い）」です。Elderly people need special care.「老人には特別な配慮が必要だ」。

ONE POINT 「寝たきり老人」は bedridden elderly people です。

302 **fairly**

/féərli/

①公平に ②かなり　　　　　　　　　　　　　　　　　　　副

覚え方 fair play「フェアプレイ」で有名な fair です。ly がついて副詞になった場合、「かなり」という意味で使うことに注意してください。fair は、元は「美しい」の意味で、そこから「公平な」「かなりの」の意味に発展しました。なお、fair hair は「金髪」です。

使い方 形容詞、副詞の前では「かなり」の意味。May is fairly hot in Kansai.「関西は5月はかなり暑い」、a fairly large house「かなり大きな家」、a fairly orderly mind「かなり聡明な頭脳」。動詞修飾時は「公平に」です。treat students fairly「生徒を公平に扱う」。

ONE POINT 口語で「かなり」は pretty とも言います。

303 **familiar**

/fəmíljər/

なじみがある　　　　　　　　　　　　　　　　　　　　形

覚え方 famili-【family 家族】+ -ar【〜のような】から。

使い方 a familiar voice「なじみのある声」などでも使いますが、with/to の使い分けが重要です。be familiar with 〜 で know 〜 very well の意味です。I am familiar with this machine. なら「この機械の使い方を十分に知っている」という意味です。ただし、S + be familiar to + 人なら「Sは人に知られている」です。Your name is familiar to me.「お名前は存じ上げております」。

ONE POINT 名詞形は familiárity です。some familiarity with 〜「ある程度〜を知っておくこと」。

304 recall ～　（誰かに伝えるためなどで、意図的に）～を思い出す　動

/rɪkɔ́ːl/

覚え方 re-【= back】+ call【呼ぶ】から。日本語の「リコール（不良品の回収）」の意味もありますが、普通は「～を思い出す」。
使い方「（誰かに伝えるために意図的に）～を思い出す」の意味です。「偶然に思い出した」という文脈では使いません。I cannot recall her maiden name.「彼女の旧姓が思い出せない」。
ONE POINT remémber ～ は「～を覚えている」が基本的な意味です。

305 biography　伝記　名

/baɪɑ́grəfi/

覚え方 bio-【生命】+ -graphy【描く】から「人の生命を描いたもの」。同語源の単語には biology「生物学」、an áutograph「芸能人のサイン」、geógraphy「地理学」などがあります。
使い方「伝記を書く／読む」は write/read a biography です。a biography of Helen Keller「ヘレン・ケラーの伝記」。
ONE POINT「自伝」は an autobiógraphy 。

306 fascinate ～　～を魅了する　動

/fǽs(ə)nèɪt/

覚え方 元は「～に魔法をかける」でした。be fascinated by ～は、be interested in ～ の意味を強くしたもの、と暗記しておけばよいでしょう。少し硬い語ですが、同義語に enchánt「～を魅了する（chant 詠唱する）」があります。
使い方 特に見たり聞いたりするものによって魅了される時に使われます。be fascinated by ～ で「～に魅了される、～の虜になる」です。I am fascinated by her sweet voice.「私は彼女の甘い声に魅了されています」。名詞形は fascinátion 。
ONE POINT 形容詞形は fáscinating「魅力的な」です。

307 precious　貴重な　[形]

/préʃəs/

(覚え方) a price「価格」と同語源の単語で原義は「値が高い」。

(使い方) 日本語の「貴重な」より使用範囲は狭い語です。よく使われるのは「時間、宝石、金属」に対してです。precious jewels「高価な宝石」。Don't waste your precious time.「貴重な時間を浪費してはいけない」。それ以外では「形見のような、誰かを思い出させるもの」に対して使う「貴重な」です。my precious memories「私の貴重な思い出」。

(ONE POINT) 英作文では「貴重な」は váluable を用いるのが無難です。

308 appreciate ～　(良いものを良いと)～を評価する　[動]

/əpríːʃièɪt/

(覚え方) appreciate は、précious「貴重な」と同系語です。「良いものを良いと評価する」というのが元の意味です。そこから「(人の好意など)に感謝する」という訳語も可能になります。

(使い方) 訳語は目的語により様々です。appreciate his ability/your cooperation/the picture/Japan's four seasons「彼の能力を認める／あなたの協力に感謝します／その絵を鑑賞する／日本の四季を味わう」。名詞形は appreciátion。

(ONE POINT) I would appréciate it if you could V.「Vしてもらえればありがたいのですが」はよく使う表現です。it は if の内容を指します。

309 congratulate A on B　BのことでAを祝福する　[動]

/kəŋgrǽtʃəlèɪt/

(覚え方) con-【= together 強意】+ -grat-【ラテン語 *gratus* 感謝する】から。同語源の単語には grátitude「感謝」があります。

(使い方) congratulate + 人 + on ～「～に関して人を祝福する」の意味です。目的語が「人」であることに注意してください。My parents congratulated me warmly on my exam results.「父と母は私の試験結果について温かく祝福してくれた」。

(ONE POINT) 名詞形は congratulátion です。主に複数形で用います。Congratulations on winning first prize!「一等賞おめでとう!」。

310 celebrate 〜 (事柄)を祝う 動

/séləbrèɪt/

覚え方 「セレブ (a celébrity)」は、元は「祝福された人」の意味。今では「(生きている)有名人、著名人」のことです。
使い方 celebrate 〜「(事柄)を祝う」の意味です。目的語に「人」をとることはありません。How do you celebrate New Year in the UK?「イギリスでは新年をどのように祝いますか?」。自動詞としても使います。
ONE POINT 形容詞形は célebrated で「有名な」の意味です。これは、多くの人々が口々に「素晴らしいわ」という感じの「有名な」です。

311 refer to 〜 ①〜について言及する ②〜を示す 動

/rɪfə́ːr/

覚え方 refer to 〜は、re-【= back 再び】+ -fer【持ってくる】から。「本題から外れて何かについて触れ、再び本題にもどる」という感じです。-fer は prefer「(先に持ってくる→)のほうを好む」が有名。
使い方 「人」が主語なら「〜について言及する」という意味です。雑談のイメージです。refer to the map/the dictionary なら「その地図を／その辞書を参照する」となります。名詞は réference 。
ONE POINT 「もの」が主語の時には「〜を示す」と訳します。"Shun" refers to the prime season for certain vegetables and fish.「『旬』というのは、ある野菜や魚にとっての最適な季節のことです」。

312 infer 〜 〜を推測する 動

/ɪnfə́ːr/

覚え方 in-【中に】+ -fer【持ってくる】→「心の中に持ってくる」。
使い方 infer 〜 from A「(ある情報や証拠)Aから〜を推察する、推測する」の意味です。しばしば can を伴います。can infer his innocence from the evidence「彼は無罪であるとその情報から推測できる」。目的語に that 節をとることもあります。名詞形は ínference です。
ONE POINT judge 〜「〜を判断する」、guess 〜「〜を推測する」よりずっと硬い語です。

313 **fertile** 肥沃な 形

/fə́ːrt(ə)l, fə́ːrtàɪl/

覚え方 fer-【持ってくる】から「恵みを持って来る」感じです。fer- の代表は a ferry boat「フェリーボート(持ってくるボート)」。

使い方 「土、土地が肥沃な」から意味が発展して、抽象的な意味でも使えます。fertile soil「肥沃な土壌」、a fertile imagination「豊かな想像力」、a fertile ground for novelists「小説家を生み出す土壌」、a fertile source of trouble「しばしばトラブルの元になるもの」。fértilizer は「肥沃にするもの」から「肥料」です。orgánic fertilizer は「有機肥料」、chémical fertilizer は「化学肥料」。

ONE POINT 反意語は bárren「不毛な」です。

314 **conference** 会議 名

/kánf(ə)rəns/

覚え方 con-【= together 皆】+ -fer-【持ってくる】から、「皆を集めること」→「会議」になりました。prefér、refér などが同語源です。

使い方 「(数日間にわたる公式な)会議」の意味です。a five-day conference on global warming「地球温暖化に関する5日間の会議」。The International Peace Conference was held in Geneva.「国際平和会議がジュネーブで開かれた」。

ONE POINT a conference call は「(同時に何人もの人と通話可能な)会議用電話」、a press conference は「記者会見」のことです。

315 **cruel** 残酷な 形

/krúːəl/

覚え方 【ラテン語 *crudelis* 生の】から。現代の英語でも crude は「天然のままの、加工されていない」から「無礼な、粗雑な」の意味で使われます。cruel も「人間としての加工がされていない」野蛮人のイメージの単語です。

使い方 「残酷な」という日本語と同じです。be cruel to 〜 で「〜に残酷な仕打ちをする」という意味です。Don't be cruel to animals.「動物を残酷に扱うな」。名詞形は crúelty です。

ONE POINT 反意語は mérciful「慈悲深い」です。

316 **quantity** 量 /kwάntəti/ 名

覚え方 quálity「クオリティ、質」は日本語になっていますね。その反意語です。

使い方 文字通り「量」という意味。類語の amount は「総計」の意味。また a large/small amount of + 不可算名詞 ですが、a large/small quantity of 〜 は、可算名詞の複数形にも使うことができます。Quality is more important than quantity.「量より質が重要だ」。

ONE POINT an unknown quantity は「未知量、数」のこと。

317 **qualification** 資格 /kwὰləfəkéɪʃ(ə)n/ 名

覚え方「ある quality を得る」から「資格を得る」になりました。

使い方 動詞形の qualify は「資格を得る」あるいは「〜に資格を与える」の意味。たとえば qualify for the Olympic Games で「オリンピックの出場資格を得る」の意味です。名詞形は qualification です。My son has no qualifications, and is still unemployed.「うちの息子は何の資格も持たず、未だに失業中だ」。

ONE POINT He qualified as a teacher. よりは He got a teacher's certificate. のほうが普通の英語です。

318 **consist of 〜** 〜から成る /kənsíst/ 動

覚え方 con-【= together まとめて】+ -sist【= stand 立っている】から、「何かの要素を集めて立っている」というイメージです。

使い方 S consist of + 〜 は「con-【集めて】」に焦点を当てて「Sは〜から成る」と訳します。〜が単数形の場合には、S consist in + 〜 になり、-sist【立っている】に焦点を当てて「Sは〜にある」とします。現在の米語では後者の場合でも consist of 〜 とするのが一般的です。This movie consists of cheap jokes and terrible acting.「この映画はくだらぬ冗談とへたな演技からなる」。

ONE POINT 形容詞形の consístent は、「首尾一貫した」の意味です。

319 **confidence** 自信

/kánfəd(ə)ns/

覚え方 con-【= together 強意】+ -fid-【ラテン語 *fidere* 信頼する】から「信頼」、さらに「自分に対する信頼」から「自信」になりました。音響機器の Hi-fi は High-fidelity「高度に忠実」が語源です。

使い方 普通は「自信」の意味で用い、「信頼」の場合には、confidence in ~「~に対する信頼」の形で使います。give 人 confidence「人に自信を与える」、increase/shake one's confidence「人の自信を強める/揺るがす」、gain/lose confidence「自信を得る/失う」。形容詞形は cónfident で「自信がある」です。

ONE POINT confidéntial は「機密の、マル秘の」という意味です。

320 **apply ~** ~を貼り付ける

/əplái/

覚え方 ap-【= ad 方向性】+ -ply【ラテン語 *plicare* 折りたたむ】から、「~を貼り付ける」。an appliqué「アップリケ」も同語源です。

使い方 基本的な意味は「~を貼り付ける」です。Apply the cream evenly.「クリームは均等に塗ってください」。apply oneself to ~ なら「自らを~に貼り付ける」から「熱心に~する」。apply the idea/the theory to ~ なら「その考え/理論を~に応用する」と訳せます。名詞形は applicátion。an ápplicant は「志願者」です。

ONE POINT apply oneself to ~ for a job は、oneself to ~ が省かれて「職を求めて自らを~に貼り付ける」→「就職を申し込む」。

321 **imply ~** （暗に）~を意味する

/ɪmplái/

覚え方 im-【= in- 中】+ -ply【ラテン語 *plicare* 折りたたむ】から、「内に折る」→「はっきりと言わずに暗に意味する」になりました。

使い方 「（暗に）~を意味する、~をほのめかす」の意です。My father's silence implied that he had agreed with me.「父の沈黙は私に同意してくれたことを意味していた」。形容詞形は implícit「暗黙の」です。an implicit críticism「暗黙の批判」。名詞形は implicátion「暗に意味すること」です。

ONE POINT 多くの場合「~を意味する」と訳すとうまくいきます。

322 **harvest**　　収穫　　名

/hǽːrvəst/

覚え方 古英語の時代「刈り取る」の意味でした。a herb「草、ハーブ」とはまったく異なる語源です。

使い方 yield a rich harvest of wheat「小麦の豊かな収穫をもたらす」、a large harvest of peaches「モモの豊作」、The rice harvest is over.「米の取り入れが終わった」、harvest time「収穫期」。celebrate a good harvest「豊作を祝う」。

ONE POINT 「(農)作物」は a crop、「〜を刈り取る」は reap です。The snow has caused serious damage to crops.「雪が農作物に深刻な被害をもたらした」。

323 **affair**　　(出来事や活動などの漠然とした)事柄　　名

/əféər/

覚え方 af-【= ad 無視】+ -fair【ラテン語 *faire* 作る、行う】が原義です。deféat「〜を打ち負かす(de- = down)」が同語源です。

使い方 「(出来事や活動などの漠然とした)事柄」の意味です。訳語は文脈により様々です。world affairs「世界情勢」、foreign affairs「外交問題」、cúrrent affairs「時事問題」、one's prívate affairs「私事」、géneral affairs department「総務部」です。

ONE POINT a love affair で「不倫」です。

324 **faculty**　　①能力　②(大学の)教員　　名

/fǽk(ə)lti/

覚え方 fac、fic、fec は【ラテン語 *faire* 作る、行う】。そこから「神がお創りになったもの」の意味。dífficulty は dif-【= down】+ -ficulty【= faculty】で「能力がダウンした状態」→「困難」の意味。

使い方 「神がお創りになったもの」→「生まれながらの能力」が基本。our faculty of hearing「聴力」、mental faculty「思考力」。have a faculty of 〜「〜の能力を持つ」などで使います。

ONE POINT faculty は「能力のカタマリ」=「教員」から「大学全体あるいは学部全体の教員」という意味を持ちます。a faculty meeting「教授会」、a faculty member「(大学の)教授、教員」。

325 **infect ~** 〜を感染させる [動]

/ɪnfékt/

覚え方 in-【中】+ -fec-【作る】。fiction「作ったもの」→「小説」。

使い方「気持ちが〜に感染する」にも使います。This disease can infect humans.「この病気はヒトに感染する可能性がある」。形容詞形は infectious「感染する」。an infectious disease carried by mosquítoes「蚊が媒介する伝染病」。なお disinféct 〜は「〜を消毒する」です。

ONE POINT「院内感染」は hospital infection と言います。

326 **defect** （製品や、法律、制度などの）欠陥 [名]

/dɪfékt, díːfekt/

覚え方 de-【= down】+ -fec-【作る、行う】から「マイナスに作られたもの」→「（製品などの）欠陥」。

使い方「（製品や、法律、制度などの）欠陥」の意味です。「〜の欠陥」は a defect in 〜［×of 〜］に注意してください。人の「欠点」は普通は a fault を使います。a defect in the car「その車の欠陥」。なお、「宝石などの傷」は a flaw と言います。

ONE POINT 動詞の deféct は「亡命する」という意味です。これは defect の原義「（自分の国から）離れていく行為」から出てきた訳語です。a deféctor は「敵側に寝返った軍人、役人」。

327 **obey ~** （上司、命令など）に従う [動]

/oʊbéɪ, əb-/

覚え方 ob-【= against 〜に対して】+ -ey【ラテン語 *audire* 聞く】から。日本語でも「人の言うことを聞く」=「従う」です。

使い方 obey + 上司、教師や、obey + 命令、規則 で使います。Soldiers must obey orders without questioning them.「兵士達は命令には異議を挟まずに服従しなければならない」。有無を言わせぬ服従ですから「彼の忠告に従う(follow/take his advice)」などでは不可です。反意語は disobey 〜「〜に従わない」。

ONE POINT 名詞形は obedience「服従」、形容詞形は obedient「従順な」、an obedient child「従順な子供」。

328 summarize ~ ～を要約する 動

/sʌ́məràɪz/

覚え方 a súmmary「要約、概要」+ -ize【動詞化】です。

使い方 「～を要約する」という意味です。summarize the main points「主要なポイントを要約する」、summarize the situation「その状況を要約する」、You have to summarize your main argument at the end of an essay.「主な主張はレポートの終わりにまとめておくこと」などで使います。

ONE POINT 数学のΣ記号は日本語では「シグマ」ですが、英語ではsum「サム」と読みます。

329 manufacture ~ ～を製造する 動

/mæ̀n(j)əfǽktʃər/

覚え方 manu- は【手】です。fac/fic/fec は【作る】ですから、「手で作る」です。manu- で始まる単語は、mánual「手の、解説書」、a mánuscript【手＋書く】→「原稿」が有名です。現在では「工場制手工業」の意味では使いません。

使い方 文字通りには「手で作る」なのですが、現在では「手で」の部分の意味が消失し、「製造する」という意味になりました。Most of the world's clothes are manufactured in Asia.「世界の服の大半はアジアで製造されている」。

ONE POINT 日本語の「メーカー」は、a manufácturer です。

330 facility 施設 名

/fəsíləti/

覚え方 fac/fic/fec は【作る】の意味です。元は「何かを簡単にできる力」の意味でしたが、そこから「(生活を楽にするような)施設、設備」という意味を持つようになりました。

使い方 通例複数形で「施設」の意味です。amúsement facilities「娯楽施設」、rehabilitátion facilities「更生施設」、childcare facilities「育児施設」。Our luxury cruise ship has a wide range of facilities for you to enjoy.「私どもの豪華客船には楽しんでいただける様々な設備があります」。

ONE POINT a call-back facility で「リダイヤル機能」の意味です。

331 immigrant （入国側から見た）移民 [名]

/ímɪɡrənt/

覚え方 im-【= in 中に】+ -migr-【移住する】+ -ant【人】から、「外国から入ってきた移民」のこと。mígrate は「(動物、鳥が季節の変化に伴って定期的に)移動する」。a migratory bird は「渡り鳥」。

使い方「(入国側から見た)移民」です。immigrants from Southeast Asia「東南アジアからの移民」。immigrátion は「移住」です。the immigration bureau「入国管理局」、immigration law「入国管理法」、immigration control「入国審査」。

ONE POINT 反意語は an émigrant「(出国する側から見た)移民」です。この e- は ex-【外】の意味です。

332 humanity 人間（全般） [名]

/hjumǽnəti/

覚え方 human の派生語なのは明白ですね。

使い方 多くの場合「人間(全般)」の意味で用いられます。a lasting contribution to humanity「人類に対する永続的な貢献」、crimes against humanity「人類に対する犯罪」。「人間性」という訳語をあてることもあります。また、the humanities で文学や歴史などの「人文科学」の意味で使われることもあります。

ONE POINT「人類全体」の意味では humankind が有名です。

333 mayor 市長 [名]

/méɪər/

覚え方 major「主な」と同語源です。似た綴りの単語に「マヨネーズ」máyonnaise があります。

使い方「市長選挙」は a mayor's election です。アメリカの市長は地方自治体の行政長官の意味が強く権限が大きいですが、イギリスでは権限が弱く名誉職のイメージです。the statue of the first mayor「初代市長の像」。

ONE POINT「知事」は a góvernor です。

334 otherwise ①さもないと ②他の方法で／点で 副

/ʌ́ðərwàɪz/

覚え方 other-【他の】+ -wise【= way】から「他の方法で、他の点で」。

使い方 多くの場合「もしそうでなければ」という訳語を当てます。たとえば Hurry up! Otherwise you'll be late.「急げ！ さもないと遅れるぞ」。それでだめなら、in other ways「他の方法／点で」と訳します。This room is small, but otherwise perfect.「この部屋は狭いが他の点では申し分ない」。

ONE POINT clóckwise は「時計回りの／に」の意味です。

335 assume 〜 （根拠もないのに）〜と仮定する、〜と思い込む 動

/əsúːm/

覚え方 as-【= ad-】は無視すると assume = sume「とる」の意味。

使い方 よく使われるのは assume that SV という形で「SV という意見をとる」から「（根拠もないのに）〜と仮定する、〜と思い込む」。assume responsibility で「責任をとる」。名詞形の assúmption も重要です。The rule is based on the assumption that everyone has a cell phone.「その規則は皆が携帯電話を持っているという仮定に基づいたものだ」。

ONE POINT assume an air of cónfidence「自信のある空気をとる」→「自信があるように見せかける」などもたまに出てきます。

336 consume 〜 （燃料、贅沢品）を消費する 動

/kənsúːm/

覚え方 コンソメスープ（仏語 consommé）の語源は consume「消費する」と同じで con-【みんな】+ -sume【取る】です。コンソメは「食材のエキスを徹底的にとったもの」の意味だったと思われます。

使い方 「（燃料、贅沢品）を消費する」から「（時間）を消費する」でも用います。Americans tend to consume too much meat.「アメリカ人は過剰に肉を消費しがちだ」。「消費者」は a consúmer で、「消費財」は consumer goods。

ONE POINT 名詞形は consúmption です。standby electrícity consumption「待機消費電力」、a consumption tax「消費税」。

337 patience

忍耐 [名]

/péɪʃ(ə)ns/

覚え方 pat- は【苦悩】を示します。よって a pátient「患者」も同じ語源です。《パチンコには「忍耐」が必要》と覚えておいてください。

使い方 patience は「精神的な忍耐力」の意味で用いられます。Teaching requires patience.「教えるには忍耐が必要だ」。なお、patient は「忍耐強い」あるいは「患者」の意味です。have patience with ~「~に対して忍耐力がある」の形も覚えておいてください。

ONE POINT 昔、麻酔のなかった頃の a pátient「患者」は、手術の時に pátiently「忍耐強く」痛みに耐えるしかなかったのでしょうね。

338 occur

(問題、間違い、現象などが)生じる [動]

/əkə́ːr/

覚え方 oc-【方向性】+ -cur【走る】。「~に向かって走ってくる」から「生じる」になりました。a course「コース(走るところ)」、a cursor「カーソル」などが同語源です。

使い方 硬い語です。「(問題、間違い、現象などが)生じる」。また、~ occur to 人「人に~が生じる」→「人が~を思いつく」も重要。A good idea occurred to me.「いい考えが浮かんだ」。過去形 occurred および名詞形 occúrrence は r を重ねることに注意。

ONE POINT 「事故や地震が起きる」は There is ~ . が普通です。

339 current

今の [形]

/kə́ːrənt, kʌ́r-/

覚え方 cur-【走る】から「今まさに走っている」という感じ。

使い方 「(刻一刻と変化するものに対して)今の」の意味。current prices「今の物価」、current conditions「(天気などの)今の状態」。the current year は「まさに流れている年→今年」、current affairs「時事問題」。名詞も同形で「流れ」をイメージできるものを表します。a 5 amp eléctrical current「5アンペアの電流」、swim against the current「流れに逆らって泳ぐ」。

ONE POINT cúrrency は「通貨」の意味が大切。the US currency「アメリカ通貨」。

340 relative

/rélətɪv/

親族 　名
相対的な 　形

覚え方 relate「関連づける」と同語源です。「自分に関連した者」から「親族」に、「他との関連」から「相対的な」になりました。

使い方 名詞 a relative は「親族、親類」の意味です。父母などの家族も含まれる点で日本語の「親戚」より意味が広いと言えます。a gathering of relatives「親族の集まり」。形容詞の rélative は「相対的な」の意味です。名詞形は relativity です。アインシュタインの the theory of relativity「相対性理論」は有名ですね。

ONE POINT 「近い／遠い親戚」は a close/distant relative です。

341 waste

/wéɪst/

～を浪費する 　動
浪費 　名

覚え方 元はノルマン・フランス語の【荒廃した】から来ました。

使い方 動詞と名詞が同形です。a waste of time and money でよく使います。動詞は spend と同じ用法です。waste +お金+ on…、waste +時間+(V)ing／副詞句「(お金、時間)を～に浪費する」。Pachinko is a waste of time and money.「パチンコは時間とお金の無駄だ」。

ONE POINT indústrial wáste で「産業廃棄物」です。

342 utilize ～

/júːt(ə)làɪz/

～を利用する 　動

覚え方 uti-【ラテン語 *uti* 使用する】＋ -lize【動詞語尾】から。use ～「～を使う」と同語源です。

使い方 use ～ とほぼ同じ意味ですが、はるかに formal な語です。「～を利用する」と訳せば OK です。Solar energy can be utilized for various purposes.「太陽エネルギーは様々な目的で利用できる」。名詞形は utilizátion です。

ONE POINT utílity「有用、実用性」は、複数形で用いると「光熱費」「(ガスや電気などの)公共サービス」の意味です。Utilities are not included in the rent.「家賃には光熱費は含まれていません」。

343 **positive**

/pázətɪv/

プラスの　形

覚え方　「プラスの」が基本的な意味です。

使い方　a positive number「正の数」、positive thinking「プラス思考」、a positive attitude「前向きな姿勢」。Think positive!「プラス思考をしなさい！」。a positive effect「良い影響」。「プラス=陽」から「明白な」という意味にも使えます。positive evidence「明白な証拠」。さらに I am positive about ~ /that SV. で「私は~を確信している」という意味です。

ONE POINT　反意語は négative「否定的な」です。

344 **attract ~**

/ətrǽkt/

~を引きつける　動

覚え方　at-【= ad 方向性】+ -tract【引っぱる】から「~を引きつける」。同語源の単語の「列車」a train は、機関車によって引かれていくイメージです。

使い方　基本は「(人、注意)を引きつける」です。The pop star's marriage attracted media attention.「人気スターの結婚はマスコミの関心を引きつけた」。人 + be attracted to ~ の場合には「~に性的な魅力を感じる」となります。よって形容詞の attráctive は人に対して使うと「性的な魅力がある」の意味になりますので注意！

ONE POINT　attráction は「(異性に対する)魅力、呼び物」の意味。

345 **trace**

/tréɪs/

(分かりにくいもの)をたどる　動
(非常に判別しにくい微かな)跡　名

覚え方　trac-【引っぱる】。attract「~を引きつける」と同語源です。tracing paper「トレーシング・ペーパー（跡をたどるための紙）」は、半透明の薄い紙で、下に敷いたものを写すためのものです。

使い方　動詞は「(分かりにくいもの)を追いかける」から「(歴史など)をたどる」「(行方不明の人)の足跡をたどる」の意味です。We traced the river to its source.「我々はその川の源流までたどった」。名詞の trace は、「非常に判別しにくい微かな跡」です。traces of blood で「血痕」です。

ONE POINT　「電話を逆探知する」は trace a phone call と言います。

346 **abstract**

抽象的な　　　　　　　　　　　　　　　　　　　　形

/ǽbstrækt, -́/

(覚え方) abs- は【= away 離れたところに】で、これは absent にも出てくる接頭辞です。これより「〜を離れたところに引っ張り出す」→「〜を抽出する」になりました。-tract【引っ張る】は重要です。attráct「〜を引きつける」、a tractor「トラクター」などが同語源です。

(使い方) 形容詞の abstract「抽象的な」（⇔ cóncrete「具体的な」）が頻出です。"Peace" is an abstract noun.「『平和』とは抽象名詞だ」。動詞の abstráct「〜を抽出する」はアクセントが後ろにあります。名詞形は abstráction 。

(ONE POINT) 「（論文の）要旨」の意味も大切です。

347 **guarantee**

保証　　　　　　　　　　　　　　　　　　　　　　名
〜を保証する　　　　　　　　　　　　　　　　　　動

/gæ̀r(ə)ntíː/

(覚え方) 語源は曖昧ですが、guard「守る」と親戚関係にあるようです。ですから「守ってあげる」という感じをつかめばOKです。

(使い方) 日本語の「保証する」と同様に、「時計の保証」のような「保証」から、Freedom of speech is guaranteed under the Constitution of Japan.「言論の自由は日本国憲法で保障されている」などの「保障」まで使えます。Is your computer under guarantee?「お客様のコンピュータは保証期間内ですか?」。

(ONE POINT) a PC with a two-year guarantee は「2年間の保証つきパソコン」。

348 **passive**

受動的な、消極的な　　　　　　　　　　　　　　　形

/pǽsiv/

(覚え方) pas-【ラテン語 *pati* 苦しみに耐える】から「無抵抗の」→「受動的な」になりました。passion「情熱」が同系語です。

(使い方) 「受動的な」という意味です。「消極的な」と訳すこともあります。Sam is passive, and never speaks out.「サムは受動的で、モノもはっきり言わない」。反意語は áctive「能動的な」「積極的な」です。

(ONE POINT) passive smoking「間接喫煙」とは、他人が吐くタバコの煙を吸うことです。

349 passion

情熱　[名]

/pǽʃ(ə)n/

覚え方 passion の語源は【ラテン語 *pati* 苦しみに耐える】。passion fruit とは、passion flower「トケイソウ(花の形がキリストの受難の象徴である十字架の形に似ていることから名付けられた花)」の中で果実をつけるものの呼び名。「受難」が「情熱」に転じた。

使い方 Latin Americans seem to have a lot more passion than Japanese people.「ラテンアメリカの人のほうが日本人より血の気が多いようだ」。have a passion for ～「～に対する情熱を持っている」も大切です。

ONE POINT 形容詞形は pássionate「熱のこもった」。

350 emerge

現れる　[動]

/ɪmə́ːrdʒ/

覚え方 e-【= ex- 外】+ -merge【水につかった状態】から「水の中から出てくる」の意味です。

使い方 隠れていたものが、「バア」と現れる感じの単語です。The sun emerged from behind the clouds.「太陽が雲の背後から顔を出した」。The little boy emerged from the kitchen with ice-cream on his lips.「その幼い少年はアイスクリームを口につけて台所から現れた」。英作文では appear を用いるのが無難です。

ONE POINT 形容詞形の emérgent は「急に現れた」から「緊急の」の意味です。an emergency brake で「緊急ブレーキ」となります。

351 emergency

緊急　[名]

/ɪmə́ːrdʒ(ə)nsi/

覚え方 emérge「(突然)現れる」→「緊急」からできた単語です。同語源の submérge は、sub-【下】+ -merge【水につかった状態】から「～を浸水させる、水没させる」の意味となります。

使い方 declare a state of emergency で「緊急事態を宣言する」、an emergency landing「不時着」、a national emergency「国家の有事」、an emergency éxit「非常口」などで使います。in an emergency「緊急の場合には」も暗記してください。

ONE POINT "ER"は、"Emergency Room"「救急救命室」の略です。この場合の emergency は「急患」の意味です。

352 challenge　(やりがいのある)難問　［名］

/tʃǽləndʒ/

覚え方 難問が「解いてみろよ！」と向こうから迫ってくる感じですから「やりがいのある難問」の意味になりました。「(チャンピオンなどへの)挑戦」の意味もありますが、あまり出てきません。

使い方 「(やりがいのある)難問」で暗記してください。We are facing the challenge of developing an eco-car.「私たちは環境に優しい車を開発するという難題に直面している」。また、動詞の chállenge は「(権力や考え方などに対して)に異議を唱える、(権威のある人や目上の人)にたてつく」という意味が重要です。

ONE POINT 形容詞形の chállenging は「やりがいのある」の意味です。

353 represent ～　～を表す、～を代表する　［動］

/rèprɪzént/

覚え方 re-【再び →強意】+ present【提示する】から「～を表す」。

使い方 「～を表す」が基本的な意味ですが、「～を代表する」にまで発展。represent the company「会社を代表する」、represent Japan at the Olympics「オリンピックに日本代表として出場する」。Each phonetic symbol represents one sound.「各発音記号が1つの音を表す」。This curved line represents a river.「この曲線は川を表しています」。形容詞形は represéntative。be representative of ～「～を表している」。

ONE POINT a representative は「代表」「代議士」の意味です。

354 decline　減少する　［動］

/dɪkláɪn/

覚え方 de-【= down】+ -cline【傾く】から「下に傾く」。そこから「徐々に減少する」、さらには「(丁寧に)断る」になりました。「リクライニングシート(a reclíning seat)」は傾きシートですね。

使い方 動詞も decline です。普通、「減少、減少する」の意味です。There was a decline in unemployment last year, but I am still looking for a job.「昨年、失業者の数が減少したが、僕はまだ仕事を探している」。形式張った文では「(丁寧に)断る」という意味でも使います。

ONE POINT 一般的な「減少、減少する」という単語は decrease です。

355 incline O to (V)

OにVしたい気にさせる 〔動〕

/ɪnkláɪn/

覚え方 in-【中】+ -cline【傾く】から「心の中を傾かせる」。そこから「〜したいという気持ちにさせる」になりました。climb「登る」、a climate「気候」が同語源の単語です。

使い方 普通 be inclined to(V)、be inclined to + 名詞 の形で登場します。「そんなに強い気持ちではないけれど〜したい」「〜しがちだ」という意味で用いられます。I am inclined to agree with my manager on most issues.「たいていの問題に関しては経営者に同意できます」。

ONE POINT 名詞形は inclinátion to(V)で「Vしたいという気持ち」。

356 pronounce 〜

〜を発音する 〔動〕

/prənáʊns/

覚え方 pro-【前方】+ -nounce【ラテン語 *nantiare* 知らせる】から「前方に知らせる」→「〜を宣言する」→「発音する」に変化。同語源の単語には annóunce 〜「〜を公表する」、renóunce 〜「(反対方向に知らせるから)〜を放棄する」などがあります。

使い方 「(単語)を発音する」が普通ですが、まれに「〜を宣言する」で使われることもあります。How do you pronounce this word?「この単語はどのように発音しますか?」、pronounce the defendant guilty「(裁判官が)被告に有罪を宣告する」。

ONE POINT 名詞形の pronunciátion「発音」の綴りには注意!

357 utter 〜

(叫び声、言葉、ため息など)を発する 〔動〕

/ʌ́tər/

覚え方 【古英語 *ut* = out 外】の比較級。そこから動詞では「外へ出す」→「(叫び声などを)発する」、形容詞では「まったくの」に変化。

使い方 「(叫び声、言葉、ため息など)を発する」の意味です。必ずしも言葉とは限りません。utter a cry「叫び声を発する」。名詞形は útterance です。

ONE POINT 形容詞は「まったくの」の意味でマイナスイメージです。an útter waste of time「まったくの時間の無駄」。útterly は「まったく〜」の副詞で、やはりマイナスイメージです。

358 random

でたらめな、無作為の 形

/rǽndəm/

覚え方 【古フランス語 *randir* 乱暴に走る】から。

使い方 「でたらめな」から「無作為の」の意味まで。random bombing「無差別爆撃」、a random selection「無作為に選ぶこと」。choose ～ at random「無作為に、でたらめに～を選ぶ」は頻出の熟語です。

ONE POINT random numbers で「乱数(表)」です。

359 observe ～

①～を観察する ②～を遵守する 動

/əbzə́ːrv/

覚え方 ob-【= against ～に対して】+ serve【奉仕する】から「～に対して一生懸命に尽くす」→「～をジーッと見る」に発展しました。

使い方 「～を観察する、～に気がつく」の意味です。that 節をとる場合、observe that SV で「(意見、考えとして)～と述べる」という訳語になりますので要注意です。名詞形は observátion 。

ONE POINT 「ジーッと見る」から「(法律など)を遵守する(名詞形は observance)」、さらには「(祭り、祝日など)を祝う」に変化しました。I am a Muslim and observe Ramadan.「私はイスラム教徒なので、ラマダン(イスラム教の断食期間)は守っている」。

360 deserve ～

～に値する 動

/dɪzə́ːrv/

覚え方 de-【= down 強意】+ serve【奉仕する】から、「一生懸命に奉仕する」→「報酬に値する」と変化しました。

使い方 「～に値する」の意味で目的語にはプラスだけでなくマイナスのモノもきます。After your hard work, you deserve a holiday.「がんばったのだから、当然休んだらいいよ」、Your remark deserves all that criticism.「あのような発言をしたのだから、その批判を浴びて当然です」。

ONE POINT a well-deserved standing ovation は「受けて当然のスタンディング・オベーション(立ち上がって拍手喝采すること)」。

361 prejudice （民族、宗教などに対する）偏見 [名]

/prédʒədəs/

(覚え方) pre- は【= before あらかじめ】、-judice は【= judge 判断する】から、「見る前から勝手に判断する」→「偏見、先入観」に。

(使い方) 「異なる民族、宗教、性を持つ人々に対して、嫌悪感を感じること」の意味。「偏見、先入観」より少し意味が広いですね。public prejudice against single mothers「シングルマザーに対する一般的な偏見」。Asian people face prejudice in this wórkplace.「この職場ではアジアの人々は偏見の目で見られている」。

ONE POINT 動詞形は be prejudiced against ～「～に対して先入観を持つ」の形で覚えておいてください。

362 bias （人やモノに対する）偏見 [名]

/báɪəs/

(覚え方) 元は「斜面、傾斜」の意味です。裁縫で「バイアス」と言えば布地の織り目に対する斜めの線のことです。

(使い方) 「あるモノや人に対する偏見、先入観」のことです。prejudice と違い、良い場合でも悪い場合でも使え、対象とする人々は個人レベルでもOKです。have a strong bias toward(s) ～「～にかなり偏っている」、without bias「公平に」の意味です。動詞は be biased against ～ / in favor of ～「～に対するマイナスの／プラスの先入観がある」。

ONE POINT I'm biased, but ～.「ひいき目かもしれませんが、～」。

363 adapt ～ ～を適合させる [動]

/ədǽpt/

(覚え方) ad-【方向性】+ -apt【ラテン語 aptus 適した】。「アダプター」とは「電圧などを機械の設定条件に合わせる器具」です。be apt to (V)は「～する適性がある、傾向がある」の意味。

(使い方) adapt the house for wheelchair users なら「その家を車いすの人用に改造する」。また adapt A to B で「AをBに適応させる」が基本です。adapt oneself to ～ の場合にはしばしば oneself が省略され adapt to ～ となります。adapt to the new school「新しい学校に順応する」。名詞形は adaptátion です。

ONE POINT adapt a story for TV で「テレビ向けに物語を脚色する」。

364 sympathy 同情、共感 【名】

/símpəθi/

覚え方 sym-【同じ】+ -pathy【感情】から。
使い方「誰かと同じ気持ちを持つこと」から「同情」が基本的な意味。I have a lot of sympathy for the earthquake victims.「その地震の犠牲者には本当に同情します」。さらに「共感」でも使います。動詞形は sýmpathize (with 人) で「(人に)同情する、共感する」で、形容詞形は sympathétic「思いやりのある」です。
ONE POINT antípathy は anti-【反対】+ -pathy【感情】で「反感」、ápathy は a-【否定】+ -pathy【感情】で「感情がない」→「冷淡さ」です。どちらも sympathy に比べれば頻度は低い語です。

365 replace ～ ～に取って代わる 【動】

/rɪpléɪs/

覚え方 re-【再び】+ place【置く】から「元の場所に置く」→「古いものを元の位置に戻して新しいものに取り替える」に発展。
使い方 A replace B「AがBに取って代わる」の意味です。Computers have replaced typewriters.「コンピュータがタイプライターに取って代わった」。人を主語にして 人 replace A with B「人がAをBに取り替える」でも使います。名詞形は replácement です。
ONE POINT replace the light bulb「電球を取り替える」の意味でも使います。

366 equipment 設備、用品 【名】

/ɪkwípmənt/

覚え方 equip は「船に装備する」が原義です。
使い方 equip ～ with … は「～に…を備え付ける」の意味です。ですから equipment は「備え付けられたものの集合体」で不可算名詞です。比較的大きな「設備」から、細々した「用品」「用具」までを表します。office equipment は「事務用品」、camping equipment は「キャンプ用品」、medical equipment は「医療機器」です。
ONE POINT equíp は「人に才能、技術などを授ける」の意味でも使えます。young people equipped with an excellent education「素晴らしい教育を施された若者」。

367 **identify A with B**

/ɑɪdéntəfàɪ/

AがBと同じだと確認する、〜を特定する　動

覚え方　IDカードは identificátion card「身分証明証」の略。PIN (Personal Identification Number)は「暗証番号」の意味です。
使い方　identify A with B で「AがぴったりBと同じであると確認する」の意味です。I can't identify this flower. は「あらゆる図鑑で探したけど、この花と同じものがない」から、「〜を特定する」という訳語が妥当です。Unidéntified Flying Objects「未確認飛行物体」。形容詞形の idéntical は「同一の」、名詞形は identificátion。
ONE POINT　identify with 〜は「〜になりきる」の意味。identify oneself with 〜「〜と自らを同一視する」から oneself が省略された形です。

368 **reasonable**

/ríːznəb(ə)l/

ちょうどいい　形

覚え方　reason「理性」の形容詞で、「理にかなっている」が原義。
使い方　「多すぎることも少なすぎることもない」という意味です。a reasonable price なら「納得価格」です。Ten minutes is a reasonable amount of time to do the exercise.「その運動をするには10分がちょうどいい」。The rent is reasonable, and moreover the location is tremendous.「家賃は手頃だし、おまけに立地が素晴らしい」。
ONE POINT　日本語の「リーズナブル」は、この単語のイメージをよく表しています。

369 **acquire 〜**

/əkwáɪər/

〜を身につける　動

覚え方　ac-【= ad 方向性】+ -quire【探し求める】から。question「問う」などと同語源。本来は「探し求める」なのですが、意味が転じて「〜を身につける」となりました。
使い方　get と交換可能の場合が多いのですが、get より硬い表現と覚えてください。acquire a knowledge of history「歴史の知識を身につける」。Colin acquired his skills as a salesperson while working in his parents' shop.「コリンは親の店で働いている間、売り子としての技術を得た」。名詞形は acquisítion です。
ONE POINT　acquíred は「後天性の」という意味も持ちます。

370 **reveal ～**　　～を暴露する、～を明らかにする　　動

/rivíːl/

(覚え方) re-【再び】+ -veal【ベール】から、「かけられたベールを取り去る」のイメージ。日本語の「カミングアウト」でしょうか。

(使い方)「～を暴露する、明らかにする」が基本的な意味です。目的語には that 節でもOKです。Bob revealed that he had been in prison before.「ボブは前科者であることを明らかにした」。We revealed a secret to her.「私たちは彼女に秘密を漏らした」。

ONE POINT　名詞形は revelátion で、少し綴りが変わりますから要注意です。「神の啓示」という意味も持ちます。

371 **conceal ～**　　(注意深く、意図的に)～を隠す　　動

/kənsíːl/

(覚え方) con-【= together 強意】+ -ceal【隠す】から。a cell「細胞、独房」、a cellar「地下室」、a hell「地獄(←隠された場所)」が同語源の単語です。

(使い方)「(注意深く、意図的に)～を隠す」の意味です。conceal ～ from A で「～をAに隠す」です。日常生活での「～を隠す」は hide ～ です。hide ～ under/behind/in A「Aの下に／後ろに／中に～を隠す」。The teacher concealed his confusion from the students.「先生は混乱していることを生徒に隠した」。

ONE POINT　反意語は reveal ～「～を明らかにする」です。

372 **frequently**　　頻繁(ひんぱん)に　　副

/fríːkwəntli/

(覚え方)【ラテン語 *frequenten* ぎっしり詰まった】から。ラジオのFMは Frequency Modulation「周波数変調」の略です。物理の周波数(=振動数)の f も fréquency の略号です。

(使い方) often は通常 not の位置に置かれますが、frequently の位置は比較的自由です。Buses run frequently from the city center to the airport.「市の中心から空港へのバスの便は頻繁にあります」。形容詞形は frequent で名詞形は fréquency です。

ONE POINT　頻度は低いですが、動詞の frequent/frɪkwént/ は「～にしばしば行く」の意味です。

373 **imaginative** 想像力に富んだ 形

/ɪmǽdʒ(ə)nətɪv/

覚え方 imag-【想像する】+ -tive【〜の傾向がある】から。
使い方「(人が)想像力が旺盛な」のみならず、「(あるものが)想像力に富んだ」でも使います。children's imaginative play「子供たちの想像力に富んだ遊び」。imáginary は「架空の」。たとえば an imaginary creature「架空の生物」、imaginary numbers「虚数」。imaginable は「想像できる限りの」。たとえば the best way imáginable「想像できる限りの最高の方法」。
ONE POINT 派生語が複数ある場合、それらを覚える時には一度で全部覚えないで、1つだけ徹底的に覚えると楽です。

374 **sensitive** 繊細な 形

/séns(ə)tɪv/

覚え方 sense-【感じる】+ -tive【〜の傾向がある】から、「感じる傾向がある」→「繊細な」となりました。同語源の単語は tálkative「おしゃべりな」、creátive「創造的な」などがあります。
使い方 a sensitive guy「気が利く奴」というプラスの意味でも、I'm sensitive to the cold.「寒さに敏感だ」、a baby's sensitive skin「赤ん坊の繊細な皮膚」というマイナスの意味でも使えます。
ONE POINT sense の派生語は多いですが、この単語と sénsible「(感じ取ることができる→)良識がある、賢明な」は重要です。That's a sensible ideas.「それはいい考えだ」。

375 **interfere** 干渉する 動

/ìntərfíər/

覚え方 inter-【中に】+ -fer【持ってくる】から、「邪魔する」です。
使い方「望まれてもいないのに口出しする」という意味です。I often try to help my son, but he says that I am only interfering.「私はよく息子の手伝いをしてやろうとするが、息子は私が干渉しているにすぎないと言う」。interfere with 〜で「〜を邪魔する」です。The sound of the radio interferes with my work.「ラジオの音が勉強の邪魔になる」。名詞形は interférence です。
ONE POINT モノを主語にして Anxiety interfered with my studies.「心配のため勉強が手につかなかった」などでも使えます。

376 **alter ~**　　～を変える　　動

/ɔ́ːltər/

覚え方 alt-【他のもの】です。alter は「他のものにする」から「変える」と意味が発展した語です。

使い方 changeと違い、大幅な変更ではなく「一部分を変える」「一部分が変わる」です。The social and economic position of women has altered since 1945.「女性の社会的かつ経済的な地位は1945年以来変化してきた」。Linda altered her hairstyle hoping that Paul would notice her.「リンダはポールが気がついてくれるかなと思って髪型を変えた」。名詞形は alterátion。

ONE POINT al- の発音には注意してください。

377 **alternative**　　代わりのもの　　名
　　　　　　　　　　（似たものの中から）他の　　形

/ɔːltə́ːrnətɪv/

覚え方 alter の派生語で「ある方法がダメな場合に、その方法をちょっと変えた別の方法」という意味です。たとえば、終電に間に合わずにタクシーで帰った場合、そのタクシーの利用が an alternative「他の方法」です。試験の「四者択一問題」も alternatives と言います。なお、同語源の単語には an alien「(ali- は alt- の変形)エイリアン」があります。これは「他のもの」から「異質のもの」「異邦人」「異星人」という意味に発展したものです。

使い方 名詞の an alternative(to A)は「(Aの)代わりのもの」の意味。an alternative to the present system「現在の制度の代わりとなるもの」。熟語の have no alternative but to(V)は「～の他には手段がない」の意味。I missed the last train and I had no alternative but to take a taxi.「終電に乗り遅れ、タクシー以外の手段はなかった」。

形容詞の altérnative は other と似た意味。ただし「(似たものの中から)他の」の意味。alternative energy sources「代替エネルギー源」。

ONE POINT 動詞形の álternate は「交互に起きる」です。Good and bad luck seem to alternate in our lives.「人生では幸運と不運が交互に訪れてくるように思われる」。

378 attempt ～　　～を試みる　　動

/ətém(p)t/

覚え方 at-【= ad 方向性】+ -tempt【ラテン語 *tentare* 触れる】から。
使い方 attempt to(V)「Vしようと試みる」の意味です。しばしば「失敗」を示唆する単語です。英作文では try to (V) が無難です。名詞形も同形です。All attempts to control the spread of flu have failed.「インフルエンザの蔓延(まんえん)を食い止めようとする試みはすべて失敗した」。ハンマー投げ(the hammer throw)や幅跳び(the long jump)などの「3度目の試技で」は、at one's third attempt と言います。

ONE POINT an attempted murder は「殺人未遂」です。

379 tempt ～　　～を誘惑する　　動

/tém(p)t/

覚え方 tempt-【ラテン語 *tentare* 触れる】から「触って誘惑する」。
使い方 tempt ～で「(悪事などに)～を誘惑する」の意味です。tempt + 人 + to(V)「人にVするように誘う」の形でも使います。受動態の be tempted to(V)「Vしたい気分になる」も重要です。The sunny day tempted me to go out.「晴れていたので外出したくなった」。名詞形は temptátion です。a temptation to laugh「笑いたいという衝動」、give way to a temptation to drink「酒を飲みたいという誘惑に負ける」。

ONE POINT 形容詞形の témpting は「(料理などが)そそる」です。

380 disaster　　①災害 ②大失敗　　名

/dɪzǽstər/

覚え方 dis-【分ける】+ -aster【星】から「占星術において、自分の星が離れて好ましくない位置にあること」の意味です。an ásterisk は「*」のマークのことです。astrólogy といえば「占星術」です。
使い方 「人災」なら man-made disasters です。recover from the disaster「その災害から立ち直る」、cope with the disaster「災害に対処する」。また「大失敗」でも使います。Ken's English test was a total disaster!「ケンの英語の試験は悲惨なものだった」。

ONE POINT 「その災害で多くの死傷者が出た」の「その災害で」は in を用いて in the disaster とします。形容詞形は disástrous。

381 **strict** (規則、教師などが)厳しい 形

/stríkt/

覚え方 strict【引っぱる】から、「きちっと分ける」感じ。

使い方 とにかく「厳しい規則、決まりを課す」イメージの語です。a strict rule「厳しい規則」、a strict teacher「厳しい先生」。be strict with 人で「(人)に対して厳しい」の意味です。Billy is very strict with his children.「ビリーは子どもにとても厳しい」。strictly speaking は「厳密に言えば」という大切な熟語です。

ONE POINT 反意語の「甘い、ゆるい」は lenient/líːniənt/ です。

382 **district** 地区 名

/dístrɪkt/

覚え方 dis-【分ける】+ -strict【引っ張る→厳しい】から、「厳しく分けられた場所」のイメージ。

使い方 a shopping district などのように、ある特徴のある、比較的狭い地域を指すことが多い単語です。「地区」とか「街」などという日本語にぴったりきます。a business district「ビジネス街」。また「行政区域」の意味でも使います。a school district「学区」、an election district「選挙区」。

ONE POINT 「この地域」「ぼくの家の地域」などの「地域」は an area です。

383 **region** 地方 名

/ríːdʒ(ə)n/

覚え方 reg- は【統治、統制】から「統治された所」が原義。「戦後レジームからの脱却」の「レジーム」は a regime「国を統治する体制」のことです。régular「規則正しい」も同語源です。

使い方 「相当広い地域」に対応します。the Basque region of northern Spain「スペイン北部のバスク地方」。a coastal region「沿岸地方」、a mountain region「山岳地方」、rice-growing regions「稲作地帯」、the Árctic region「北極地方」。

ONE POINT 天気予報に出てくる「〜地方」の感じです。

384 sphere

①球体 ②領域 [名]

/sfíər/

覚え方 a sphere は「球」の意味が基本です。遊ぶための「たま」は a ball ですが、a sphere はもっと大きな「球体、地球」。さらに「ある(活動、知識などの)領域」の意味でも用いられます。また the átmosphere「大気」、a hémisphere「半球」なども同系語です。

使い方 「(活動、知識などの)領域」の意味では、しばしばプラスイメージの文脈で用いられます。his great achievements in the diplomátic sphere「外交面における彼の素晴らしい業績」。the Chinese character cultural sphere「漢字文化圏」。

ONE POINT one's sphere of ínfluence は「〜の影響が及ぶ領域」。

385 atmosphere

大気、部屋の空気(= 雰囲気) [名]

/ǽtməsfiər/

覚え方 atmo-【水蒸気、空気】+ sphere【球】から「大気」、さらに「(ある空間内の)雰囲気」にまで発展。

使い方 地球を取り巻く「大気」は the atmosphere。「部屋の空気(=雰囲気)」でも使用できます。the smoky atmosphere of the bar「そのバーの煙だらけの空気」。基本的な意味が「大気」ですから、「人の持つ雰囲気」「街の雰囲気」などには普通使いません。

ONE POINT 「人には〜な雰囲気がある」は、There is something + 形容詞 + about 人です。There is something fáscinating about the singer.「その歌手には人を引きつける雰囲気がある」。

386 hemisphere

半球 [名]

/hémisfiər/

覚え方 hemi-【= semi 半分】+ sphere【球】から「半球」となりました。同語源の単語は a semicondúctor「半導体」、a sémicircle「半円」など。

使い方 「北半球」は the Northern Hemisphere[hemisphere も可]、the Southern Hemisphere は「南半球」、「右脳」は the right hemisphere [= the right side of the brain] です。

ONE POINT 南半球と言えば、the Southern Cross「南十字星」が有名ですね。

387 vivid

/vívəd/

鮮明な 形

覚え方 vi-【命】から、「命が躍動している」感じです。revive「生き返る」、survíve「生き残る」、a vítamin「ビタミン」が同語源。携帯電話のvibrátion「振動」にも vi- が入っています。

使い方 「(記憶や描写が) 鮮明な」の意味です。I have vivid memories of that summer spent in Malaysia.「マレーシアで過ごしたあの夏のことは鮮明な思い出だ」。なお、「vivid + 色」でも使います。a vivid blue sky は「目が覚めるような青空」です。

ONE POINT 副詞形は vívidly です。vividly remémber ～「～を鮮明に覚えている」、vividly descríbe ～「～を鮮明に描く」。

388 genuine

/dʒénjuɪn/

正真正銘の 形

覚え方 《じゃー入院？ 本物の病気だね》が古典的語呂合わせですが、どう思われますか？

使い方 「正真正銘の」の意味です。a genuine signature「本人の署名」、a genuine Picasso「本物のピカソの作品」。My watch is a genuine Rolex.「私の時計は本物のロレックスだ」、My bag is genuine leather.「僕の鞄は本革だ」。genuine + 感情で「心からの～」。a genuine fear「心からの恐怖心」。

ONE POINT 「模造品、偽装品」は a cóunterfeit です。「偽物のルイヴィトン」は counterfeits of Louis Vuitton です。

389 pedestrian

/pədéstriən/

(車に対しての) 歩行者 名

覚え方 ped-【ラテン語 *ped* 足】+ -estri-【形容詞語尾】+ -ian【人】から。a pedal「ペダル」、a céntipede「百足(ムカデ)」が同語源。

使い方 「(車に対しての) 歩行者」の意味です。The sidewalk was crowded with pedestrians.「歩道は歩行者であふれていた」。「歩行者天国」は、a pedestrian précinct と言います。

ONE POINT ついでに暗記！ a crósswalk「横断歩道」、a pedestrian bridge「歩道橋」、an óverhead crossing「立体交差点」、a parking lot「駐車場」。a sídewalk (米)、a pávement (英)「歩道」、a traffic light「信号機」。

390 visible 目に見える 形

/víz(ə)bəl/

覚え方 vis-【見ること】+ -ble【できる】から。

使い方 「目に見える」の意味です。visible to the naked eye「肉眼で見える」、There was a visible change in her attitude.「彼女の態度に、目に見える変化があった」。反意語は invisible です。H.G.Wells の SF 小説 "The Invisible Man (『透明人間』)" は有名ですね。

ONE POINT ついでに édible「食べられる、食用の」、áudible「聞こえる」も覚えておきましょう。an edible mushroom「食用のキノコ」、an edible snail「食用のカタツムリ」。

391 scholarship 奨学金 名

/skɑ́lərʃip/

覚え方 a schólar「学者」は、本来「奨学生」を意味しました。そこに -ship【状態】がついてできた単語です。

使い方 win/get/gain a scholarship to 〜 で「奨学金をもらって〜に通う」の意味です。apply for a scholarship「奨学金を申し込む」、I won a scholarship to Tokyo University.「奨学金をもらって東大に通う」。on (a) scholarship「奨学金で」も重要です。

ONE POINT 「奨学生」は a scholarship student と言います。

392 welfare ①(健康や快適な生活などの)幸福 ②福祉 名

/wélfər/

覚え方 wel-【= well うまく】+ -fare【ラテン語 *faren* 行く】から「うまく行く」が原義。fare「運賃」、farewéll「(よく暮らしなさい！ が語源) 別れ」も同語源の単語です。a farewell party「お別れ会」。

使い方 基本的には「健康+幸福」の意味で、日本語の「福祉」とはちょっと違います。Parents are concerned mainly with their children's welfare.「親の主な関心は子どもの幸福だ」。

ONE POINT ただし welfare services とか welfare programs などの場合には「(何か問題を抱えた人のための)福祉」の意味です。

393 profit　利益　[名]

/práfit/

覚え方 pro- は prógress「進歩」にも見られる【前方】+ -fit【ラテン語 *facere* 作る、行う】から「前進する」→「利益」になりました。

使い方「利益、売り上げ」の意味で使います。Our daily profit is about twenty thousand yen. なら「一日の売り上げはおよそ2万円です」。Our company's profits increased last year to 100 million yen. なら「昨年我が社の利益は1億円にまで増加した」です。「純益(経費などを差し引いた)」は a net profit と言います。なお形容詞形は prófitable「もうかる、有益な」です。

ONE POINT NPOとは a nonprofit organization「非営利組織」です。

394 benefit　〜に利益を与える [動]　恩恵 [名]

/bénəfɪt/

覚え方 bene-【利益】+ -fit【ラテン語 *facere* 作る、行う】から「恩恵を得る」になりました。-fac-、-fic-、-fec-【作る】は頻出でした。

使い方 benefit oneself from 〜「〜から自らに利益を与える」の場合は oneself が省かれて、benefit from 〜で使います。名詞の bénefit は、profit「金銭的な利益」とは違い、「広い意味での利益」の意味です。the benefit from the job は「その仕事から学んだもの」の意味です。形容詞形は beneficial です。

ONE POINT benefits と複数形になれば「手当」という意味になります。retirement benefits「退職手当」。

395 expense　出費、経費　[名]

/ɪkspéns/

覚え方 ex-【外に】+ -pense【吊るす】から。昔、天秤の一方に商品を吊るし、それに見合ったお金をもう片方に吊るして、釣り合ったところで「外(=相手)に対して支払い」をしたことから来ました。形容詞形の expénsive は「費用がかかる」→「値段が高い」です。

使い方「出費、経費」の意味です。add up the expenses「経費を合計する」、calculate the expenses「経費を計算する」、the expense of bringing up children「養育費」、The money will cover all expenses.「そのお金で全ての出費をまかなえます」。

ONE POINT at the expense of 〜「〜を犠牲にして」も大切です。

396 pension 年金 名

/pénʃ(ə)n/

覚え方 a pension も、【ラテン語 *pendere* 吊るす】から来た語です。

使い方「年金、恩給」で使います。「年金をもらう」は receive/draw one's pension です。「厚生年金」は an employees' pension、「国民年金」は a national pension。a pension book「年金手帳」、a pensioner「年金受給者」、a pension plan「年金制度」。After retirement, you have to live on a fixed pension.「退職後は決まった年金で生活しなければならない」。

ONE POINT また a pension は「寄宿費」という意味から「寄宿舎」→「民宿、ペンション（フランス語）」と変化しました。

397 spend ～ (お金、時間)を費やす 動

/spénd/

覚え方 expend の接頭辞が消失した単語が spend です。

使い方 spend +お金+ on ～、で「～にお金を使う」という意味で用います。Billy spent all his money on horseraces.「ビリーは有り金すべてを競馬にはたいた」。spend + 時間+ (V)ing/ 副詞句「(時間)～を…に費やす」も大切です。大事なことは、「何に?」使ったのかです。We spend about one third of our lives sleeping.「私たちはおよそ人生の3分の1を睡眠に費やす」。

ONE POINT「ご予算はおいくらですか」を英語にすると、How much would you like to spend? となります。ズバッと直球ですね。

398 psychology 心理学 名

/saɪkάlədʒi/

覚え方 psycho-【精神】+ -ology【学問】から。

使い方「心理学」の意味です。I studied psychology at Tokyo University.「東京大学で心理学を勉強した」。child psychology「児童心理学」、críminal psychology「犯罪心理学」。「心理、心の動き」でも使います。understand the psychology of ～「～の心理を理解する」。a psychólogist は「心理学者」。psychological が形容詞形です。

ONE POINT a psychoánalyst「心理分析学者」、a psychíatrist「精神分析医[学者]」。

399 range

(種類、数量などの)範囲 名

/réɪndʒ/

覚え方 元は「輪」から来た単語です。
使い方 「ある一定の幅」が基本的な意味です。たとえば his vocal range と言えば「彼の声域」という意味です。a range of 〜で「ある一定の幅の〜」から「様々な〜」という意味です。students from a wide range of backgrounds「様々な家庭環境を持つ生徒たち」。動詞の S range from A to B は「SはAからBの範囲にある」です。an audience ranging from children to elderly people「子どもから老人までの観客」。
ONE POINT 米語では「(通例囲いのない)放牧場」の意味もあります。

400 arrange 〜

〜の手はずを整える 動

/əréɪndʒ/

覚え方 ar-【= ad 方向性】+ -range【フランク語 *hring* 輪】から。a rink「(スケートなどの)リンク」、a ring「指輪」も同語源単語です。
使い方 基本は「〜を配列して並べる」です。arrange the files according to size「大きさによってファイルを並べる」。さらに「(旅行、会議など)の手はずを整える」の意味に発展します。arrange the meeting「その会議の手はずを整える」、arrange for 人 to(V)で「人が〜するように手はずを整えておく」という意味です。名詞形は arrángement です。
ONE POINT 「生け花」は flower arranging です。

401 irritate 〜

(繰り返される動作で)〜をイライラさせる 動

/írətèɪt/

覚え方 irrit-【怒らせる】から。「イライラさせる」と音が似ています。
使い方 「(繰り返される動作で)〜をイライラさせる」の意味です。Her habit of biting her nails irritates me.「彼女の爪をかむ癖は私をイライラさせる」。名詞形は irritátion「苛立ち」。形容詞形は írritating「イライラさせる」です。
ONE POINT 「皮膚や眼などをヒリヒリさせる」の意味もあります。This cream irritated my skin.「このクリームで肌がヒリヒリした」。

402 territory　領土　[名]

/térətɔ̀:ri/

（覚え方）terra が【土地】のことです。the Mediterránean Sea「地中海」とは、「2つの土地の真ん中に位置する海」のことです。

（使い方）日本語の「領土、縄張り」と同じです。forcibly occupy Chinese territory「中国の領土を強制的に占領する」、former British territory「旧英国領」、Dogs mark their territories with urine.「犬は自分の縄張りを小便でしるしをつける」。the issue of the Northern Territories「北方領土問題」。

（ONE POINT）映画の『E.T.』は The Extra-Terrestrial「領土外の生物＝宇宙人」です。

403 arrest ～　～を逮捕する　[動]

/ərést/

（覚え方）a＋子音＋子音（同じ子音）で始まる場合、最初の a ＋ 子音は無視できます。ですから基本は a rest「休息」と同じで、そこから「～の動きを止める」になり、さらに「～を逮捕する」になりました。

（使い方）「～を逮捕する」です。China has arrested four political activists.「中国政府は4人の政治活動家を逮捕した」。「本を万引きしているところを現行犯で捕える」は、catch を用いて、catch ＋ 人 ＋ in the act of shoplifting a book とします。

（ONE POINT）You're under arrest! で「逮捕する!」、「自宅に軟禁される」は be under house arrest、「逮捕状」は an arrest wárrant。

404 restless　(不安や退屈のため)落ち着かない　[形]

/réstləs/

（覚え方）rest-【休息】＋ -less【否定】から。príceless は「値が付けられないほど高い」の意味です。hélpless は「助けることができない」から「無力の」という意味です。

（使い方）「(不安や退屈のため)落ち着かない、そわそわしている」の意味です。The children became restless during the long journey.「その子どもたちは長旅で落ち着きがなくなった」。

（ONE POINT）「落ち着いている」は、stay calm「穏やかでいる」とか、stay cool「冷静でいる」などです。

外来語のスピードチェック60

(✻のついたものは意味に注意)

#	語	発音	品詞	意味
1	appeal to~	/əpíːl/	動	~に訴えかける
2	background	/bǽkgràund/	名	背景
3	weight	/wéit/	名	体重、重さ
4	height	/háit/	名	高さ
5	limit~	/límət/	動	~を制限する
6	aid	/éid/	名	援助
7	tax	/tǽks/	名	税金
8	leisure	/líːʒər/	名	余暇
9	base	/béis/	名	基盤
10	bay	/béi/	名	湾
11	mistake~	/mistéik/	動	~を間違える
12	✻craft	/krǽft/	名	工芸、技術
13	core	/kɔ́ːr/	名	核心
14	terminal	/tə́ːrmən(ə)l/	名	終点
15	join~	/dʒɔ́in/	動	~に参加する
16	display~	/displéi/	動	~を展示する
17	encounter~	/inkáuntər/	動	~に遭遇する
18	companion	/kəmpǽnjən/	名	仲間
19	theme	/θíːm/	名	テーマ
20	mechanism	/mékəniz(ə)m/	名	仕組み
21	crew	/krúː/	名	乗組員
22	✻folk	/fóuk/	名	民衆
23	merchant	/mə́ːrtʃ(ə)nt/	名	商人
24	float	/flóut/	動	浮かぶ
25	✻penalty	/pénəlti/	名	刑罰
26	✻puzzle~	/pʌ́z(ə)l/	動	~を当惑させる
27	combine~	/kəmbáin/	動	~を結合させる
28	convert~	/kənvə́ːrt/	動	~を転換させる
29	appointment	/əpɔ́intmənt/	名	(会う)約束
30	decorate~	/dékərèit/	動	~を装飾する
31	retire	/ritáiər/	動	引退する
32	defense	/diféns/	名	防衛
33	satellite	/sǽt(ə)làit/	名	衛星
34	horror	/hɔ́(ː)rər/	名	恐怖
35	broadcast~	/brɔ́ːdkæst/	動	~を放送する
36	rescue~	/réskju/	動	~を救助する
37	follow~	/fálou/	動	~について行く
38	wipe~	/wáip/	動	~を拭く
39	melt	/mélt/	動	溶ける
40	sweep~	/swíːp/	動	~を掃く
41	tune	/t(j)úːn/	名	旋律、曲
42	span	/spǽn/	名	期間
43	✻parallel	/pǽrəlèl/	名	並行、匹敵するもの
44	charm	/tʃáːrm/	名	魅力
45	barrier	/bǽriər/	名	障害
46	unit	/júːnət/	名	単位
47	ceremony	/sérəmòuni/	名	儀式
48	fever	/fíːvər/	名	熱
49	pause	/pɔ́ːz/	名	休止
50	merit	/mérət/	名	長所
51	gain~	/géin/	動	~を得る
52	assist	/əsíst/	動	手伝う
53	interval	/íntərvəl/	名	間隔
54	bomb	/bám/	名	爆弾
55	✻share~	/ʃéər/	動	~を共有する
56	support~	/səpɔ́ːrt/	動	~を支持する
57	fade	/féid/	動	薄れる
58	chat	/tʃǽt/	動	おしゃべりする
59	editor	/édətər/	名	編集者
60	mental	/méntl/	形	精神の

STAGE 3 〉 離陸

勉強に少し余裕が出てきたかな？ 語源で、単語のイメージがつかみやすくなったのではないだろうか。たとえば、**high-definition TV** は「ハイビジョンテレビ」。define は finish と同語源で、「境界を明確にする」の意味だと覚えておけば、「画像がくっきりとしたテレビ」であることが容易にわかるようになる。define ＝「定義する」なんて丸暗記はもう止めよう。単語の大空へ向かって飛び立て！

405 reflect ～ ①～を反射する ②(on ～)熟考する 〔動〕

/rɪflékt/

覚え方 re-【再び】+ -flect【曲げる】から【曲げ返す】→「反射する」となりました。同語源の a réflex「反射」なども重要。

使い方 「～を反射する」から「～を反映する」になりました。The monkey likes seeing its image reflected in a mirror.「そのサルは鏡に映った自分の像が好きだ」。reflect on ～「～について熟考する」は、reflect oneself on ～「～に関して自らを反射する」→「頭の中で様々な思いが反射されている」から oneself が省略され自動詞の扱いになりました。名詞形は refléction。

ONE POINT on refléction で「よく考えた上で」の意味です。

406 prize 賞 〔名〕

/práɪz/

覚え方 -prehend- は、pre- が【前】+ -hend【hand の変形】→「何かの前に手を差し出す」→「つかむ」の意味に発展しました。この prehend から hend が消失した単語が、a prize「つかむべき対象」→「賞」です。

使い方 「1等賞、2等賞」は first prize/second prize。「特賞」は the grand prize で the をつけます。The grand prize is a trip to Hawaii.「特賞はハワイ旅行です」、win a Nobel Prize「ノーベル賞を受賞する」。また、prize money「賞金」を覚えておきましょう。

ONE POINT 「アカデミー賞」は an Academy Award ですので注意。

407 enterprise ①事業 ②企業 〔名〕

/éntərpràɪz/

覚え方 enter-【中に】+ -prise【つかむ】から「つかみ取る」。何かを始めるために手をグイッと出すイメージです。

使い方 「(冒険的で困難な) 企て、事業」の意味です。a joint enterprise between an American and a Japanese company「日米の会社の共同事業」。「企業」の意味の場合には、形容詞を伴うのがほとんどです。a large enterprise「大企業」、small and medium-sized enterprises「中小企業」、a state-owned enterprise「国営企業」。

ONE POINT 「新しいことをやろうとする精神」の意味もあります。

408 **specimen**　標本、見本　[名]

/spés(ə)mən/

覚え方 spec-【見る】です。a spectator「(スポーツなどの)観客」や、an áspect「(ある一つの)側面」などが同語源。-men は【結果】を示す接尾辞ですから、a specimen「見た結果」が原義となります。

使い方 高級感が漂う単語です。「(動植物の)標本」、「(血液、尿の検査のための)サンプル」そして「見本」の意味で用います。ただし「見本」といっても、研究対象としての見本であって、「商品の見本 (= an example)」の意味ではありません。collect specimens of beetles「カブトムシの標本を集める」。

ONE POINT 「血液のサンプル」は a blood specimen/a blood sample。

409 **despise ～**　～を蔑(さげす)む　[動]

/dɪspáɪz/

覚え方 de-【= down 下に】+ -spise【見る】から「見下げる」。

使い方 hate ～「～を嫌う」を強めた語です。I despise gossip in any form.「どんな形態であれ、人のうわさ話は大嫌いだ」。I despise my neighbors because they are always gossiping.「うちの近所の人はうわさ話ばかりしているから大嫌いだ」。

ONE POINT look down on ～ は「自分のほうが偉いと思って、～を下に見る」の意味です。Mr. Smith looks down on anyone who hasn't had a college education.「スミス氏は大学教育を受けていない者を蔑んでいる」。

410 **species**　(動植物などの)種(しゅ)　[名]

/spíːʃiz/

覚え方 「見ること」から「見方、種類」へと発展しました。spec-、spic-【見る】は非常に大切な語根ですね。

使い方 「(動植物などの)種」の意味です。単数と複数は同形です。C. Darwin の"The Origin of Species"『種の起源』はよく使う表現ですね。endángered species「絶滅危惧種」。

ONE POINT our species で「人類」の意味です。

411 transfer ～　　～を移す、～を転校させる、～を転勤させる　　[動]

/trænsfə́:r/

覚え方 trans-【移す】+ -fer【持ってくる】から、「～を移動させる」。

使い方 「～を移す」が基本的な意味です。transfer 人 to ～ で「人を～へ転勤させる、転校させる」は重要です。Next month I will be transferred to the London branch.「来月ロンドン支店に転勤になります」。「移動する」という意味の自動詞でも使うこともあります。「バスや飛行機の乗り換え」の意味でも使います。その場合の発音は /trǽnsfər/ です。

ONE POINT a tránsfer(student)で「転校生」です。

412 conflict　　(意見、利害などの)対立　　[名]

/kánflìkt/

覚え方 con-【= together 一緒に】+ -flict【叩く】から「互いに叩き合う」というイメージです。同語源の単語は inflíct「(中を叩くから)(打撃、苦痛などを)与える」、afflíct「(af- は無視)(病気などが)～を苦しめる」があります。

使い方 「(意見、利害などの)対立」や「(心理的な)葛藤」でも使います。a conflict between the two parties「2つのグループの間の対立」。The conflict in the Middle East has lasted for years「中東の対立は何年も続いている」。動詞は conflict/kənflíkt/ 。

ONE POINT in conflict with ～「～と対立して」も重要。

413 relieve ～　　～を軽減する、～をほっとさせる　　[動]

/rɪlíːv/

覚え方 野球の「救援投手」のことをリリーフと言いますね。出てくると「ほっとする」からでしょうか？

使い方 relieve ～「～を軽減する」の意味です。relieve overcrowding「混雑を緩和する」、relieve the boredom「退屈を紛らわす」、relieve the tension「緊張をほぐす」、relieve the pain「苦痛を軽減する」。また「(人)をほっとさせる」という意味にも使います。We are relieved that you are safe.「君に怪我がなくてほっとしています」。名詞形は relíef です。

ONE POINT 美術の「浮き彫り」も「レリーフ(relief)」です。

414 remote

/rimóut/

遠く離れた　形

覚え方 a remote control「リモコン、遠隔操作器」で有名です。
使い方「(人々が住んでいる地域から)遠く離れた」の意味です。どちらかと言えば「辺ぴな」というイメージの単語です。I sometimes wish I lived in a remote mountain area.「人里離れた山岳地帯に住みたいと思うことがある」。また、抽象的な意味でも使えます。the remote past「遠い過去」、a remote chance「低い可能性」などの使い方もあります。
ONE POINT「遠い」を表す一般的な語は distant、faraway です。

415 stress

/strés/

～を力説する　動
力説、ストレス　名

覚え方【ラテン語 *stringere* 引っぱる】から「緊張させる」→「～にストレスを与える」「聴衆をぐいと引っぱるように力説する」。
使い方 他動詞の「～を力説する」が重要です。同意語の emphasize とほぼ同じように使えます。stress the importance of a well-balanced diet「バランスのとれた食事の重要性を力説する」。名詞も同形の stress で、stress on ～「～の力説」が重要。
ONE POINT「ストレスを感じる」は have stress あるいは feel stressed とします。なお、stress は「内面的な苦痛」ですが、pressure は「外からの圧力」です。

416 distress

/distrés/

苦悩　名

覚え方 dis-【離して】+ -stress【引っぱる】から「心を締めつける」ことが原義。stress は distress の頭音が消失してできた単語です。動詞も同形で「～の心を苦しめる」の意味です。
使い方 distress over/about ～で「～に対して心を痛め、動揺すること」です。Children suffer emotional distress when their parents divorce.「親が離婚すると子どもは精神的な苦痛を経験する」。in distress で「不幸な状態にある」です。
ONE POINT a distress signal は「(船などの)遭難信号」です。

417 evaluate ~ （正しく）〜を評価する　動

/ɪvǽljuèɪt/

覚え方 e-【= ex 外】+ -valuate【= value 価値】から、「あるものの価値を表に出し、どれくらいのものかを判断する」という意味。

使い方 日本語の「評価する」は、「良いものを良いと、また悪いものを悪いと、評価する」という場合と、「高く評価する」の2つの意味を持ちますが、evaluate は前者の意味で用います。evaluate the employee's work「従業員の仕事を査定する」、How highly do you evaluate this thesis?「この論文をどの程度評価しますか?」。名詞形は evaluátion です。

ONE POINT「良いものを良いと評価する」は appréciate ですね。

418 available 入手可能な　形

/əvéɪləb(ə)l/

覚え方 a-【方向性】+ -vail-【= value 価値がある】+ -ble から、元は「価値がある」でしたが、今では「入手可能な」に変わりました。

使い方「手に入る」と覚えてください。訳語は文脈で考えればよいでしょう。This dress is available in all sizes.「このドレスはどのようなサイズでもご用意できます」。Guns are readily available in this country.「この国では銃は容易に手に入る」。Breakfast is available to our guests in the restaurant on the 2nd floor.「宿泊のお客様は、2階のレストランにてご朝食をお摂りいただけます」。

ONE POINT 人 is available. で「人の手があいている」の意味です。

419 courteous 礼儀正しい　形

/kə́ːrtiəs/

覚え方 a court「宮廷（今では主に裁判所の意味）」+ -ous【形容詞語尾】。まるで宮廷の人々のように「うやうやしい」感じです。礼儀正しいホテルマンや宝塚音楽学校の生徒さんのイメージですね。

使い方「（思いやりがあって）礼儀正しい」の意味です。a courteous letter「丁寧な手紙」、a courteous reply「礼儀正しい返事」。The hotel staff are always courteous.「そのホテルの従業員はいつも礼儀正しい」。

ONE POINT「礼儀正しい」を表す一般的な語は políte です。その反意語は rude「失礼な」です。

420 convention ①集会、大会 ②慣習 [名]

/kənvénʃ(ə)n/

覚え方 con-【= together】+ -ven-【来る】から、「みんなが来る」→「集会」。convénient「みんなが来る」→「都合がよい」も同語源。

使い方 「大きな集会=大会、会議」の意味。学会から、ファンの集いまで幅広く使われます。a convention for *anime* fans「アニメファンの大会」。また「大会で決められること」=「慣習、慣行」に発展。Children learn social conventions through playing together.「子どもは一緒に遊ぶことを通して社会の慣習を学ぶ」。

ONE POINT 国家間での「慣行」にも使えます。その場合は「協定、取り決め」という訳です。the Geneva Convention「ジュネーブ条約」。

421 conventional 従来の [形]

/kənvénʃ(ə)n(ə)l/

覚え方 convéntion「慣習」の形容詞形で「従来からある、平凡な、因習的な」というようなマイナスイメージの単語です。

使い方 「昔からあるよね」という感じです。conventional weapons「(核兵器に対して)通常兵器」、a conventional light bulb「(最新のレーザーなどではなく)従来の電球」、conventional phone lines「従来の電話回線」。My mother is very conventional in her views.「母親が随分と伝統とか古いしきたりにこだわっている」。

ONE POINT conventional wisdom は「(実は間違っていることが多いが、みんなが正しいと思っている)社会通念」のことです。

422 advent 到来 [名]

/ǽdvent/

覚え方 ad- は方向性を示す接頭辞で、しばしば無視できました。ここでも無視してください。よって advent は -ven-【来ること】です。同語源の単語は intervéne「(何かと何かの間に来る)介入する」。

使い方 日本語の「到来」とほぼ同じように使えます。await the advent of a new era「新しい時代の到来を待つ」、the advent of spring「春の到来」、the advent of the computer「コンピュータの到来」。The 1980s saw the advent of the Internet.「1980年代にインターネットは到来した」。

ONE POINT the Advent は「キリストの降臨」の意味です。

423 define ～　　～を明確に規定する、～を定義する　動

/dɪfáɪn/

覚え方 de-【= down 強意】+ -fin-【限界、境界】から「境界をはっきりと定めること」。high-definition TV は「くっきりしたテレビ画像=ハイビジョンテレビ」。校庭の土の上に、白線で境界線を描くイメージ。

使い方 Our rights are clearly defined by law.「我々の権利は法律によって明確に規定されている」。define peace「平和を定義する」。なお、define O as C「OをCと定義する」も大切。

ONE POINT 形容詞形は défInite「くっきりした」→「明確な」の意味です。a definite answer「明確な答え」。副詞の défInitely「明確に」は口語では「その通り」で、よく用いられます。

424 infinite　　無限の　形

/ínf(ə)nət/

覚え方 in-【否定】+ -fin-【限界、境界】から「限界がない」→「無限の」。数学の用語では「無限大∞」のことを infinite と言います。

使い方 数量が無限であることを意味します。The universe is infinite.「宇宙は無限だ」。

ONE POINT an infinitive「不定詞」は、「形が無限に変わる可能性を秘めた動詞の形」という意味です。たとえば be は不定詞ですが、is, am being, was, were, been など多彩に変化しますね。

425 confine ～　　～を閉じ込める　動

/kənfáɪn/

覚え方 con-【together →強調】+ -fin-【限界、境界】から「～をある限界内に入れる」→「～を閉じ込める」となります。-fin- は、finish「終える」、a final「決勝」など数多く見られます。

使い方「～をある場所に閉じ込める」という意味から、例文のように「ある状態に閉じ込められる」まで幅広く使える語です。Jim is confined to a wheelchair after the accident.「ジムは事故の後、車いすの生活を余儀なくされている」。

ONE POINT 名詞形の confinement は「部屋に閉じこめること」です。日本語では「監禁、幽閉」ですね。

426 **fuss** 騒ぎ立てる 動

/fÁs/

覚え方 語源不詳で、擬音語とする説もあります。難しいことは考えずに、「言う」の意味の -fa-、-fe- を含んだ conféss、an ínfant などとセットで覚えておくとよいでしょう。

使い方 日本語の「騒ぎ立てる」と同様に、「どうでもよいことに騒ぎ立てる」、「あるものに不要なほど注意を払うこと」という感じです。I wish you would stop fussing.「ギャーギャー言うのはやめてほしい」。

ONE POINT 名詞も同形の fuss です。make a fuss about ～ で「(どうでもよいこと)に騒ぎ立てる」という意味です。Don't make a fuss!「騒ぎ立てるな!」。

427 **candidate** 候補 名

/kǽndədət, -dèɪt/

覚え方 candle「ろうそく」と同語源です。昔、ローマでは選挙に出る人は白い服を着ていたことから。

使い方 a candidate for ～「～の候補(者)」です。たとえば a candidate for the Nobel Prize for chemistry は「ノーベル化学賞候補」で、The candidates are shouting their names and asking for support. は「候補者が自分の名前を大声で叫んで支持をお願いしている」という意味です。

ONE POINT a candidate for ～ で「～になりそうな人／モノ」の意味も持ちます。

428 **interact with ~** ～と交流する 動

/ìntərǽkt/

覚え方 inter-【何かと何かの間】+ -act【行動する】から、「互いに何かを行う」という意味です。

使い方 人+ interact with + 人 は「人と人が話したり、何かを一緒にしたりする」という意味。訳語は文脈によりますが「交流する」は覚えてください。モノ+ interact with + モノ では「相互に作用する」という硬い訳を使うこともあります。The best way to learn English is to interact with native speakers.「英語を学ぶ最善の方法は、英語を話す人と付き合うことです」。名詞形は interáction。

ONE POINT 「押したら押し返される」というイメージの単語です。

429 element

(基本的で重要な)要素　[名]

/éləmənt/

覚え方　「自然界を構成する基本要素(土、空気、火、水)」が元の意味です。そこから「最も重要な要素」という意味になりました。

使い方　「(化学)元素」の意味ですが、もっと一般的に「(基本的で重要な)要素」の意味でも使います。Honesty is a key element of his success.「正直であることが彼の成功の鍵となる要素だ」。

ONE POINT　形容詞形の eleméntary は「初歩的な(←基本的な要素の)」の意味です。an elementary school「小学校」は重要です。

430 bury 〜

〜を埋める　[動]

/béri/

覚え方　発音に注意してください。《bury berries「ベリーを埋める」》と覚えましょう。

使い方　「(人、モノ)を埋める」の意味です。たとえば「水道管が道の下に埋められた」The water pipes were buried under the streets. といった時にも使えます。The treasure is said to have been buried somewhere in the mountains.「その財宝は山のどこかに埋められたと言われている」。名詞形は búrial「埋めること、埋葬」です。

ONE POINT　反意語の「〜を掘り返す」は dig 〜 up です。

431 reputation

評判　[名]

/rèpjətéɪʃ(ə)n/

覚え方　re-【繰り返し】+ -put-【考える】。「また行ってみたくて何度も考える」のイメージです。同語源の単語は a computer です。

使い方　have a good/bad reputation(for 〜)「(〜で)良い／悪い評判だ」で暗記です。The hotel has a good reputation for its view of Mt. Fuji.「そのホテルは富士山の眺めがよいことで評判がよい」。なお「評判の良いレストラン」なら a restaurant with a good reputation です。gain a reputation as 〜 は「〜としての評判を得る」です。

ONE POINT　人を主語にして使うこともあります。

432 enormous

（桁外れに）大きい　　　　　　　　　　　　　　　形

/ɪnɔ́:rməs/

覚え方 e-【= ex- 外】+ norm【基準】ですから「基準を逸脱した」が原義。そこから「桁外れに大きい」となりました。norm の形容詞形 normal「正常な」、およびその反意語 abnórmal「異常な」も重要。
使い方 例を挙げておきます。an enormous crater「巨大なクレーター」、an enormous city「巨大都市」、an enormous animal「巨大な動物」。The pressure on me was enormous.「僕にかかったプレッシャーはかなりのものだった」。
ONE POINT -ous は通例2つ前の母音字にアクセントがありますが、この単語は例外的に -ous の直前にアクセントがあります。

433 momentary

瞬間的な　　　　　　　　　　　　　　　　　　形

/móʊməntèri, -t(ə)ri/

覚え方 a moment「瞬間」の形容詞。-ly ではなくて -ry です。
使い方 a momentary pause「ほんの僅かの間」という「瞬間的な」という意味です。a momentary silence「一瞬の沈黙」、a momentary hesitation「一瞬のためらい」。「間に合わせの」という意味でも用いられます。a momentary lapse in concentration で「一瞬集中力が途切れること」の意味です。
ONE POINT なお moméntous は「（将来に何かの影響を与えるぐらい）重大な」の意味です。a momentous evént「重大な出来事」。

434 firm

堅い、固い　　　　　　　　　　　　　　　　　形

/fə́:rm/

覚え方 a farm は「農場」ですが。
使い方「堅い、固い」の意味では、「青リンゴ」a green apple、「マットレス」a mattress、「地面」ground の固さのような、「完全に固まってはいないが柔らかくはない固さ」の単語に対して使います。さらに「固い決意」は a firm decision、「固い握手」は a firm handshake、a firm belief「固い信念」です。
ONE POINT 名詞の a firm は「（弁護士、デザイナーなどの）法人化されていない共同経営の小さな会社、事務所」の意味です。ただし、しばしば a company の代わりに使われることもあります。

435 confirm 〜　〜を確実なものにする、〜を裏付けする　動

/kənfə́ːrm/

覚え方 con-【= together 強意】+ -firm【堅い】から confirm 〜は「〜を堅いものにする」となります。なお、頻度は低いですが affirm 〜 は af-【= ad 方向性】+ -firm【堅い】から「〜と断定する」です。

使い方「あやふやなものを確実なものにする」という意味。I just want to confirm a few things.「2、3確認しておきたいことがあります」。The results of the experiment confirmed my expectations.「その実験の結果は期待通りだった」、confirm a theory「理論を裏付ける」。confirm the number「番号を確認する」。

ONE POINT confirm our booking なら「我々の予約の確認をする」。

436 negotiate　交渉する　動

/nɪɡóʊʃièɪt/

覚え方 négative「否定的な」と同じ neg-【否定】で始まります。-oti- は【暇】の意味ですから、「暇を与えない」が原義です。「商売で徹底的に話し続けお互い相手に暇を与えない」というイメージ。

使い方 名詞形は negotiátion です。enter into/open the negotiation「交渉に入る」、resume/wrap up/break off the negotiation「交渉を再開する／まとめる／打ち切る」などが大切です。negotiate with terrorists「テロリストと交渉する」。

ONE POINT「厳しい交渉」は a tough negotiation と言います。

437 neglect 〜　〜を放置する　動

/nɪɡlékt/

覚え方 négative は「否定的な」の意味ですが、neglect は neg-【否定】+ -lect【拾い上げる】から、「放置する」の意味になりました。collect「〜を集める」、select「〜を精選する」などが同語源です。

使い方 take care of 〜「〜の世話をする」の反意語だと暗記してください。neglect the duty「義務を怠る」、neglect his ideas「彼の考えを放置する」、neglect the garden「庭を世話しないで放置する」などで使います。名詞も同形です。

ONE POINT「ネグレクト(=子供の世話をしない)」は社会問題になっていますね。

438 **routine** 日課 〔名〕

/ruːtíːn/

覚え方 rout-【= route 道】+ -ine【小さいことを意味する接尾辞】から「いつも通る道」が原義。a route「道、ルート」が同語源。

使い方「型どおりの決まり切った仕事」のことです。水まき、犬の散歩のように、手順がいつも決まっている仕事のことです。Sweeping in front of my house is part of my daily routine.「私の家の前を掃くことは日課の一部です」。

ONE POINT 形容詞も同形の routíne です。a routine job「いつもの仕事」、on a routine basis「いつも通りに」。

439 **solid** 固体 / 固い 〔名〕〔形〕

/sɑ́ləd/

覚え方【ラテン語 *solidus* 固い】から。a soldier「兵士」、solder「はんだ、はんだ付けにする」、solidárity「連帯」も同語源です。

使い方 名詞では「固体」です。形容詞も同形で「(主にプラスイメージの)固い」の意味です。Water changes from a liquid to a solid below zero.「水は氷点下で液体から固体に変化する」。a solid rock「(中身が詰まった)固い岩」、solid evidence「しっかりした証拠」、a solid reputation「信頼できる評判」、solid gold「めっきではない金」。

ONE POINT 反意語は hollow「中が空の」などです。

440 **withdraw ~** 〜を引き揚げる、〜を撤回する 〔動〕

/wɪðdrɔ́ː/

覚え方 draw oneself with ~「自らを〜と一緒に引いて行く」の変形。そこから「〜を引き揚げる」「〜を撤回する」の意味を持ちます。

使い方 まず時事英語では、withdraw the troops「軍隊を撤退させる」が頻出。また withdraw $300 from an ATM「ATMから300ドルを引き出す」など。The minister had to withdraw his previous remark.「その大臣は前言を撤回しなければならなくなった」でも使えます。名詞形は withdráwal です。

ONE POINT 上記のATMは Automatic Teller Machine「現金自動預け払い機」のこと。a téller は「銀行の窓口係、出納係」のことです。

441 outgrow ～　〜から脱皮する　動

/àutgróu/

覚え方　grow out of ～ の変形です。
使い方　outgrow + 服で「服が着られなくなる」の意味です。Young boys outgrow their clothes quickly.「幼い男の子はすぐに服が小さくなる」。また「〜から脱皮する、〜を卒業する」の意味でも使えます。たとえば outgrow chíldish ideas は「子供じみた考えを捨てる」の意味となります。
ONE POINT　「服が小さくなる」を become smaller とは言いません。なお、「服が縮む」は shrink を用います。

442 overtake ～　〜を追い抜く　動

/òuvərtéɪk/

覚え方　take oneself over ～「自らを〜を越えた状態に持っていく」から。なお overthrow ～は throw oneself over ～「〜の上に自らを投げる」→「〜の上を行く」→「(政府など)を転覆させる」です。
使い方　「〜を追い抜く」の意味です。物理的に追い抜くから、「〜を上回る」まで使えます。Economic growth in other rich countries has overtaken the United States this year.「今年、他の豊かな国の経済成長がアメリカを抜き去った」。My taxi overtook a bus on a curve.「僕のタクシーがカーブでバスを追い抜いた」。
ONE POINT　catch up with ～は「〜に追いつく」の意味です。

443 undertake ～　〜を引き受ける、〜を始める　動

/ʌ̀ndərtéɪk/

覚え方　take oneself under ～「自らを〜の下に持っていく」から。なお、undermíne ～は「〜の下を掘る」→「(自信など)を弱める」。
使い方　「〜は自分がすべきことだと認め、それをやり始める」の意味です。日本語では文脈に応じて「〜を引き受ける」「〜を始める」と訳し分ければOKです。目的語には a job「仕事」、research「研究」、a project「計画」などがきます。Baker undertook the task of writing the annual report.「ベーカーは年次報告書作成の仕事に取りかかった」。名詞形は undertáking です。
ONE POINT　「〜に取りかかる」の口語は set about ～ です。

444 **politician**　政治家　[名]

/pəlɪ́tíʃ(ə)n/

覚え方 polit-【都市】+ -ian【人を表す接尾辞】から「都市にいる人」が本来の意味。同語源の単語に políce「警察」があります。

使い方「政治家」を意味する一般的な語です。a local politician「地元の政治家」。Brown is an ambitious young politician.「ブラウンは若くて野心のある政治家だ」。類義語の a státesman は尊敬の対象となりうる「政治家」の意味です。

ONE POINT 米語では否定的な「政治屋」の意味でもよく使われます。

445 **staple ~**　~を綴じる　[動]

/stéɪp(ə)l/

覚え方 事務用品も言えるようにしておきましょう。scíssors「ハサミ」、a lead/léd/「芯」、a paper clip「クリップ」、white-out「修正液」、glue「糊」、a híghlighter「蛍光ペン」、a rúler「定規」、an eráser/a rubber（英）「消しゴム」、a rubber band「輪ゴム」、a tag「付箋」。

使い方 staple ~「~をホッチキスで綴じる」ですから、a stápler はホッチキスです。staple the handouts together「全てのプリントをホッチキスで綴じる」。

ONE POINT 「~を糊で貼り付ける」は paste ~ とします。

446 **conclude ~**　~という結論を出す　[動]

/kənklúːd/

覚え方 con-【= together すべて】+ - clude【= close 閉じる】が語源です。「すべてを閉じる」から「結論を出す」になりました。同語源のものには exclúde ~「(ex-【外】)~を排除する」、inclúde ~「(in-【中】)~を含める」などがあります。

使い方 conclude that SV で「SVという結論を出す」です。We concluded that the factory should be closed.「その工場は閉鎖すべきだという結論を出した」。

ONE POINT 名詞形は conclúsion「結論」です。jump to the conclusion that SV「SVという結論に飛びつく」。

447 include ～　　　～が含まれている　　　〔動〕

/ɪnklúːd/

覚え方 in-【中】+ -clude【= close 閉じる】が語源です。同語源のものには conclúde ～「～という結論を出す」などがあります。

使い方「あるモノの中に～が含まれている」です。「あるモノ」には「仕事／コース／技術／委員会」など無形のものがきます。A be included in ～「～にはAが含まれている」でも使います。Service is included in the bill.「請求書にはサービス料も含まれています」。Tax is not included in this price.「この料金は税別です」。名詞形は inclúsion。

ONE POINT 前置詞の incluíding「～を含めて」も重要です。

448 exclude A from B　　　AをBから排除する　　　〔動〕

/ɪksklúːd/

覚え方 ex-【外】+ -clude【= close 閉じる】から「外に出して戸を閉める」というイメージ。

使い方「AをBから排除する、のけ者にする」という意味です。Nancy was excluded from her group.「ナンシーはグループからのけ者にされた」。形容詞は exclúsive。an exclusive interview「独占インタビュー」。名詞形は exclúsion。

ONE POINT 副詞形の exclúsively は = only と覚えておいてください。These seats are exclusively for elderly people.「この席は老人専用です」。

449 inquire　　　（情報を求めて）尋ねる　　　〔動〕

/ɪnkwáɪə/

覚え方 in-【中】+ -qu【探し求める】から「調べる」。同語源の単語には éxquisite「極めて美しい（ex-【外】+ -qu【= quest 探求】から「外へ探しに行くぐらい素晴らしい」）」があります。

使い方 inquire after ～は「（人）の近況を尋ねる」の意味です。inquire into ～ で「～を詳しく調べる」です。an inquiring mind「探求心」も覚えておきましょう。

ONE POINT 名詞形は inquíry です。a bálance inquiry で「残高照会」の意味。

450 contain ～

(ある有形のモノの中に)～が含まれている　動

/kəntéin/

(覚え方) con-【= together すべて】+ -tain【保つ】が語源です。a contáiner「コンテナ、容器」の動詞形ですから覚えやすいですね。

(使い方) 基本的意味は「(ある有形のモノの中に)～が含まれている」です。This battery contains mercury.「この電池には水銀が含まれている」。「(建物などが)～を収容する」の意味でもOKです。a suitcase containing 20kg of cocaine「20kgのコカインが入ったスーツケース」。This medicine contains various herbs.「この薬は様々な薬草を含んでいます」。

(ONE POINT) 「(感情)を抑える(=封じ込める)」の意味でも使えます。

451 be content with ～

～で満足している　形

/kəntént/

(覚え方) content「(ある容器などを)満たしているもの」から、「心が満たされている」イメージ。

(使い方) be satisfied with the book は「その本の内容に満足している」という意味ですが、be content with the book は「その本が1冊あれば他に何も要らない」というイメージです。その本1冊だけで本当に満たされているわけです。I am content with my life.「人生に満足している」。

(ONE POINT) 名詞の cóntent は「内容」「目次(複数形で)」の意味です。

452 nuclear

核の　形

/n(j)ú:kliər/

(覚え方) nuclear は比較的新しい語で、*nucle*【原子】から来ました。なお「原子核」は a núcleus です。

(使い方) a nuclear power station「原子力発電所」、nuclear energy「核エネルギー」、a nuclear bomb「核爆弾」、a nuclear-powered submarine「原子力潜水艦」、North Korea's underground nuclear test.「北朝鮮の地下核実験」などで使います。

(ONE POINT) a nuclear family「核家族」とは夫婦と、未婚の子どもだけの家族です。

453 tidy　　（机、部屋、庭、家などが）キチンと片づいた　　[形]

/táɪdi/

(覚え方)【ラテン語 *tidi* 時を得た】から「タイミングのよい時にキチンとしている」。tide「潮」も同語源です。Time and tide wait for no man.「歳月は人を待たず」は有名な諺ですね。
(使い方) keep ~ tidy で「~をこぎれいにしておく」です。動詞も同形です。Tidy your desk!「机を片づけなさい！」。tidy up the office「オフィスを片づける」。neat とほぼ同じ意味ですが、tidy は主にイギリス英語です。My room is always neat and tidy.「僕の部屋はいつもきれいに片づいている」。
ONE POINT 「（部屋などが）散らかっていること」は a mess です。

454 fulfill ~　　~を果たす　　[動]

/fʊlfíl/

(覚え方) ful-【一杯】+ fill【満たす】から。
(使い方) 目的語には「願望(one's hope/wish/ambition/dream)」や、「義務(one's duty/obligation)」あるいは「必要とされるもの(requirements)」などがきます。fulfill one's duty「義務を果たす」、名詞形は fulfillment です。
ONE POINT a fulfilling life なら「充実した人生」です。

455 pursue ~　　~を追い求める　　[動]

/pərsúː/

(覚え方) pur-【= pro 前方】+ -sue【ついて行く】→「~を追いかける」。-sue- は -seq- と同じで、a cónsequence や séquence も同語源。
(使い方) pursue a fox「キツネを追いかける」といった文字通りの意味から、pursue a career as ~「~としての仕事を続ける」、pursue fame/happiness/pleasure/a goal「名声／幸福／喜び／目標を追い求める」といった抽象的なものまで使えます。名詞形の pursúit を用いた in pursuit of ~「~を追跡中」は重要です。また in hot pursuit of ~ となると、警察と犯人のカーチェイスのイメージです。
ONE POINT 「追っかけ（熱狂的な女性ファン）」は a groupie です。

456 suitable 適した 形

/súːtəb(ə)l/

覚え方 suit-【= sue ついて行く】+ -able【できる】から「ついて行くことができる」が原義。そこから「あるモノがあるモノについて行くことができる」から「適した」に。sue ~「~を告訴する」が同語源。

使い方 日本語の「適した」と同様、幅広く使えます。a suitable playground for children「子供の遊び場としてうってつけの場所」、This English grammar book is suitable for beginners.「この英文法書は初心者に適している」。

ONE POINT 動詞形の suit は、「~に適する」という意味です。This coat suits you well.「このコートはきみによく似合っているよ」。

457 financial 財政に関わる 形

/fənǽnʃ(ə)l, faɪ-/

覚え方 fin- は【限界】から、「お金による決着」にまで意味が発展します。支払いは普通最後に行うからでしょうね。そこから a fine「罰金」、finance「財政」が登場しました。

使い方 finance が「~に融資する」「財務」という意味で、その形容詞形が fináncial「財政に関わる」です。a financial crisis「財政危機」、a financial institution「(銀行などの)金融機関」。副詞形は fináncially。「財政的に援助する」なら help ~ financially となります。

ONE POINT 「会計年度」は、a fiscal year[英 a financial year]です。

458 abundant 豊富な 形

/əbʌ́ndənt/

覚え方 ab-【= away】+ -unda-【ラテン語 *rundae* 流れる】から、「豊富にあって流れ出る」というイメージ。redúndant「冗長な」は re-【再び】から「何度も波打つ」が原義。

使い方 「豊富に存在する」の意味です。abundant evidence to support the theory「その理論を支える十分な証拠」のように使います。S be abundant in ~「Sは~が豊富だ」。Canada is abundant in natural resources.「カナダは天然資源が豊富だ」。abúndance が名詞形。

ONE POINT rich の難しい言い方だと覚えておけばいいでしょう。

459 severe ひどい 形

/sɪvíər/

覚え方 se-【= side 脇に】+ -vere【= very まことの】ですから、「まことから離れる」→「とても信じられない」が原義です。そこから「信じられないほど悪い」というマイナスイメージになりました。

使い方 severe injuries「ひどい怪我」、severe weather「ひどい天気」、severe damage「ひどい損害」、a severe drought「ひどい干ばつ」、severe criticism「辛辣な批判」。副詞形は sevérely です。Dale was severely scolded for cheating.「デイルはカンニングをしてひどく叱られた」。

ONE POINT strict「(規則などに)厳格な」とは区別してください。

460 persevere (困難にもめげずに)がんばり通す 動

/pə̀ːrsəvíər/

覚え方 per-【= through ずっと】+ severe【厳しい】から「不屈の努力」のイメージです。

使い方 「(困難にもめげずに)がんばり通す」という意味です。しばしば persevere with 〜 で用います。Physics is a difficult subject, but if you persevere with your studies, I'm sure you'll do well.「物理は難しい科目だが、必死にがんばれば、必ずできるようになるよ」。名詞形は persevérence。

ONE POINT 日常語では work hard/try one's best などで十分です。

461 discipline ①しつけ ②(学問の)分野 名

/dísəplən/

覚え方 a discíple は「弟子、キリストの十二使徒」の意味です。そこから discipline は「弟子を教育し、しつける」のイメージです。

使い方 家庭や会社や軍隊などでの「行動を統制し規律を教えること」=「しつけ」の意味です。さらに「自らのしつけ」から「自制」の意味にまで発展します。他動詞は「〜をしつける」の意味です。Different cultures have their own ways of disciplining children.「子どものしつけの方法は文化によって様々だ」。

ONE POINT 名詞 a discipline で「大学で学ぶような学問の一分野」の意味を持つのは、語源の「教えること」が影響しています。

462 **document** (正式な)文書 [名]

/dάkjəmənt/

覚え方 doc-【ラテン語 *docere* 教える】は、a doctor「教える人→医師、博士」で有名です。a document は「人に立証する(=教える)ために提出した書類」が語源です。a documentary film「記録映画」もこの単語の派生語です。

使い方「正式な文書、書類」の意味で用います。histórical documents「古文書」、forge a document「文書を偽造する」、sign an official document「公式書類に署名する」。

ONE POINT 動詞の dócument 〜 は「〜を記録として残す」の意味。

463 **doctrine** (宗教上の)教義 [名]

/dάktrən/

覚え方 doc-【ラテン語 *docere* 教える】から「教えたもの」。a doctor は本来「教える人」の意味です。

使い方「(宗教上の)教義」の意味です。Buddhist doctrine「仏教の教義」、Islamic doctrine「イスラムの教義」。「(学術上の)学説」という意味でも用います。

ONE POINT 米語では「(外交政策上の)基本方針」という意味でも使います。the Truman Doctrine「トルーマン・ドクトリン」は、ギリシア、トルコの共産主義化を阻止するとの決意を表明したもの。

464 **regardless of 〜** 〜とは無関係に [副]

/rɪgάːrdləs/

覚え方 regard-【見る】+ -less【否定】から。of は目的語を示す働きで、「〜のほうを見ないで」→「〜とは無関係に」となります。

使い方 regardless of 〜 の「〜」には無冠詞単数名詞、あるいは one's 単数名詞がくるのが普通です。regardless of age, sex, and nationάlity「年齢、性別、国籍とは無関係に」。また、I'd go there, regardless of what you think.「君の考えなどとは無関係に私はそこへ行くだろう」という形でも使えます。

ONE POINT regard 〜 の基本が「〜を見る」だと分かればOKです。

465 citizen 　　市民、(国政に参与する権利を有する)国民　[名]

/sítəz(ə)n/

覚え方　【ラテン語 *civis* 市民】から。

使い方　a citizen は「市民」が定訳ですが、これは「(国政に参与する権利を有する)国民」のことです。「京都市民」などの「市民」の意味でも使いますが、基本的には「国民」の意味です。Parents should teach their children to be good citizens.「親は子供に良き市民になるように教えるべきだ」。Decent societies have decent citizens.「まともな社会には、まともな市民がいる」。

ONE POINT　cítizenship「市民権(ある国に属する権利)」。

466 architecture 　　建築　[名]

/ɑ́ːrkətèktʃər/

覚え方　arch-【主要な】+ -tect-【= tekton 大工】から「主要な建築者」から発展しました。同語源の単語は、a technique「技法」があります。

使い方　原則として不可算名詞です。study architecture「建築(学)の勉強をする」、modern architecture「現代の建築」、Gothic architecture「ゴシック建築」、「建築家、設計者」は an árchitect です。a book on the architecture of Spain「スペインの建築に関する本」。

ONE POINT　「木造建築(物)」は a wooden building です。

467 duplicate ~ 　　(鍵、ビデオ)の複製品を作る　[動]

/d(j)úːplɪkèit/

覚え方　du-【ラテン語 *duo* 2つの】+ -pli-【折り曲げる】→「2つに折る」からできた単語です。a duet「デュエット」、deuce「ジュース(勝つには続けて2ポイントとる必要がある)」などが同語源です。

使い方　「(鍵、ビデオ)の複製品を作る」という意味です。A cell duplicates itself by dividing into two halves.「細胞は2つに分かれて複製される」。The video was duplicated illegally.「そのビデオは不法にダビングされたものだ」。名詞も同形で「複製品、(契約書などの)控え」の意味です。

ONE POINT　a dúplicate key で「合い鍵」です。

468 **masterpiece** 傑作 〈名〉

/mǽstərpìːs/

覚え方 master【= *meister* 独語マイスター、親方】+ piece【部分】から「親方が作ったもの」。そこから「傑出した作品」になりました。"Mona Lisa" は Leonardo da Vinci's masterpiece です。

使い方 a work「作品」と同様に可算名詞です。「〜の作品」という場合には of 〜ではなく、動作主を示す by 〜を使います。This print is a masterpiece by Utamaro.「この版画は歌麿の傑作だ」。

ONE POINT 「駄作」は a poor work あるいは trash「ゴミ」です。

469 **secondhand** 中古の 〈形〉

/sék(ə)ndhænd/

覚え方 直訳「2番目の手」です。この hand は「持ち主」の意味です。次の例も参考にしてください。This house has changed hands several times.「この家の所有者は何回か替わっています」。

使い方 secondhand books で「古本」です。日本語の「リサイクルショップ」は、a secondhand shop と言うことに注意してください。なお、「リサイクルする」は recycle で十分に通じます。Plastic bottles can be recycled into clothing.「ペットボトルは服にリサイクルできる」。

ONE POINT secondhand は、さらに「間接的な」という意味でも使われます。secondhand information なら「間接的な情報」です。

470 **structure** (モノの)構造 〈名〉

/strʌ́ktʃər/

覚え方 【ラテン語 *struere* 築く】から。a straw「麦わら」の stra- は【拡げる】という意味ですから、「拡げて敷き詰めるもの」が原義でした。stra- はさらに stru- に変化し、それに伴い「拡げる」→「築く」と変化し、そこから a structure「構造、構造物」が生まれました。

使い方 「モノの構造、構造物」が基本的な意味です。the structure of the brain「脳の構造」、the molecular structure of DNA「DNAの分子構造」。さらに、the British class structure「イギリスの階級構造」などでも使用できます。

ONE POINT 「リストラ」は、restructuring で「組織の再編」の意味です。

471 construction　建設　[名]

/kənstrʌ́kʃ(ə)n/

覚え方 con-【= together 集めて】+ -stru-【= *struere* 築く】から「部品を集めて組み立てる」の意味です。

使い方 the construction of the road「道路の建設工事」、construction workers「建設作業員」、a construction site「建設現場」。数学の幾何の「作図」は a construction。The new city hall is under construction.「新しい市役所が建設中です」。動詞の constrúct は「(build 〜 より大きなもの)を建設する」の意味から「(理論など)を組み立てる」まで。

ONE POINT 形容詞形 constrúctive「建設的な(意見、批判)」も重要。

472 industry　①工業　②(the 〜 industry で)〜産業　[名]

/índəstri/

覚え方 indu-【= in 中に】+ -str-【築く】から「建物の中でコツコツと働く」→「勤勉」。産業革命以降、「工場での生産」→「〜産業」の意味に発展。現在では「勤勉」の意味はまれです。

使い方 基本的には「工場での生産」の意味です。the 〜 industry なら「〜産業、〜業」と訳します。the gárment industry「アパレル産業」、the tourism industry「観光産業」、the Information Technology industry「IT産業」。

ONE POINT 形容詞形は indústrial です。the Keihin Industrial Zone「京浜工業地帯」、the Industrial Revolution「産業革命」。

473 intimate　親しい、詳しい　[形]

/íntəmət/

覚え方 inter-【内の】の最上級 *intimus*「最も内部の」から。

使い方「(身内だけで、小ぢんまりして)親しい」が基本的意味です。the intimate atmosphere of the small pub「その小さなパブのくつろげる雰囲気」。さらに「詳しい」という訳も可能。Tom has an intimate knowledge of the area.「トムはその分野に詳しい」。have an intimate understanding of 〜「〜を深く理解している」。名詞形は íntimacy。

ONE POINT「親しい友達」を an intimate friend というとしばしば性的な関係を示唆するため、普通は a close friend と言います。

474 **worth**

〜の価値がある 形
価値 名

/wə́ːrθ/

覚え方 形容詞の場合は、目的語を従えなければなりません。

使い方 形容詞の場合は be + worth + 金額が基本的な用法です。This ring is worth over $2 million.「この指輪は200万ドル以上の価値がある」。さらに、the time「その時間」、the effort「その努力」などを従えます。「とても価値がある」は well で修飾します。

ONE POINT S + be + worth + (V) ing で「SはVする価値がある」の意味です。This music is well worth listening to.「この音楽は十分に聴く価値がある」。

475 **worship**

礼拝する 動
礼拝、崇拝 名

/wə́ːrʃəp/

覚え方 wor-【価値】+ -ship【状態】から「何かに価値を見いだし、それに敬意を持つ」ことです。worth「価値がある」が同語源です。

使い方 日常生活では「礼拝する」の意味が普通です。「神社にお参りする」なら worship at a shrine とします。名詞も同形です。In Islam, idol worship is strictly forbidden.「イスラム教では偶像崇拝は厳しく禁止されている」、hero worship「英雄崇拝」。

ONE POINT a wárship は「軍艦」ですから注意してください。

476 **be reluctant to (V)**

Vすることに気がすすまない 形

/rilʎ́ktənt/

覚え方 re-【= back】+ -luct-【闘う】+ -ant【形容詞語尾】から、「逆らう傾向にある」が原義です。類似の表現には be unwilling to(V) がありますが、reluctant = unwilling and slow のイメージです。

使い方 be reluctant to(V)で「Vすることに気がすすまない」の意味です。名詞の前に置いて使うこともあります。たとえば a reluctant smile なら「作り笑い」です。I was reluctant to get into the black Mercedes-Benz.「黒のベンツに乗り込むのは気が進まなかった」。

ONE POINT 「嫌がってはいたが実行した」ということを言うためには、副詞形の relúctantly を用います。名詞形は relúctance 。

477 sentiment

(国民などの)感情　名

/séntəmənt/

覚え方　sent-が【感じる】こと。resent～「～に憤慨する」やconsent「同意する」などが同語源。

使い方　基本的には正式な場での「感情、意見」の意味。anti-Japan/anti-Japanese sentiment(s)「反日感情」、public sentiment「国民感情」。日常では「感傷」の意味でも使います。

ONE POINT　形容詞形の sentiméntal は「感傷的な」の意味です。say a sentimental goodbye なら、目に涙をためながら「サヨナラ」と言う感じ。大昔、"A Sentimental Journey"「感傷旅行」という歌がありました。

478 resent ～

～を憤慨する　動

/rɪzént/

覚え方　re-【= back】+ -sent【感じる】から、逆向きの感情を表すようになりました。

使い方　「やり場のない怒り」を表す時に使います。「なぜ自分だけ～しなければいけないのかと憤慨する」という状況で使います。resent having to pay a lot of tax「あまりの税負担に憤慨する」。

ONE POINT　名詞形は reséntment、形容詞形は reséntful です。Bob felt resentful at not being promoted.「ボブは昇進しなかったことに憤りを感じていた」。

479 consent

承諾　名
(to ～)承諾する　動

/kənsént/

覚え方　con-【= together 同じ】+ -sent【感じる】から。

使い方　「何かをすることに対する公式的な合意」の意味です。get married without their parents' consént「親の承認を受けずに結婚する」。名詞も動詞も同形です。give one's written consent なら「承諾書を書く」という意味です。「インフォームド・コンセント (informed consent)」は「医師が、治療の前に目的や方法や危険性を患者に説明した上で同意をもらうこと」で有名ですね。

ONE POINT　日本語の「(電気の)コンセント」は an óutlet です。「～をコンセントに差し込む」は plug ～ in、抜く場合は unplug ～。

480 **slave** 奴隷 〔名〕

/sléɪv/

覚え方 中世にスラブ人が奴隷にされていたことに由来します。

使い方 a slave で「1人の奴隷」の意味です。さらに抽象的に a slave to ～で「～の奴隷」の意味です。この to は belong to ～「～に所属する」と同じ to で「所属」を表す働きをします。a slave to money「お金の奴隷」。slávery は「奴隷制度」です。

ONE POINT -y で終わっている名詞はほとんどが不可算名詞です。machínery「機械(全般)」、jéwelry「宝石(全般)」、póetry「詩(全般)」、scénery「(自然の)景色」。a dictionary「辞書」は例外的な存在です。

481 **achieve ～** ～を達成する 〔動〕

/ətʃíːv/

覚え方 a-【= ad 方向性】+ -chief【頭】から「上の方に向かう」。chief「主な」、a chef「シェフ」などが同語源の単語。

使い方 「ある基準にまで上昇して達する」という意味です。目的語には a goal/an aim「目標」、success「成功」、a good result「よい結果」、equality with men「(男との平等→)男女平等」などです。achieve her goal of becoming an astronaut「宇宙飛行士になる目標を達成する」。

ONE POINT 名詞形の achíevement「達成」「業績」は訳語に注意してください。

482 **mischievous** いたずらな 〔形〕

/místʃəvəs/

覚え方 mis-【マイナス】+ -chief【頭→端→終わり】から「マイナスの結果になること」が原義です。「シェフ」も同語源です。

使い方 míschief は「(主に子供がやる)いたずら」の意味の通例不可算名詞の単語です。get into mischief で「いたずらする」の意味。その形容詞形が míschievous です。Mischievous children are sometimes cute.「いたずらな子どもは時にかわいらしい」。

ONE POINT with a mischievous smile なら「いたずらっぽい笑みを浮かべて」です。

483 acknowledge ~ (自分の過失など)を認める 動

/æknɑ́lɪdʒ/

覚え方 ac-【= ad 方向性】+ knowledge【know の名詞形】から、「~を知る」が原義ですが、《「悪の理事」と認める》で暗記。
使い方 acknowledge ~「~を認める」。主に「自分の過失／重要性を知って認める」という意味です。The Prime Minister acknowledged defeat in the election.「首相は選挙での敗北を認めた」。名詞形は acknówledgement です。なお、acknowledge the help/support of ~ は「~の助け／援助の重要性を認め感謝する」という意味です。
ONE POINT 「~を認める」という意味では admit と同意語です。

484 ultimate 最終的な 形

/ʌ́ltəmət/

覚え方 ultim-【最終の】+ -ate【形容詞語尾】。ultra-【超】も同語源です。
使い方 a goal/a púrpose/an aim などの「目的」を表す単語と結びつき「最終的な(=大きくて最も重要な)」の意味です。an ultimate outcome なら「最終的な結果」の意味です。Our team's ultimate goal is to gain promotion to "J1".「わがチームの最終目標はJ1昇格です」。the ultimate goal of this rule「この規則の究極の目標」。副詞形は ultimately です。
ONE POINT ultravíolet rays は「紫外線」です。

485 budget 予算 名

/bʌ́dʒət/

覚え方 budg-【革袋】+ -et【小さい】から「財布」が原義です。
使い方 「(国家規模の)予算」から「(家庭内の)予算」まで幅広く使えます。defense budget「防衛予算」、a project with a budget of $10 million「1000万ドルの予算のプロジェクト」、balance the budget「収支のバランスをとる」、draw up a national budget「国の予算を編成する」、cut the mílitary budget「軍事予算を削減する」。
ONE POINT 「家計を切り詰める」は cut down one's budget です。

486 **synthetic** 合成の 　形

/sɪnθétɪk/

覚え方　syn-【同じ】+ -the-【置く】から「統合すること」。a sýnthesizer「シンセサイザー（音を統合するもの）」、sýmpathy「同情」、a sýnonym「類義語」、a theme「テーマ（置かれたもの）」などが同語源。

使い方　synthetic は「合成の」です。たとえば synthetic detergent「合成洗剤」、synthetic fibers「合成繊維」（⇔ natural fibers）、synthetic rubber「合成ゴム」など。名詞形は sýnthesis「統合」です。動詞形は sýnthesize ～「(化学物質など)を合成する」。

ONE POINT　synthesis of Buddhism and Shinto なら「神仏習合」。

487 **analysis** 分析 　名

/ənæləsəs/

覚え方　ana-【上に】+ -ly-【ギリシア語 *luein* ゆるめる、分解する】から「遡って分解する」が原義です。「アナリスト(analyst)：分析する人」は、もはや日本語になっていますね。

使い方　「分析」の意味です。an analysis of DNA なら「DNAの分析」です。do [carry out] an analysis で「分析する」です。動詞形は ánalyze。analyze + data/a problem/the evidence「データ／問題／その証拠を分析する」。複数形は analyses/ənǽləsìːz/ で、発音に注意。

ONE POINT　in the last [final/ultimate] analysis で「結局のところ」。

488 **paralyze ～** ～を麻痺させる 　動

/pǽrəlàɪz/

覚え方　para-【横に】+ -ly-【ギリシア語 *luein* ゆるめる、分解する】から、「ゆるめて取り去る」→「不能にさせる、麻痺させる」。a parámeter「媒介変数」が同語源です。

使い方　「(身体)を麻痺させる」から「(政治、経済、交通)を麻痺させる」まで幅広く使えます。His right arm was paralyzed.「彼の右腕は麻痺していた」、The economy was paralyzed.「経済が麻痺していた」。名詞形は parálysis です。

ONE POINT　「足が痺れた」は、My legs have gone to sleep[gone numb].です。numb/nʌm/は「寒さでかじかむ」の意味でも使用可。

489 **loyal** 忠実な [形]

/lɔ́ɪ(ə)l/

覚え方 【ラテン語 *legalis* 法に従う】から「神に忠実に従う」が語源。
使い方 be loyal to ~ で「~に忠実である」という意味。be loyal to the team「チームに忠実である」。名詞の前につけて a loyal supporter of the team「そのチームの忠実なサポーター」などでも使えます。名詞形は lóyalty で、show loyalty to ~ で「~に忠誠を示す」、pledge loyalty で「忠義を誓う」です。
ONE POINT　LとRの発音が悪いと royal「王室の」と間違われてしまうかもしれません。妥協せずしっかりと発音してください。なお、the royal family で「王室」の意味です。

490 **property** ①財産 ②特性 [名]

/prápərti/

覚え方 ホーム・ページの「プロパティ (property)」とは、「属性」の意味です。本来 property は「(集合的に)財産」の意味で、物質などの「属性」という意味にまで発展します。
使い方 「財産、所有物」の意味では不可算名詞です。guests' personal property「ゲストの個人的な持ち物」、a property tax「固定資産税」、intellectual property rights「知的所有権」。
ONE POINT　「(建物を含んだ)所有地、不動産」の意味でも使います。There are several properties for sale in this area.「この地域でいくつかの物件が売りに出されている」。

491 **assemble ~** ~を組み立てる [動]

/əsémb(ə)l/

覚え方 as- 方向性を示す接頭辞 + -semble【ラテン語 *similis* 同様の】から、「ある場所に似た人たちを集める」という意味。
使い方 「(機械など)を組み立てる」の意味が基本。さらに「集まる」でも使用可。All the students assembled in the gym.「全校生徒が体育館に集まった」。Thousands of cars are assembled in China every day.「毎日何千もの車が中国で組み立てられている」。
ONE POINT　名詞形は assémbly で、the freedom of assembly「集会の自由」、an assembly line「(組み立ての)流れ作業」などで使います。なお「(国連)総会」は the General Assembly と言います。

492 resemble ~　～に似ている　動

/rɪzémb(ə)l/

覚え方　re-【再び】+ -semble【ラテン語 similis 同様の】ですが、ここでの re- は強調の意味合いを持ちます。

使い方　他動詞であることに注意してください。Brian closely resembles his twin brother.「ブライアンは彼の双子の兄弟にとてもよく似ている」。名詞形は resémblance で、bear a…resemblance to ～「～に…なぐらい似ている」という形で頻出です。

ONE POINT　類語の take after ～は「(遺伝的に、目上の)～に似ている」という意味ですが、resemble に比べ、使用範囲がせまい語です。

493 resume ~　(中断していたもの)を再開する　動

/rɪzúːm/

覚え方　re-【再び】+ -sume【取る】から「再び取る」が直訳です。

使い方　「(中断していたもの)を再開する」という意味です。We resumed the meeting at seven o'clock in the evening.「その会議は午後7時に再開された」。China resumed sovereignty over Hong Kong in 1997.「中国は1997年に香港の統治権を取り戻した(＝再開した)」。自動詞でも使えます。The trial resumed at two o'clock in the afternoon.「その公判は午後2時に再開した」。

ONE POINT　「(出産後などに)仕事に復帰する」は、resume work と言います。

494 presume ~　(根拠なく)～を推定する　動

/prɪzúːm/

覚え方　pre-【= before】+ -sume【取る】から「あらかじめ、ある意見をとる」→「(根拠なく)～を推定する」という意味です。

使い方　「根拠なく推定する」というのは assume と同じですが、presume は、pre- より「特に未来のことを(事前に)推定する」場合で用いられます。また assume ほど頻繁には出てきません。I presume that China will become the world's wealthiest country.「中国が世界で最も裕福な国になると思います」。

ONE POINT　presúmably は probably「おそらく」とほぼ同じ意味で、確信度がかなり高い場合に使います。

495 add A to B　　AをBに加える　　動

/ǽd/

覚え方 ad-【方向性】+ -d【サンスクリット *dana* 与える】から、「〜を加える」。同語源の単語には a donor「(臓器などの)提供者」があります。日本語の「旦那」「檀家」も同語源です。

使い方 add A(to B)で「Aを(Bに)加える」。add some water to the soup「スープに水をたす」。S add oneself to 〜「Sは〜に自らを加える」→「〜を増やす」の場合、oneself が省略され S add to 〜となります。Consumption tax adds to the price.「値段には消費税が加算されます」。名詞形は addítion 。

ONE POINT ádditive「添加物」、additive-free foods「無添加食品」。

496 endow A with B　　AにBを授ける　　動

/ɪndáʊ/

覚え方 en-【強意】+ -dow【サンスクリット *dana* 与える】から。donate「〜を寄付する」、a dose「(与えられたもの→)薬の服用量」、an ánecdote「(an-【否定】+ ec-【= ex】から外に与えられることがない→公表されない話)秘話、逸話」などが同語源の単語。

使い方 provide/supply/presént A with B などと同様に、endow A with B「AにB(才能など)を授ける」の形をとります。ただし、普通は受動態の形で使います。Nancy is endowed with a sense of humor.「ナンシーはユーモアのセンスを授けられている」。

ONE POINT endow a hospital「病院に寄付をする」などでも使えます。

497 alert　　警戒している　形
警戒　名

/ələ́ːrt/

覚え方 al-【= all 強意】+ -ert【= erect 立って】から、「見張り台に立つ」が原義です。eréct「直立した」が同語源の単語です。

使い方 「何かに全神経を集中して警戒している」の意味です。stay alert during the class「授業中に集中している」、When walking alone at night, women should be alert.「女性は、夜一人で歩く時には警戒すべきです」。

ONE POINT 名詞では「(空襲、洪水などの)警報」の意味でも使えます。たとえば the bomb alert で「爆弾テロ警報」です。また on high alert は「厳戒態勢で」の意味です。

498 found ～   ～を設立する   動

/fáund/

覚え方 【ラテン語の *fundus* 土地、基礎】から。a fund「資金、基金」、refund ～「～を払い戻す」も同じ語源です。

使い方 「(お金を出して学校、企業など)を設立する」の意味です。found ; founded ; founded の規則変化動詞です。Harvard University was founded in the early 17th century.「ハーバード大学は17世紀初頭に設立された」。

ONE POINT 名詞形は foundátion「基礎、設立、ファンデーション」。たとえば the foundations for the country's economic growth「その国の経済成長の基盤」です。

499 profound   (思想、影響力などが)深い   形

/prəfáund/

覚え方 pro-【前方】+ -found【ラテン語 *fundus* 土地、基礎】から「基礎に向かって行く」→「深い」になりました。

使い方 deep「深い」の硬い表現と覚えておいていいでしょう。a profound sense of guilt「深い罪の意識」。主に「影響力が大きい」の意味で用います。have a profound effect on ～「～に強い影響を与える」。

ONE POINT 反意語は shállow「浅い」です。

500 colleague   同僚   名

/káli:g/

覚え方 col-【= con 共に】+ -league【代表として選ぶ】から。「同じリーグに属する人」と暗記しましょう。a college も同じ語源で、元は「選ばれし学者の団体」の意味です。

使い方 「～の同僚」は a colleague from ～ とします。of を用いないことに注意してください。「同じ高校の生徒」は a student from the same high school と言いますが、これと同じ感覚です。a colleague from work「会社の同僚」。

ONE POINT 「同僚」には a coworker という表現もあります。

501 expose A to B

AをBにさらす 動

/ɪkspóʊz/

覚え方 ex-【外】+ -pose【置く】から、「何かをさらす」。

使い方 expose A to B で「AをBにさらす」という形で頻出。Babies should not be exposed to strong sunlight.「赤ん坊を強い日差しにさらしてはいけない」。さらに A baby is exposed to its mother tongue.「赤ん坊は母国語にさらされる」などでも使えます。赤ん坊が母国語を、無意識のうちにシャワーをあびるように聞いている感じですね。名詞形は expósure です。

ONE POINT 万博はEXPOですが、これは an international exposition の exposítion「博覧会、展示会」の最初の4文字です。

502 impose A on B

AをBに押しつける 動

/ɪmpóʊz/

覚え方 im-【= in- 中】+ -pose【置く】ですから、「何かをグーッと食い込むように押しつける」という感じをつかんでください。

使い方 「(規則や税金など)を押しつける」、さらに「(自分の信念や方針など)を押しつける」という意味になります。しばしば impose A on B 「AをBに押しつける」という形で用いられます。The government imposed a ban on cigarette advertising.「政府はタバコの広告を禁止した」。

ONE POINT 形容詞形の impósing は「自らを押しつける」から、「目立っていて非常に強い印象を与える」。高い建物などのイメージです。

503 oppose～

(計画、提案など)に反対する 動

/əpóʊz/

覚え方 op-【= ob 逆らって】+ -pose【置く】から「自分を～に逆らう立場に置く」→「～に反対する」。suppóse、propóse などが同語源。

使い方 訳語には出てきませんが、「阻止する意図」を含みます。The church oppóses same-sex marriage.「教会は同性による結婚に反対している」。形容詞形は opposed で be opposed to ～「～に反対している」ですが、こちらには「阻止」の意味は入りません。もうひとつの形容詞形の ópposite は、名詞の前につけて「真逆の」です。the opposite direction「反対方向」。

ONE POINT an oppónent は「(試合、議論などの)相手、敵」の意味。

504 disposal

(廃棄物などの)処理　　　名

/dɪspóuz(ə)l/

覚え方 dis-【分ける】+ -pose【置く】ですから、「〜を分けて置く」→「〜をバラバラにする」→「処分する、処理する」と発展します。その名詞形が disposal です。

使い方 基本は「処分」です。waste disposal で「廃棄物処理」です。have A at one's disposal は「Aを自分が処分できる場所に持つ」→「Aを好きなように使う」。You may have my PC at your disposal for a week.「僕のパソコンを1週間好きに使っていいよ」。

ONE POINT 動詞形の dispóse of 〜 は「(毒物などの廃棄が難しいもの)を処分する」という意味です。

505 fatigue

(過労や運動などによる)ひどい疲れ　　　名

/fətí:g/

覚え方【ラテン語 *fatigare* 疲れさせる】から。

使い方「(過労や運動などによる)ひどい疲れ」の意味の不可算名詞です。「肉体疲労」は physical fatigue、「精神疲労」は mental fatigue です。「疲れを癒す」relieve one's fatigue も重要です。My father was pale with fatigue.「父は疲労で青い顔をしていた」。また、metal fatigue と言えば「金属疲労」のことです。

ONE POINT アクセントの位置は uníque「唯一無二の」、picturésque「絵のような」と同じです。

506 literally

文字通りに　　　副

/lít(ə)rəli/

覚え方 a letter「文字」の形容詞形が literal でその副詞形です。

使い方「文字通りに、額面通りに」の意味です。Some people take the Bible literally.「聖書を文字通りの意味でとっている人もいる」。

ONE POINT letter のもう一つの形容詞 líterate「読み書きのできる」および、その反意語 illíterate「読み書きができない」とは区別してください。また literature「文学」の形容詞形は líterary です。形容詞形ですから -ly ではなく -ry で終わっていることにも注意。これは literary works「文学作品」と覚えればよいと思います。

507 exhibition 　展示会　[名]

/èksəbíʃ(ə)n/

覚え方 ex-【外】+ -hibit【持つ】から「外に持って置く」→「置いているものを外に出す」→「〜を展示する」という意味に発展します。a habit「癖」も元は「人が持つもの」という意味です。

使い方 「展示会」「見本市」の意味です。スポーツの世界では「公式競技ではない試合」の意味です。a karate exhibition「空手の模範試合」、an exhibition game「(プロ野球などの)オープン戦」。The art exhibition opens on May 21st.「その美術展は5月21日に始まる」。

ONE POINT 動詞形は exhibit /ɪgzíbɪt/ 〜「〜を示す」で発音注意。

508 prohibit 〜 　(法律や命令などで公的に)〜を禁じる　[動]

/prouhíbɪt, prəhí-/

覚え方 pro-【前方】+ -hibit【持つ】。「人の手の届かない前方に、あるものを置く」から「禁止する」に発展しました。

使い方 「(法律や命令などで公的に)〜を禁じる」の意味です。Traffic is prohibited on this street.「この道路は通行禁止です」、Smoking is strictly prohibited here.「ここでの喫煙は厳しく禁じられています」。1920〜33年のアメリカの禁酒法は the Prohibition と呼ばれています。また、「独占禁止法」は the Monopoly Prohibition Law と言います。

ONE POINT prohibit +人+ from 〜「(人)に〜を禁止する」も大切。

509 compose 〜 　〜を構成する　[動]

/kəmpóuz/

覚え方 com-【= together 一緒に】+ -pose【置く】ですから、「何かを集めて置く」→「〜を構成する」に発展しました。さらに「(音楽、詩など)を創作する」となります。

使い方 compose 〜は「(音楽、詩、スピーチなど)を構成する」という意味ですが、a compóser は「作曲家」の意味が普通です。be composed of 〜 は「〜から構成される」です。Water is composed of hydrogen and oxygen.「水は水素と酸素から成っている」。

ONE POINT write a composition で「作文を書く」という意味です。

510 omit ～　　～を省く　　動

/oumít/

覚え方 o-【= ob- 何かに対して】+ -mit【送る】から「あるべき方向とは逆の方向へ送る」が原義です。

使い方 omit～ from A で「Aから～を省く、含めない」の意味です。「すでにあるものを削除する」のではなくて、「最初から含めない」という意味です。Brian's name was omitted from the list.「ブライアンの名前はリストから外された」。Sex education was omitted from the school's curriculum.「性教育はその学校のカリキュラムには含められなかった」。名詞形は omíssion です。

ONE POINT 「あとで～を削除する」は elíminate です。

511 commit ～　　～を送る　　動

/kəmít/

覚え方 com-【= together 一緒に】+ -mit【送る】から「送る」。commit oneself to a crime「犯罪に自らを送り込む」→「罪を犯す」から oneself to が省略され commit a crime となります。

使い方 commit「～を送る」と覚えていれば、何とか意味を推測することは可能です。commit troops to the front「軍隊を前線に送る」、commit powers to the governor「権限を知事に委託する」、commit A to memory「Aを記憶に送る」→「Aを記憶に留める」。

ONE POINT 「～を犯す」の commit は、a crime 以外にも、a sin「罪」、suicide「自殺」、an error「間違い」などが目的語にきます。

512 committee　　委員会　　名

/kəmíti/

覚え方 commit【委ねる】+ -ee【～される人】から「委ねられる人」。-ee で終わる単語は an employée「雇われている人」が有名です。

使い方 「何かの仕事をするために選ばれた人々の集団」という意味で、普通、「委員会」と訳します。a budget committee「予算委員会」、a standing committee「常任委員会」、a committee decision「委員会の決定」。「委員会の一員」は a committee member、または on a committee とします。「委員会の一員だ」という意味です。

ONE POINT 「教育委員会」は a board of education です。

513 transmit ～　(遠くに電波など)を伝える　動

/trænzmít, træns-/

覚え方 trans-【～を越えて】+ -mit【送る】から「遠くに送る」のイメージを持つ語です。

使い方 「～を遠くに送る」から「(知識や文化)を(世代を超えて)伝える」などにも使えますが、現在では「(遠くに電波など)を伝える」の意味が一般的です。Satellites transmit news all around the world.「衛星はニュースを世界中に伝える」。

ONE POINT 「送信」は transmíssion で、「受信」は recéption です。

514 dismiss ～　(意見など)を退ける　動

/dɪsmís/

覚え方 dis-【分ける】+ -miss【-mit の変形：送る】→「バラバラにして送る」から「切り裂いて捨てる」という感じになります。そこから「～を退ける」という訳語が出てきます。

使い方 an idéa「考え」、an opínion「意見」、a críticism「批判」などを「つまらない、くだらない」として「退ける」こと。dismiss A as B「AをBとして退ける」も大切です。dismiss his proposal as unrealistic「彼の提案を非現実的だとして退ける」。名詞形は dismíssal。

ONE POINT 「～を解雇する」で使うこともあります。

515 forbid ～　～を禁止する　動

/fɔːrbíd/

覚え方 前置詞の for ～ は「～に賛成して」ですが、この単語の中にある for- は【= not 禁止】の意味です。そして -bid【命じる】から「禁止を命ずる」→「～を禁止する」になりました。

使い方 Smoking is strictly forbidden in the hospital. なら「病院内では喫煙は厳禁です」です。また、forbid + 人 + to(V)「人が～するのを禁止する」の形でも使います。Tom was forbidden to leave the house as a púnishment. なら「トムは罰として外出を禁止された」です。米語では prohíbit のほうが一般的。

ONE POINT 活用変化 forbid ; forbade ; forbidden に注意！

516 scarce (生活必需品などの供給が一時的に)乏しい 形

/skéərs/

覚え方 【ラテン語 *excerpere* 引き抜く】が語源です。

使い方 「(食糧、金、生活必需品などの供給が一時的に)乏しい」という意味です。戦争中などに入手困難になる、というイメージです。Food and clothing were scarce during World War Ⅱ.「第二次世界大戦中は食糧と衣料が乏しかった」。rare は「(絶対数が少ない、希少価値があるという意味で)まれな」です。名詞形は scárcity。

ONE POINT scárcely は hardly と同様に「ほとんど〜ない」です。

517 maintain 〜 ①〜を維持する ②(+ that SV で)〜を主張する 動

/meɪntéɪn/

覚え方 maintain 〜「〜を維持する」の名詞形の máintenance は「車のメインテナンス(car maintenance)」などでよく使います。

使い方 maintain her current weight of 118 pounds「現在の118ポンドの体重を維持する」。maintain the school building「その校舎を維持する」といった具体的なものから、maintain international peace and security「国際平和と安全を維持する」といった抽象的なものにまで使えます。

ONE POINT maintain that SV となった場合には「SVという意見を維持する」から「SVと(強く)主張する」の意味になります。

518 entertainment 娯楽 名

/èntərtéɪnmənt/

覚え方 entertáin 〜 は enter-【中に迎え入れ】+ -tain【保つ】から「〜を歓迎する」から「〜を楽しませる」へと変化しました。

使い方 「(演芸、余興などの)娯楽」の意味ですから、「娯楽施設(amusement facilities)」の「娯楽」の意味では使えません。an entertainment program「娯楽番組」。

ONE POINT entertáin + 人 + with 〜「人を〜で楽しませる」も大切です。John entertained his children with card tricks.「ジョンはトランプの手品をして子供たちを楽しませた」。

519 obtain ～　(努力の結果、ある技術を駆使した結果)～を得る　動

/əbtéin/

覚え方　ob-【= against ～に対して】+ -tain【保つ】から、「何かにぶつかりながら苦労していく」イメージ。abstáin「(ab-【= away 離れて】から)節制する、(投票を)棄権する」が同語源です。

使い方　get の formal な単語です。「(努力の結果、ある技術を駆使した結果)を得る」という意味です。obtain credit from banks「銀行から信用を得る」。

ONE POINT　形容詞形は obtáinable「入手可能な」です。

520 retain ～　(失うことなく)～を保持する　動

/rɪtéin/

覚え方　re-【= back】+ -tain【保つ】から、「どこかに行ってしまわないように後ろに保つ」イメージをつかんでください。keep の硬い感じと暗記しておいてください。sustáin ～「(sus-【= sub 下】+ -tain【保つ】)を下から支える→～を維持する」が同語源です。

使い方　「～を保持する」の意味です。「なくすことがなく保持する」、「他は変わってしまったが、そこだけは保持している」という感じです。retain the shape of the original「オリジナルの形を保持している」。名詞形は reténtion。

ONE POINT　「なくすことなく保持する」がポイント。

521 exercise ～　(権利、想像力、権力など)を行使する　動

/éksərsàɪz/

覚え方　日本語の「エクササイズ」は「運動、練習」の意味だけですが、英語の exercise は「身体を働かせる」以外にも「想像力などを働かせる」などで使います。

使い方　「(権利、想像力、権力など)を行使する」の意味です。たとえば exercise one's right to freedom of speech「言論の自由の権利を行使する」と使います。exercise leadership なら「指導力を発揮する」です。You have to exercise your imagination.「想像力を働かせなければならない」。

ONE POINT　「運動する」は éxercise か get/take éxercise です。

522 manipulate ～ (世論、株価など)を操作する 〔動〕

/mənípjəlèɪt/

覚え方 mani-【手】+ -pul-【満たす】+ -ate【動詞語尾】から「手を加える」というイメージがつかめればOKです。mánual「マニュアル、手の」、a mánuscript「原稿」などが同語源の単語です。

使い方 元は「(機械など)を操作する」の意味ですが、「(世論、数字、株価など巧妙に)を操作する」でも使えます。manipulate the figures「数字を操作する」、manipulate the statistics「統計を操作する」。manipulate public opinion「世論を操作する」。名詞形は manipulation です。

ONE POINT 「不正を働いている」イメージが強い単語です。

523 manage ～ ①～を操る ②(+ to (V)) V を何とかやり遂げる 〔動〕

/mǽnɪdʒ/

覚え方 【ラテン語 manus 手】から「手綱をさばいて馬を操る」となり、「物事を操る、やり遂げる」→「経営する」に発展。

使い方 「～を操る」が基本的な意味です。manage a soccer team「サッカーチームを操る(=監督する)」、manage one's time「時間を操る=無駄なく使う」。名詞形は mánagement「経営」です。

ONE POINT manage to (V) で「(困難なこと)を何とかやり遂げる」も重要です。We managed to persuade the boss.「上司を何とか説得することができた」。「(過去の1回限りの)～できた」に could を使うことはできず、その代わりに managed to (V) を使います。

524 misuse ～ ～を悪用する 〔動〕

/mìsjúːz/

覚え方 mis-【間違った】+ use【使用】から、「悪用」。

使い方 「(薬物、アルコールなど)～を乱用する」や「(権力、情報など)を悪用する」の意味。misuse one's power「権力を悪用する」、misuse a credit card「クレジットカードを悪用する」。misuse personal information「個人情報を悪用する」、misuse public funds「公金を悪用する」。名詞は misuse /mìsjúːs/ です。

ONE POINT mis- で始まる語は、mistáke A for B「AをBと間違える」、misunderstánd ～「～を誤解している」、mistreát ～「(動物など)を虐待する」など。

525 extra　余分な　[形]

/ékstrə/

覚え方　この単語は extraórdinary (ordinary「平凡な」の反意語)「非凡な」の省略形です。意味も少し変わりました。「(映画の)エキストラ」「(新聞の)号外」も an extra です。

使い方　名詞の前につけて使います。an extra fuel tank「予備の燃料タンク」。an extra number of ～「～の増刊号」。I have one extra ticket for the concert.「そのコンサートのチケットが余分に1枚あります」。We need extra time to complete this task .「この仕事を完成させるのに、もう少し時間がほしい」。

ONE POINT　「追加料金」は an additional charge と言います。

526 flexible　柔軟な　[形]

/fléksəb(ə)l/

覚え方　flex-【曲げる】+ -ble【できる】から「しなやかに曲がる」。fléxtime「フレックスタイム(自由勤務時間制)」なども同語源。

使い方　ゴムなどが「柔軟な」から、考え方が「柔軟な、融通のきく」まで幅広く使えます。David is flexible in his thinking.「デイヴィッドは頭が柔軟だ」。「私たちは～に柔軟に対応します」なら We are flexible about ～ とします。名詞形は flexibílity です。

ONE POINT　反意語は rigid で「硬直した、柔軟性に欠ける」の意味です。a rigid idea/attitude/policy「柔軟性に欠ける考え／姿勢／政策」。

527 reflexes　反射神経　[名]

/rí:flèksəz/

覚え方　re-【= back 戻る】+ -flex【曲がる】から「さっと元に戻る」というイメージです。

使い方　「ボブの反射神経はよい」は Bob's reflexes are good[quick]. あるいは Bob has good[quick] reflexes. とします。もし「鈍い」なら good の代わりに slow にします。reflexes は「反射神経」の意味では常に複数形ですので注意！

ONE POINT　単数形の a reflex は「反射的行動」の意味で、それが複数形になり「反射神経」になりました。

528 reform

改革 【名】
〜を改革する 【動】

/rɪfɔ́ːrm/

覚え方 re-【= back 戻す】+ form【形】から「形を白紙に戻して再構築すること」が原義です。

使い方 「改革を進める」なら advance a reform とします。「教育改革を行う」は carry out an educational reform、「政治改革」は a political reform、「行政改革」は an administrative reform です。なお、「改革者」は a reformer です。

ONE POINT 「家をリフォームする」は和製英語です。正しくは remódel a house と言います。

529 transform 〜

〜を(大きく)変える 【動】

/trænsfɔ́ːrm/

覚え方 trans-【移動】+ form【形】から「形を変える」の意味です。the transformation of a tadpole into a frog「オタマジャクシのカエルへの変態」などのように「一変」のイメージです。

使い方 「〜を(大きく)変える」の意味です。change より硬い語です。Technology has transformed our way of life.「技術が生活様式を一変させた」。名詞形は transformátion です。たとえば the transformation of the old house into a restaurant は「古い家を改造してレストランにすること」の意味です。

ONE POINT be transformed into a star で「スターに変貌する」。

530 sacrifice

〜を犠牲にする 【動】
犠牲 【名】

/sǽkrəfàɪs/

覚え方 sacri-【神聖な】+ -fice【する、作る】から「〜を神聖なものにする」→「〜を生け贄に捧げる」になりました。a sánctuary「神聖な場所、禁猟区」、fiction「小説」などが同語源。

使い方 日本語の「〜を犠牲にする」とほぼ同義です。野球用語の「犠牲フライ」は a sacrifice fly。また、sacrifice one's life なら「命を犠牲にする」、sacrifice one's individuálity「個性を犠牲にする」の意味です。名詞と動詞は同形。make a sacrifice なら「犠牲を払う」です。

ONE POINT 「〜を犠牲にして」は、at the expense of 〜も可。

531 sacred

神聖な 　形

/séɪkrəd/

(覚え方) sa-、sac- は【神】です。St. Valentine's Day「聖バレンタインデー」の「聖」を表す St. は Saint「聖人、聖者」の略形です。sacred は、古い英語の *sacre*「神聖にする」の過去分詞形です。今では sacre は使われていませんが、過去分詞形の sacred「神聖化された」→「神聖な」だけが残りました。発音には注意してください。

(使い方) The Bible is sacred to all Christians.「聖書はすべてのクリスチャンにとって神聖なものである」。または、Our boss's desk is sacred.「ボスの机は神聖だ」などでも使えます。

(ONE POINT) 「聖戦」は a sacred war です。

532 illusion

(主に自分に関する)錯覚、幻想　名

/ɪlúːʒ(ə)n/

(覚え方)【ラテン語 *ludere* 遊ぶ】から「遊ばれること」→「錯覚を抱くこと」。《猫がイリュージョン》と覚えましょうか?

(使い方)「(主に自分に関する)錯覚、幻想」の意味です。have/cherish the illusion that SV で「SVという幻想を抱いている」、have no illusion about ~「~に関して何の幻想も抱いていない」の意味です。形容詞形は illúsory です。

(ONE POINT) be under the illusion that SV「SVと錯覚する」は暗記。Susan is under the illusion that Duke loves her.「スーザンはデュークが彼女を愛しているという幻想を抱いている」。

533 misleading

誤解を招く　形

/mìslíːdɪŋ/

(覚え方) mis-【間違って】+ leading【導く】から。

(使い方)「間違った印象を与えかねない」という意味です。misleading information なら「誤解を招く情報」あるいは「曖昧な情報」とも訳せます。a misleading article「誤解を招く記事」。

(ONE POINT) mislead「誤解させる」という動詞はあまり使いません。

534 urge O to (V)

/ə́ːrdʒ/

Oに(V)するよう強く言う 動
(強い)願望 名

覚え方【ラテン語 *urgere* 押す】から。《アジ食いたいと強く言う》なんてどうでしょうか?

使い方 動詞は = strongly persuade「強く説得する」と覚えてください。urge + 人 + to (V)の形も重要です。urge her to get in touch「彼女に連絡をくれるよう強く言う」。名詞形の úrge は「自分に〜するよう強く説得すること」から「(強い)願望」という意味です。

ONE POINT 形容詞形の úrgent は「(とても重要なので)急を要する」という意味です。an urgent demand「緊急の要求」。

535 detect 〜

/dɪtékt/

(臭いなど)を検知する、〜を見破る 動

覚え方 protéct「〜を守る」にも登場する -tect は【= cover 覆う】の意味です。de- は【= down 下ろす】ですから、「覆われたものを下ろす」→「(臭いなど)を見破る、検知する」の意味となります。

使い方「見にくい、聞こえにくいものなどに気がつく」の意味。This device can detect changes in temperature as small as 0.05 degrees.「この装置は0.05度という僅かな温度変化を検知することができる」。detect a feeling of guilt「罪を感じているのを見破る」。

ONE POINT a detéctive は「見破る人」→「刑事、探偵」となります。a detective novel/story「推理小説」。名詞形は detéction。

536 incentive

/ɪnséntɪv/

褒美、仕事の励みになるもの 名

覚え方 -cense は【香】で、íncense は「香をたく」。そこから「人の心を焚きつけるもの」の意味。プロ野球の「インセンティブ契約」とは「ホームラン40本打ったらプラスアルファの報酬」の類いの契約のこと。

使い方 a motive は「内面からわき上がる動機」ですが、an incentive は「賞金や手当などの外部から与えられる動機」です。Such a small cash bonus provides little incentive.「そのような僅かばかりのボーナスではがんばろうという気にはならない」。

ONE POINT「報奨金」の意味もあります。a $1,000 incentive「1000ドルの報奨金」。

537 assure A of B　AにBを保証する　動

/əʃúər/

(覚え方) 最初の as-【= ad 方向性】を無視すれば sure「確信している」が見えてきます。sure の動詞形と覚えておけばよいでしょう。
(使い方)「(特に心配している人に対して)大丈夫と言う」の意味です。assure + 人 + of ～ あるいは assure + 人 + that SV の形で覚えておいてください。The doctors assured me that her life was not in danger.「医者は彼女の命に危険はないと僕に言った」。I assure you of this product's quality.「この製品の品質のよさは保証します」。名詞形は assúrance です。
ONE POINT　be assured of は be sure of とほぼ同義です。

538 reassure ～　～を安心させる　動

/rìːəʃúər/

(覚え方) re-【= again】+ assure【保証する】から「繰り返し保証する」→「～を安心させる」の意味になりました。
(使い方) reassure + 人で「人を安心させる」という意味です。My smile reassured her, and she got into my car.「僕がニコッとしたので彼女は安心し、僕の車に乗った」。名詞形は reassúrance です。
ONE POINT　形容詞形の reassuring は「安心させる、心強い」の意味です。a reassuring smile なら「人をほっとさせる微笑み」です。

539 accumulate ～　(長期にわたり徐々に)～を蓄積する　動

/əkjúːm(j)əlèɪt/

(覚え方) ac-【= ad 方向性】+ -cumulate【積み重ねる】から。すこし難しいですが、cúmulative「累積的な」が同語源です。
(使い方)「(長期にわたり徐々に)～を蓄積する」の意味です。accumulate data to prove the theory「その理論を証明するためにデータを蓄積する」。自動詞で「蓄積される」でも使います。Fat tends to accumulate around the hips.「脂肪はおしりのまわりにつきやすい」。名詞形は accumulátion です。
ONE POINT　「蓄積する」だけでなく「(砂が)堆積する」、「(ほこりが)たまる」、「(火山灰が)積もる」など幅広く使えます。

540 **voyage**

(通例長い)船旅、宇宙の旅 [名]

/vɔ́ɪɪdʒ/

覚え方 voy- は via-【道】の変形です。

使い方 基本的には「(通例長い)船旅、宇宙の旅」という意味です。The voyage from Japan to Hawaii used to take one month.「日本からハワイへの航海は、昔は1ヵ月かかった」。また、Writing a biography is a voyage of discovery.「伝記を書くのは発見の旅です」などのように抽象的な意味でも用いることができます。

ONE POINT a journey は「陸の(長い)旅」の意味です。a trip は「旅」を表す一般的な語で、通例、a trip to 場所で使います。

541 **expedition**

(研究、探求、戦争目的の)長旅 [名]

/èkspədíʃ(ə)n/

覚え方 ex-【外】+ -ped-【足】から「足を外に向けること」が原義です。a pédicure「ペディキュア」、a pedal「ペダル」、a peddler「行商人、売人」、a céntipede「百足(ムカデ)」、a pedéstrian「歩行者」が同語源の単語です。

使い方 「(研究、探求、戦争目的の)長旅」の意味です。「遠征する」という場合には make/go on an expedition とします。an expedition to the North Pole「北極点への遠征」。

ONE POINT an expedítion で「探検隊」の意味でも使います。

542 **bribe**

賄賂(わいろ) [名]

/bráib/

覚え方 bread「パン」と同語源。日本でも昔「米=お金」でしたが、英語圏でも「パン=お金」だったようです。なお「花嫁」a bride は、「パンを焼く女」が原義です。

使い方 take a bribe「賄賂を受け取る」、offer a bribe「賄賂を提供する」、give a bribe「賄賂を渡す」も一緒に覚えておいてください。

ONE POINT bríbery は「収賄行為」で不可算名詞です。machínery「機械類」、póetry「詩(全般)」、photógraphy「写真(全般)」などの不可算名詞も -y で終わっていますね。

543 **conscience** 良心 [名]

/kánʃ(ə)ns/

(覚え方) science はラテン語では【*scientia* 知識】。それに con-【= together 集めて】がついて、「知識が集まること」。つまり、知識をつければ心が良くなっていくという意味の語。いい話ですね。

(使い方) 「良心」の意味です。a social conscience「社会的な道義心」、have a clear conscience「心がやましくない」、betray one's conscience「良心を裏切る」。Paul had a guilty conscience after having an affair with his secretary.「ポールは秘書との不倫をした後、良心の呵責を感じた」。

ONE POINT cónscious「意識している」と間違う人が多いですよ!

544 **conscious** 意識のある、分かっている [形]

/kánʃəs/

(覚え方) conscious も【ラテン語 *scire* 知っている】から来ました。

(使い方) 「(病人などが)意識のある」という意味以外にも、be conscious of ~ /that SV で「~を意識している(=分かっている)」の意味でも使います。名詞の前につけて a conscious effort「意識的努力」としても使います。名詞形は cónsciousness、反意語は uncónscious です。The boxer was alive but unconscious.「ボクサーは生きてはいたが意識不明だった」。

ONE POINT 類義語の be aware of ~「~を分かっている、自覚している」は、conscious と違い、「意識のある」という意味では用いません。

545 **billion** 10億 [名]

/bíljən/

(覚え方) 英語では1000以上の数は、末位から3桁ずつの単位に区切って読みます。たとえば39000は39×1000と考えて、thirty-nine thousand と読みます。

(使い方) thousand や million や billion は次のように暗記。

1,000,000,000
 ↑billion ↑million ↑thousand

The earth's population is over six billion.「地球の人口は60億を超えている」。

ONE POINT billions of ~ は「何十億の~」です。

546 **persist in ~**   ~をやり通す   [動]

/pərsíst/

覚え方 per-【= through 最初から最後まで】+ -sist【= stand 立っている】から、「ずーっと立っている」のイメージです。
使い方 persist in ~ で「(困難にもめげず)~をやり通す」というプラスイメージでも、「~に固執する」というマイナスイメージでも使えます。
The old man persisted in smoking even when he was ill in bed.「そのお爺さんは病気で寝ていてもタバコを吸い続けた」。
ONE POINT 形容詞形の persistent は「粘り強い、しつこい」の意味です。persistent efforts「粘り強い努力」。

547 **overcome ~**   (困難、欠点)を克服する、(敵など)に打ち勝つ   [動]

/òuvərkám/

覚え方 over【越えて】+ come【来る】から、「~を乗り越える」。
使い方 「(困難、欠点)を克服する」。Pilots have to overcome any fear of flying.「パイロットは飛ぶことに対する恐怖感を克服しなければならない」。overcome one's shyness「内気なところを克服する」、overcome the problem「その問題を克服する」。「(敵など)に打ち勝つ」の意味でも用いられます。なお come と同様の不規則変化動詞です。
ONE POINT get over ~ のほうが幅広く使えます。たとえば「(病気)に打ち勝つ」は、overcome は不可で、get over を用います。

548 **overwhelm ~**   ~を圧倒する   [動]

/òuvər(h)wélm/

覚え方 -whelm【沈める】から「~を圧倒する」になりました。イナゴ1000匹に取り囲まれるような「圧倒」のイメージです。
使い方 「(感情などが)~を支配し、明晰な思考をできなくさせる」という意味です。たとえば I was overwhelmed by a feeling of homesickness. なら、「ホームシックでどうしようもない状態になった」という感じです。I was overwhelmed by emotions at our graduation ceremony. なら「卒業式で感無量になった」です。さらに「(数量などが)~を圧倒する」でも使います。
ONE POINT an overwhélming majority は「圧倒的多数」。

549 **scenery**

(自然の美しい)風景　　名

/síːn(ə)ri/

覚え方 scenery は、「シーン(scene)」と同語源です。-y で終わる単語は「全体」を表し不可算名詞の扱いです。a poem「1編の詩」、poetry「詩(全般)」、a machíne「1つの機械」、machínery「機械類」。

使い方「(人工的でない)自然の美しい風景全体」の意味です。the scenery of the countryside「田舎の風景」。

ONE POINT「ある1つの景色」は a view を使います。We have a fine view of Lake Biwa from here.「ここから琵琶湖の素晴らしい景色が見える」。また「陸地の自然の風景(画)」は a lándscape です。

550 **view**

(モノの)見方　　名
〜を見る　　動

/vjúː/

覚え方 view は、基本的には「見方、視野」の意味です。re- がついて revíew となると「復習する」の意味です。

使い方 from a 〜 point of view「〜の視点から」は重要です。from a grammatical point of view「文法的な観点から」。他にも one's view of 〜で「〜に対する見方」です。my view of life なら「人生に対する私の見方→私の人生観」です。動詞では「〜を見る」です。

ONE POINT「ある1つの景色」の意味では、have/get a 〜 view of A「Aの〜な景色が見える」が重要。

551 **statistics**

統計　　名

/stətístɪks/

覚え方 statis-【= state 状態】+ -tics【学問を示す】から「ある状態を研究すること」が原義です。

使い方 statistics で複数扱いです。Statistics show/suggest that SV、あるいは according to statistics の形で頻出です。gather/collect statistics「統計を集める」、keep statistics「統計を取る」。Statistics show that younger people prefer soccer to baseball.「統計によると若年層は野球よりサッカーを好むようだ」。

ONE POINT「失業率に関する統計」は、unemplóyment statistics とするか、statistics on unemployment とします。

552 digest ～   (食物、話など)を消化する   動

/dɪdʒést, daɪdʒést/

覚え方 di-【離して】+ -gest【ラテン語 *gerere* 運ぶ】から。congest「(集めて運ぶ→)渋滞させる」、gesture「(運ばれたもの→)ジェスチャー」、suggest「(下に運ぶ→)暗に示す」などが同語源です。

使い方 「(食物など)を消化する」から「(話など)を理解する」にまで使えます。Some babies cannot digest cow's milk.「赤ん坊の中には牛乳を消化できない者もいる」。形容詞形は digéstive、名詞形は digéstion です。help one's digestion「～の消化を助ける」。

ONE POINT 「ダイジェスト(=要約)」は日本語です。

553 exaggerate ～   ～を誇張する   動

/ɪgzǽdʒərèɪt/

覚え方 ex-【外に】+ -ag-【= ad 方向性】+ -ger-【ラテン語 *gerere* 運ぶ】から、「本来あるべきものより外に運ぶ」のイメージ。

使い方 「～を誇張する」で使います。重要性や危険性などを必要以上に誇張する、という意味です。Fred often exaggerates when talking about fish he caught.「フレッドは捕まえた魚について話す時に誇張することが多い」。名詞形は exaggerátion です。

ONE POINT It is no exaggeration to say that SV.「SVと言っても過言ではない」は英作文でよく用いる有名成句です。

554 suggest ～   ①(比較的軽い気持ちで)～を提案する ②～を示唆する   動

/sə(g)dʒést, sədʒést/

覚え方 sug-【= sub 下】+ -gest【ラテン語 *gerere* 運ぶ】から「下へ運ぶ」→「そっと言う」イメージです。

使い方 suggest は「(比較的軽い気持ちで)～を提案する」の意味です。「～を示唆する」の意味でも用います。名詞形は suggéstion です。Do you have any suggestions?「何かいい考えはありますか?」。

ONE POINT suggest to 人 that S + should V (あるいは原形動詞)「人にSはVしたらどうかと言う」は文法問題で頻出。suggest + (V)ing もついでに覚えておいてください。

555 purify ~ ~を浄化する 動

/pjúərəfàɪ/

覚え方 pure【純粋な】+ -fy【動詞化】です。a Puritan「ピューリタン(清教徒)」は有名ですね。

使い方 purify ~「~を浄化する」です。Sumo wrestlers use salt to purify the ring.「力士は土俵を清めるために塩を使う」。名詞形は purification です。a water purification plant「水の浄化設備」。

ONE POINT 形容詞形の pure「純粋な」も重要です。pure white「純白」、pure gold「純金」。反意語は impure「不純な」です。

556 enthusiasm 情熱 名

/ɪnθ(j)úːziæz(ə)m/

覚え方 en-【= in 中】+ -thus【神】+ -iasm【特性】から「心の中に神が取り憑いた状態」が原義です。

使い方 「熱狂」です。「情熱」とか「やる気」とか様々な日本語に訳せると思います。「やる気満々で」は with great enthusiasm とすればOKです。「やる気を見せてみろ！」なら Show your enthusiasm. となります。Although Bob is a beginner, he plays tennis with great enthusiasm.「ボブはテニスの初心者だけど、プレイにかける情熱はすごい」。

ONE POINT 形容詞形は enthusiástic です。

557 female 女性の 形

/fíːmèɪl/

覚え方 male「男性の、雄の」とセットで覚えてください。

使い方 「女性の」「雌の」の意味です。More than half of the staff is female.「スタッフの半数以上は女性です」。Takarazuka musicals attract mainly female fans.「宝塚歌劇に魅了されるのは主に女性ファンだ」。名詞も同形です。

ONE POINT féminine「女性らしい」⇔ másculine「男性らしい」も一緒に覚えておきましょう。a very masculine voice「とても男らしい声」。

558 **resolve ~**   ①~を解決する ②(+ to (V)) Vすることを決意する　動

/rɪzálv/

覚え方 re-【強意】+ solve から。solve「~を解決する」、dissólve「~を溶かす」も同語源の単語です。

使い方 solve より硬い単語です。目的語は solve と同様 a problem、a crisis などをとります。それ以外にも a conflict「対立」、a dispute「論争」なども使えます。resolve to(V)で「(失敗したあと)しようと決意する」という意味でも使います。After the big losses, Mary resolved never to dabble in stocks.「メアリーは大損をした後、二度と株に手を出さないと決意した」。

ONE POINT a resolútion は主に「決議、決議案」の意味で使われます。

559 **absolutely**   絶対に　副

/ǽbsəlúːtli, -́--̀-/

覚え方 ab-【= away 離れた】+ -solute【ラテン語 *solvere* 解放する】から、「離れた所に解放され行動に制限がない」→「絶対的権力」のイメージ。solve ~「~を解決する」が同語源。

使い方 口語でよく用います。Absolutely! といえば「もちろんだよ!」「その通りだよ!」の意味で、not がつくと「もちろんダメ!」の意味です。ábsolute「絶対的な」は普通の文でも用います。A car is an absolute necessity if you live in the country.「田舎に住んでいると車は絶対に必要だ」。反意語は relative「相対的な」です。

ONE POINT simply not「全然~ない」も暗記!

560 **principal**   主な　形
　　　　　　　　　　校長　名

/prínsəp(ə)l/

覚え方 príncple「信念」も principal も共に【ラテン語の *princeps* 1位にランクされるもの】から。prince「王子」もこの語からの派生。

使い方 principal は chief よりも形式張った「第一の」の意味の形容詞。our principal strategy「主な戦略」。また、名詞の意味では「第一」を連想させるもの「校長、社長、(組織の)長」の意味まで持ちます。

ONE POINT イギリス英語では「校長」は a héadmaster です。

561 glory　栄光　[名]

/glɔ́:ri/

覚え方　【ラテン語 *gloria* 大賛辞】から。gl- は光るイメージが多いですね。a glow「白熱光」、gloss「光沢」など。

使い方　「栄光」という意味です。the moment of glory「栄光の瞬間」、future glory「未来の栄光」、past glories「過去の栄光」、bring glory to ～「～に栄光をもたらす」、win glory「栄誉を得る」。形容詞形は glórious です。a glorious achievement「輝かしい業績」、a glorious day「素晴らしい日」。

ONE POINT　ancient Greece in its glory で「全盛期のギリシア」の意味です。

562 awkward　ぎこちない　[形]

/ɔ́:kwərd/

覚え方　awk-【= away ずれた】+ -ward【方向】から「方向がずれている」が原義。báckward「後ろへ」、forward「前へ」が同語源。

使い方　「普通とはズレている」から「(モノや問題などが)扱いにくい、やっかいな」「(人が)不安で当惑している」という意味になります。an awkward situation とは、彼女の誕生日にデートの約束をしていたのに、上司から残業命令が下った、というような状況です。James felt awkward when he asked Kayo out to dinner.「カヨを夕ご飯に誘ったときにジェームズは困ってしまった」。

ONE POINT　an awkward silence は「気まずい沈黙」です。

563 envy ～　～について羨ましく思う　[動]

/énvi/

覚え方　en-【= in 中】+ -vy【= video 見る】から、「ある物事の中を怪しんで見る」が原義です。同語源は vísion「視野」、évidence「証拠」などです。

使い方　envy (+人)～で「～について(人を)羨ましく思う」です。a lifestyle which everyone would envy「誰もが羨むライフスタイル」。形容詞形は be énvious of ～ で「～を羨ましく思っている」。

ONE POINT　jéalousy「ジェラシー、嫉妬」は envy + 怒り、憎しみ。

564 democracy

民主主義　　名

/dimákrəsi/

覚え方 democracy「民主主義」は、demo-【民衆】+ -cracy【統治】から「民衆が統治する政治形態」の意味。epidémic「(epi-【上に】+ -dem-【= demo 民衆】→) 人々に降りかかるもの」→「伝染病」。

使い方 democracy は普通不可算名詞ですが、「民主主義国家」の意味の場合は可算名詞の扱いです。なお「議会制民主主義」は parliamentary democracy。形容詞形が democratic。the Democratic Party「民主党」。「自由民主党」は the Liberal Democratic Party(LDP)です。

ONE POINT a Democrat は「民主党支持者」です。

565 aristocracy

貴族　　名

/ærəstákrəsi/

覚え方 arist-【最上の】+ -cracy【統治】から。同語源の demócracy「民主主義」は、「民衆の統治」が原義。ánarchy「無政府状態」 an-【ない】+ archy【= cracy 政府】→「政府がない状態」→「混乱」。《アリスと暮らす貴族?》という覚え方もあります。

使い方 通例 the をつけて集合的に「貴族」を表します。Foxhunting used to be a pastime of the aristocracy.「キツネ狩りはかつて貴族の娯楽だった」。

ONE POINT an aristocrat で「(1人の)貴族」です。

566 potential

将来〜になるかもしれない(モノ、人)　　形

/pəténʃ(ə)l/

覚え方 【ラテン語 potens/posse 能力がある】から。同語源の単語は、possible「可能な」、power「力」などがあります。

使い方 a potential 〜 で「将来〜になるかもしれない(モノ、人)」の意味です。たとえば meet a potential partner は「結婚を考えてもいい人と出会う」、a potential customer は「お客になってくれそうな人」の意味です。名詞も同形で「潜在能力、可能性」の意味です。

ONE POINT poténtially + 形容詞も重要です。a potentially dangerous situation「危険になりうる状況」。

567 **potent**

強力な 形

/póutənt/

(覚え方) 【ラテン語 *potens/posse* 能力がある】から。反意語ímpotent は日本語になっています(笑)。

(使い方) 「強い影響力を持つ」という意味で、主に薬や細菌に関して用いられます。また、a potent drug「強い薬」、a politically potent issue「政治的に強い影響力を持つ問題」というような文脈でも使用されます。

ONE POINT omnípotent「(omni- すべて)全能の、全能の神」の意味。

568 **foster ~**

(長期にわたってある感情、考え、才能など)を促進する 動

/fástər/

(覚え方) food と同系語で「食事を与える」が原義です。「フォスターペアレント(里親)」は日本語になっています。

(使い方) 「(長期にわたってある感情、考え、才能など)を促進する」です。foster better relations with ~「~とのよりよい関係を促進する」。形容詞として使うと「里親の、育ての親の」、あるいは「里子の」という意味になります。Hundreds of Iraqi children now have foster parents.「里親を持っているイラクの子供は今、何百人もいます」。place ~ in foster care「養護施設に~を預ける」。

ONE POINT 「(短期間だけ)~を預かって養育する」でも使います。

569 **domestic**

①家庭内の ②国内の 形

/dəméstɪk/

(覚え方) 「東京ドーム」の dome は元は「家」。そこで a kíngdom は「王の住む家」→「王国」の意味です。この dome の形容詞形が domestic、なお DV は domestic violence「家庭内暴力」。

(使い方) 基本的には「家庭内の」の意味です。domestic science なら「家庭科」の意味です。また、これがさらに発展して「国内の」の意味にもなります。domestic wine なら「国産のワイン」の意味です。

ONE POINT domesticátion of pigs といえば「豚を家畜にすること」の意味です。一緒に覚えておきましょう。

570 promote ～　(平和、競争など)を促進する　動

/prəmóut/

覚え方 pro-【前進】+ -mote【動き】から「前へ動かすこと」。a promótion video は「販売促進のためのビデオ」です。move「動く」関連の単語は、a mob「暴徒」、an automobile「自動車」、a móbile「(英)携帯電話、モビル」など。

使い方 日本語の「促進する」と同様幅広く使えます。promote peace「平和を促進する」、promote competition「競争をあおる」、promote cooperation「協力を促進する」、promote good health「健康を増進する」。

ONE POINT get promoted で「出世する」です。

571 prompt　(適切で)速やかな　形

/prám(p)t/

覚え方 pro-【前進】からイメージしてください。

使い方 「(適切で)速やかな」という意味です。ただ速いだけではなく適切な時に「パッパッとする」感じです。a prompt response「速やかな反応」。動詞では prompt + 人 + to(V)で「人に〜を促す」から「人に〜を決心させる」の意味です。What prompted you to buy such a showy dress?「どうしてそんな派手なドレスを買う気になったわけ?」。

ONE POINT Try to be prompt. は「時間に遅れないようにせよ」です。

572 explore ～　〜を探検する　動

/ɪksplɔ́ːr/

覚え方 ex-【外へ】+ -plore【大声を上げる】から、「獲物を呼び出す」→「〜を探検する」。implóre「懇願する」も同語源です。今では、Windows Internet Explorer が有名。

使い方 explore ～「〜を探検する」の意味です。explore Mars「火星を探検する」。目的語には a cave「洞窟」や、the moon「月」などをとります。また、a way of ～「〜の方法」や、the possibílity of ～「〜の可能性」を目的語として、「〜を試す」「〜を調査する」などの訳語をあてることもあります。

ONE POINT 名詞形 exploration「探検」も重要です。

573 declare ~　　〜をはっきり述べる　[動]

/dɪkléər/

覚え方 de-【= down 下に】+ -clare【= clear はっきりとした】から、「両手を下にバンッと叩きつけ大きな声ではっきり言う」のイメージ。

使い方 declare 〜で「〜をはっきり述べる」という意味です。Smith declared that he was innocent.「スミスは自分が無実だとはっきりと述べた」。declare war on 〜だと「〜に宣戦布告する」と訳します。名詞形の declarátion「宣言」は、the Declaration of Independence「(アメリカ)独立宣言」で有名です。

ONE POINT 「(税関や税務署で)申告する」でも使います。Do you have anything to declare?「課税品はお持ちですか?」。

574 evolution　　(生物、コンピュータなどの)進化　[名]

/èvəlúːʃ(ə)n/

覚え方 e-【外】+ -vol【回転】から、「回転しながら世の中に出てくる」というイメージです。同語源の単語には a vólume「1巻」、a revolútion「革命(re-【= back 逆】+ -vol-【回転】から、上下が逆転する)」などがあります。

使い方 「(生物、コンピュータなどの)進化」の意味。The evolution of life on earth.「地球の生物の進化」。動詞形は evólve「進化する」。形容詞形は evolútionary「進化に関わる」です。

ONE POINT Darwin's theory of evolution「ダーウィンの進化論」はよく使う表現です。

575 isolate ~　　〜を孤立させる　[動]

/áɪsəlèɪt/

覚え方 isol-【= island 島】+ -ate【動詞語尾】から「島状態にする」→「孤立させる」です。ínsular「島国根性の」、a península「半島」、isolátionism「孤立主義」が同語源。

使い方 isolate A (from B)「Aを(Bから)孤立させる」の意味です。Newly retired people often feel isolated.「定年を迎えたばかりの人はしばしば自分が孤立していると感じる」。「(感染症患者など)を隔離する」でも用います。名詞形は isolátion です。

ONE POINT Dick's car broke down on an isolated country road.「ディックの車は周りに何もない田舎道で故障した」などでも使います。

576 **submit**

①〜を提出する ②(+ to 〜)屈する 【動】

/səbmít/

(覚え方) sub-【下】+ -mit【送る】から、「机の下からこっそり出す」イメージの単語です。a míssile「ミサイル」は同語源の単語です。

(使い方)「(権威のある者に)〜を提出する」の意味です。パスポートの申請書類、辞表、住民票、卒業論文などを「提出する」です。submit one's resignation to one's boss「上司に辞表を提出する」。さらに、submit oneself to 〜 から oneself が脱落して自動詞となり、submit to 〜 で「自らを〜に提出する」→「〜に屈する」となりました。submit to one's fate「運命に身を委ねる」。

ONE POINT 名詞形は submíssion「服従、屈服」です。

577 **emit 〜**

〜を放出する 【動】

/emít/

(覚え方) e-【= ex 外】+ -mit【送る】から、「外に出す」。

(使い方)「(ガス、熱、光、音など)を放出する」の意味です。emit CO_2「CO_2 を放出する」、emit cool light「冷たい光を放つ」、emit a loud cry「大きな叫び声を上げる」。The chimney emitted a cloud of smoke.「煙突からはもくもくと煙が出ていた」。名詞形は emíssion です。

ONE POINT 「CO_2 の放出を削減する」なら cut emissions of carbon dióxide です。1997年に温室効果ガスの削減を取り決めた「京都議定書」は Kyoto Protocol です。

578 **disgust 〜**

〜の気分を著しく害する 【動】

/dɪsgʌ́st/

(覚え方) dis-【分ける】+ -gust【好み、味】から、「味がバラバラになる」→「極めて不快な気分にさせる」に発展しました。discóver 〜「(カバーをバラバラにする)〜を発見する」が同語源。

(使い方) disgust 〜「〜の気分を著しく害する、胸を悪くさせる」という意味です。I was disgusted at 〜「〜でむかついた」という意味です。disgusting は形容詞形で「胸くそが悪い」という感じです。The smell of cigarette smoke is really disgusting.「タバコの煙の臭いは本当に胸が悪くなる」。

ONE POINT 生ゴミとか糞尿の臭いをイメージすればいいと思います。

579 mutual 相互の 形

/mjúːtʃuəl/

(覚え方) mutual は、commúte「通勤する」と同語源です。「行ったり来たり」のイメージをつかんでください。

(使い方)「相互の」の意味です。mutual respect「お互いを尊敬すること」、mutual trust「お互いを信頼すること」などで使います。promote mutual understanding「相互の理解を促進する」。なお、副詞形は mutually「相互に」です。

ONE POINT　mutual bénefit なら「お互いの(ための)利益」の意味です。

580 authority ①権威 ②(複数形で)当局 名

/əθɔ́(ː)rəti/

(覚え方)【ラテン語 *augere* 増やす】から「威厳を増やす」に転じました。同語源の áuction「オークション」は「値をつり上げる(=増やす)」ことから来ています。

(使い方)「権威、権力」の意味です。「権威ある人」の意味でも使います。an authority on Chinese literature「中国文学の権威」。Could I speak to someone in authority?「責任者(=権威ある人)とお話がしたいのですが」。

ONE POINT　the authorities は、「当局(ある国や地域に責任のある人々と組織)」の意味です。the school authorities「学校当局」。

581 substantial (数量が)かなりの 形

/səbstǽnʃ(ə)l/

(覚え方) a substance は「ずっしりと立っているもの→物質」でしたが、この形容詞は「ずっしり」のイメージを持っています。

(使い方)「数量がかなりの」が基本的な意味です。a substantial number「かなりの数」、a substantial breakfast「かなりの量の朝食」、substantial changes「かなりの変化」。A substantial number of houses were damaged by the floods.「かなりの数の家屋がその洪水で被害を受けた」。

ONE POINT　substántially は「かなり」以外に「実質的に」とも訳します。

582 **vehicle** ①乗り物 ②手段 [名]

/víːək(ə)l/

(覚え方) 【印欧(インド、ヨーロッパ)語 *wegh* 荷を運ぶ】から。waves「波」、a wagon「荷馬車」も同語源。これがラテン語では veh 、vi に変化して a vehicle、a vector「ベクトル」が生まれました。

(使い方) 「(エンジンのついた)乗り物」が基本的意味。そこから「(考え、意見を述べるための)手段」という意味に発展しました。Sculpture is the vehicle of my ideas.「彫刻は私の思想を伝達する手段です」。

ONE POINT 発音に注意してください。

583 **volume** ①(全集の)1巻、書物 ②量、ボリューム [名]

/váljum/

(覚え方) vol-【巻く】から来ました。日本語でも「1巻」と「巻」という漢字を使いますね。invólve ~「~を巻き込む」も同語源です。

(使い方) The library has over 10,000 volumes.「その図書館は蔵書が1万冊以上ある」。the fifth volume of the encyclopedia で「百科事典の第5巻」、the volume of traffic で「交通量」、「ボリューム」の意味でも使います。turn down the volume on the TV「テレビのボリュームを小さくする」。

ONE POINT 「体積、容量」も volume を使います。なお「面積」は area です。

584 **involve ~** ~を巻き込む、~を伴う [動]

/inválv/

(覚え方) in-【中に】+ -vol-【巻く】から「渦の中に巻き込む」イメージ。

(使い方) A involve B「AにはBが必要である」の意味です。My job involves meeting a lot of rock musicians.「私の仕事上、多くのロックミュージシャンに出会います」。be involved in ~は「(活動、議論など)~に参加している、関わっている」の意味です。More than ten politicians were involved in the crime.「10人以上の政治家がその犯罪に関与していた」。名詞形は invólvement 。

ONE POINT 「渋滞に巻き込まれる」は自分が原因ではないので be caught in a traffic jam と言います。

585 garbage

（生）ゴミ 〔名〕

/gáːrbɪdʒ/

(覚え方) 「動物の臓物」が語源。
(使い方) 「ゴミ」は英米で異なります。イギリスでは rubbish ですが、アメリカでは「(生)ゴミ」は garbage で、それ以外の小型のがらくたは trash です。いずれも不可算名詞です。separate the garbage according to the type「ゴミを分別する」、take out the garbage「ゴミを出す」、collect the garbage「ゴミを収集する」、throw away garbage「ゴミを捨てる」。また、「粗大ゴミ」は oversized garbage です。a plástic garbage bag「ビニールのゴミ袋」。
ONE POINT 「ゴミ箱」は a garbage can [× box]。

586 diverse

多様な 〔形〕

/daɪvə́ːrs, də-/

(覚え方) di-【= dis 分ける】+ -verse【回る】から「回りながらバラバラになっていく」というイメージです。
(使い方) different よりも硬い語です。diverse cultures「多様な文化」、a diverse range of subjects「広範囲な科目」、diverse topics「様々なトピック」。名詞形の divérsity「多様性」、動詞形の divérsify「〜を多様化する」もあわせて覚えておきましょう。
ONE POINT 同語源の divért は、「バラバラの方向へ回す」から「(交通など)〜を迂回させる」「(注意、批判など)をそらす」の意味です。

587 controversy

（長期にわたる）論争 〔名〕

/kántrəvə̀ːrsi, kəntrɔ́vəsi/

(覚え方) contr-【反対、あべこべ】+ -verse【回る】から「大逆回転」のイメージで「長期間にわたる大論争」のことを意味します。多くの人が「ああでもない、こうでもない」と長々と言い合っている感じです。
(使い方) Controversy on 〜 has arisen.「〜に関する論争が持ちあがった」、provoke controversy「論争を引き起こす」などの形でよく使います。years of controversy on human cloning「人クローンに関する何年もの論争」。
ONE POINT これよりも一般的な単語が a dispúte「論争」です。

588 advertise ~ 　　～の宣伝をする　　　　　　　　　　　　　動

/ǽdvərtàɪz/

覚え方 ad-【方向性】+ -ver-【回る】から、「人の注意をこちら側にまわす」→「人の注意を引きつける」から来ました。

使い方 「新聞で～を宣伝する」は advertise ～ in a newspaper です。advertise a new shampoo on TV「新しいシャンプーをテレビで宣伝する」、advertising expenses「宣伝費」、an advertising agent「広告代理店」。

ONE POINT 名詞形は an advertisement(for ～ / × of ～)「(～の)宣伝」です。ad と省略形が使われることもあります。a job advertisement で「求人広告」です。

589 divorce　　離婚　　　　　　　　　　　　　　　　　名

/dəvɔ́ːrs/

覚え方 di- は dis-【分ける】+ -vorce は -ver-【回る】と同じ。そこから向きを変えて離れていくこと。-ver- は reverse「～を逆にする」、diverse「多様な」などが有名です。

使い方 名詞も動詞も divorce です。get a divorce/get divorced「離婚する」、the rise in the divorce rate「離婚率の増加」、end in divorce「結局離婚することになる」、file for divorce「離婚の申請をする」。なお、get a divorce late in life で「熟年離婚する」です。

ONE POINT 反意語は márriage「結婚」です。

590 annual　　①1年間の ②年1回行われる　　　　　　　　　形

/ǽnjuəl/

覚え方 annu- は【ラテン語 annus 年】の意味です。an annivérsary「記念日」は、anni-【年1回の】+ -verse【回る】から「年1回巡ってくるもの」ということになります。

使い方 「年1回行われる」という意味で an annual evént「例年の催し物」、「1年間の」という意味で an annual income「年収」、an annual rate of increase「年間の増加率」、The annual membership fee is $200.「年会費は200ドルです」で使われます。

ONE POINT a fee は、「授業料、(医師、弁護士などへの)謝礼」か、a ～ fee で「～金」の意味です。an admíssion fee「入場料、入学金」。

591 **uniform** 均一の 形

/júːnəfɔː*r*m/

覚え方 uni-【1つ】+ form【形】から、「均一の」。
使い方 名詞では「制服」の意味です。「学校の制服を着ている」は wear one's school uniform とします。また in uniform で「制服を着た状態の」という意味です。形容詞は「均一の」という意味です。These flowers are uniform in size and color.「これらの花は大きさと色が均一です」、at a uniform rate「一定の割合で」。
ONE POINT 名詞形は unifórmity「均一性」です。

592 **conform to ~** (集団の行動、規則)に従う 動

/kənfɔ́ː*r*m/

覚え方 con-【= together】+ form【形】から、「形を合わせること」。
使い方 conform to~「(集団の行動、規則)に従う」という意味です。「長いものには巻かれろ」というイメージの単語です。Japanese society likes people to conform to traditional standards.「日本社会では人々が伝統的な基準に合わせることを好む」。
ONE POINT a confórmist とは「(社会通念や体制などに)順応する人」という、しばしばマイナスイメージの意味で使われます。

593 **ingenious** 独創的な 形

/indʒíːnjəs/

覚え方 in-【中】+ -geni-【= genius 天才】+ -ous【富んでいる】から「中に才能が詰まっている」イメージ。
使い方 「非常に効果的でなおかつ独創的な(装置、方法、計画)」の意味です。ポイントは「新しさ」+「賢さ」です。an ingenious device to get rid of cockroaches「ゴキブリを駆除する独創的な装置」。
ONE POINT a génius「天才」は綴りに o が含まれません。

594 convince A of B

/kənvíns/

AにBを確信させる 動

覚え方 名詞形の convíction は con-【= together 強意】+ -vict【叩く】から「相手を追いつめて説き伏せる」イメージ。a víctory「敵を叩いて勝利した状態」、a víctor「叩いた人=勝利者」。

使い方 convince A of B/that SV「A に B／SV を確信させる」。I'll convince you of my innocence.「君に僕の身の潔白を確信させるよ」。受動態では「確信している」という意味です。I am convinced that I will succeed.「自分の成功を確信している」。

ONE POINT 形容詞形の convincing も重要です。convincing evidence「説得力のある証拠」。

595 victim

/víktəm/

犠牲者 名

覚え方 vict-【叩く】から「叩かれた人」。

使い方 a victim of 〜で「〜の犠牲者」です。日本語と同様、犯罪の犠牲者から自然災害の犠牲者まで幅広く使用できます。Victims of violence are on the increase.「暴力の犠牲者が増加している」。fall victim to 〜で「〜の犠牲となる」の意味です。Over 30 people fell victim to the terrorist attack.「30名以上の人がそのテロの犠牲になった」。

ONE POINT vi- の発音を「ビ」で代用しないようにしてください。

596 abolish 〜

/əbálɪʃ/

〜を廃止する 動

覚え方 ab-【= away】+ -ol- は old と考えてください。

使い方 日本語の「（法律、制度、慣習など）を撤廃する」がぴったりきます。「長い間存在したものを公式に終わらせる」という意味です。しばしば受動態で用います。The death penalty must be abolished.「死刑は廃止すべきだ」。abolish slavery/nuclear arms/the old system「奴隷制度／核兵器／古い制度を廃止する」。名詞形は abolítion です。the abolition of nuclear weapons「核兵器の撤廃」。

ONE POINT 略式では do away with 〜 を用います。

597 adolescence 思春期 [名]

/ædəlés(ə)ns/

覚え方 ad-【方向性】+ -ole-【= old】+ -scence【変化】から「老人に向かって変化しつつあるもの」。a créscent「三日月(満月に向かって変化)」、a croissant「クロワッサン(三日月形のパン)」、crescendo「クレッシェンド(次第に音が強く大きくなること)」が同語源です。
使い方 enter adolescence「思春期に入る」。Boys' voices break during adolescence.「少年は思春期に声変わりする」。
ONE POINT an adoléscent は「思春期の若者」です。

598 adjust ～ ～を調整する、～を調節する [動]

/ədʒʌ́st/

覚え方 ad-【方向性】+ -just【ぴったり】は「～をぴったり合った状態にする」です。
使い方 adjust the clock「時計の時間を合わせる」、adjust the volume on the TV「テレビの音量を調整する」といったものから、adjust oneself to a new school life「新しい学校生活に自らを調整する」→「新しい学校生活に慣れる」にまで使えます。adjust oneself to の場合、oneself が省略されて adjust to ～ でも OK です。
ONE POINT a fare adjústment machine は「運賃をピタっとなるように調整する機械」から「(駅に設置されている)乗り越し精算機」です。

599 justify ～ ～を正当化する [動]

/dʒʌ́stəfàɪ/

覚え方 just【正しい】+ -fy【動詞化】で、「～を正しいものにする」から「～を正当化する」となりました。
使い方 jústice が「正義」です。反意語は injústice「不正(義)」です。rise up against social injustice「社会的な不正に対して立ち上がる」。The end justifies the means.「目的は手段を正当化する」。justify ～の名詞形は justificátion。
ONE POINT「正義の味方」は a champion of justice と言います。

600 jury

/dʒúəri/

陪審、陪審員団　[名]

覚え方　陪審員制度とは、民間から選ばれた通例12人のjuror「陪審員」が有罪か無罪かの a vérdict「評決（←まことのことを言う）」を行い、それに基づいて裁判官が判決を下す制度です。この juryは【ラテン語の *jurare* 誓う】から来た単語で、【ラテン語の *justus* 公正な】と同系列の単語です。
使い方　jury「陪審、陪審員団」は、a juror「陪審員」が集まってできた a groupを指します。a trial by jury といえば「陪審裁判」の意味です。the jury system「陪審制度」。
ONE POINT　日本の「裁判員制度」はthe lay judge system です。

601 inspire ～

/ɪnspáɪər/

（人）を奮い立たせる　[動]

覚え方　in-【中】+ -spire【= spirit 精神】から、「魂を入れる」です。inspirátion「インスピレーション、ひらめき」は日本語化しています。
使い方　inspire + 人で「（人）を奮い立たせる」の意味です。There are few movies which inspire you.「元気づけてくれる映画は少ない」。しばしば、inspire + 人 + to 名詞 /to(V)でも使います。What inspired you to write this wordbook?「この単語集の執筆意欲をかき立てたものは何ですか?」。
ONE POINT　encóurage ～は「（人）～を（言葉で）励ます」の意味で、「モノが人を励ます」には使えません。

602 insight

/ínsàɪt/

深く理解していること　[名]

覚え方　in-【中】+ sight【見えていること】から「～の中が見えていること」が語源です。
使い方　定訳に「洞察力、見識」という訳語がありますが、それではなかなか訳語として使えません。an insight into ～ で「～を深く理解している」というように覚えておくと便利です。S give me a real insight into ～ なら「Sのおかげで～がよく分かる」の意味です。have an insight into human nature「人間性を深く理解している」。
ONE POINT　前置詞 into にも注意してください。

603 consequence （ある原因に対して必然的に生じる良くない）結果 [名]

/kánsəkwèns/

覚え方 con-【= together】+ -sequence【連続】から、「あることが起きて、その連続として必然的に生じる結果」の意味です。

使い方 「(ある原因に対して必然的に生じる良くない)結果」が基本的な意味です。What is the consequence of ～? だと「～の結果どうなったのですか?」です。Illness can be a cónsequence of eating too much.「食べすぎは病気の元だ」。副詞形は cónsequently「その結果」です。

ONE POINT of little/no consequence で「あまり／まったく重要でない（←たいした結果が出てこない）」という意味の硬い表現です。

604 subsequently その後 [副]

/sʌ́bsəkwəntli/

覚え方 sub-【下】+ -sequent-【連続】+ -ly から、「ある出来事の下に」→「次に」。日本語の「後(のち)に～」に近い単語です。

使い方 「(あることが起きて)次に」の意味の formal な単語です。The book was published in 1990, and was subsequently translated into ten languages.「その本は1990年に発行され、その後10の言語に翻訳された」。

ONE POINT 形容詞形の subsequent「次の」も重要です。たとえば in subsequent years は「次の何年かの間に」、in subsequent chapters「あとの章で」という意味です。

605 persecute ～ ～を迫害する [動]

/pə́ːrsɪkjùːt/

覚え方 per-【= through 最後まで】+ -sec-【後をついていく】から「～を迫害する」になりました。追いつめている感じですね。私は《パシッ（ムチで叩く音）、キュー（首をしめる音）と迫害する》という語呂合わせで覚えました。

使い方 「～を迫害する(主に宗教的あるいは政治的に長期にわたり残酷で不当な扱いをする)」の意味。The Jewish people left the land to escape being persecuted.「そのユダヤ人達は迫害を逃れるためその土地を去った」。名詞形は persecútion「迫害」。

ONE POINT 「個人的な嫌がらせをする」という意味でも使われます。

606 **interpret ~**   ①~を解釈する ②(~を)通訳する　　動

/ɪntə́ːrprət/

覚え方 inter-【~の間】+ -pret【仲介者】から「二者間の仲介を務める」が原義です。

使い方 「~を解釈する」の意味です。しばしばinterpret O as C「OをCと解釈する」で出てきます。I interpreted his silence as a refusal.「彼の沈黙を拒否と解釈した」。また自動詞で「通訳する」の意味でも使います。I'll interpret for you.「僕が君の通訳をします」。「通訳をする人」は an intérpreter です。

ONE POINT 名詞形は interpretation「解釈、通訳」です。

607 **site**   (ある特別な)土地、現場　　名

/sáɪt/

覚え方 useful sites on the Internet「インターネット上の有益なサイト」は、もはや完全な日本語ですね。

使い方 「(特別な目的を持って使用される)場所、(重要な)場所」の意味です。an archeológical site なら「考古学の発掘現場」、the disaster site なら「被災地」、a construction site なら「建設用地」です。

ONE POINT 「(わいせつで暴力的な)有害サイト」は an obscene or graphically violent web site です。

608 **molecule**   (物理、化学の)分子　　名

/málɪkjùːl/

覚え方 mole-【= mass カタマリ】+ -cule【小さい】から「小さいカタマリ」が原義。

使い方 「(物理、化学の)分子」の意味です。a water molecule「水分子」。形容詞形は molecular「分子の」です。molecular structure は「分子の構造」です。

ONE POINT 「原子」は an atom です。

外来語のスピードチェック60
(✱のついたものは意味に注意)

#	単語	発音	品詞	意味
1	broad	/brɔ́ːd/	形	幅広い
2	review	/rɪvjúː/	名	再検討、復習
3	access	/ǽksès/	名	接近（方法）
4	protest	/próutèst/	名	抗議
5	wheel	/(h)wíːl/	名	車輪
6	debate	/dɪbéɪt/	名	討論
7	trial	/tráɪ(ə)l/	名	試み
8	✱border	/bɔ́ːrdər/	名	国境
9	trap	/trǽp/	名	わな
10	judge~	/dʒʌ́dʒ/	動	~を判断する
11	perform~	/pərfɔ́ːrm/	動	~を実行する
12	protein	/próutiːn/	名	タンパク質
13	castle	/kǽs(ə)l/	名	城
14	stereotype	/stérioutàɪp/	名	固定観念
15	client	/kláɪənt/	名	依頼人
16	match~	/mǽtʃ/	動	~に調和する
17	flavor	/fléɪvər/	名	風味
18	sour	/sáuər/	形	すっぱい
19	slender	/sléndər/	形	スラリとした
20	eccentric	/ɪkséntrɪk/	形	風変わりな
21	✱virtual	/vɔ́ːrtʃuəl/	形	事実上の
22	pioneer	/pàɪəníər/	名	先駆者
23	virus	/váɪərəs/	名	ウィルス
24	athlete	/ǽθliːt/	名	運動選手
25	accelerate~	/æksélərèɪt/	動	~を加速する
26	✱yell at~	/jél/	動	~に大声で叫ぶ
27	item	/áɪtəm/	名	品物、項目
28	shake~	/ʃéɪk/	動	~を振る
29	shelter	/ʃéltər/	名	避難所
30	mission	/míʃ(ə)n/	名	使命
31	fiction	/fíkʃ(ə)n/	名	小説
32	✱art	/ɑ́ːrt/	名	芸術、技術
33	monument	/mɑ́njəmənt/	名	記念碑
34	anniversary	/ænəvɔ́ːrs(ə)ri/	名	記念日
35	category	/kǽtəgɔ̀ːri/	名	範ちゅう
36	gender	/dʒéndər/	名	性別
37	loose	/lúːs/	形	ゆるい
38	link	/líŋk/	名	関連、連携
39	tight	/táɪt/	形	引き締まった
40	connect~	/kənékt/	動	~をつなぐ
41	convenient	/kənvíːnjənt/	形	都合がよい
42	neutral	/n(j)úːtrəl/	形	中立の
43	✱oral	/ɔ́ːr(ə)l/	形	口述の
44	metropolitan	/mètrəpɑ́lət(ə)n/	形	大都市
45	syndrome	/síndròum/	名	症候群
46	melancholy	/mélənkɑ̀li/	名	憂うつ
47	bitter	/bítər/	形	苦い
48	ethnic	/éθnɪk/	形	民族の
49	refreshing	/rɪfréʃɪŋ/	形	爽やかな
50	leak	/líːk/	動	漏れる
51	crawl	/krɔ́ːl/	動	這って進む
52	jewelry	/dʒúːəlri/	名	宝石
53	curriculum	/kəríkjələm/	名	教育課程
54	metaphor	/métəfɔ̀ːr/	名	比喩
55	✱alien	/éɪliən/	形	外国の、異質な
56	scratch~	/skrǽtʃ/	動	~を掻く
57	portrait	/pɔ́ːrtrət/	名	肖像画
58	✱tackle~	/tǽk(ə)l/	動	~に取り組む
59	aesthetic	/esθétɪk/	形	美的な
60	pierce~	/píərs/	動	~に穴を開ける

STAGE 4 ▶ 上昇

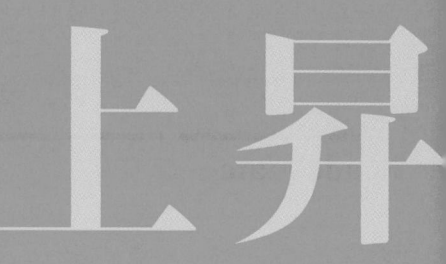

この単語集も、あっという間に後半戦。解説は隅から隅まで読むことを、もう一度心がけよう。様々な「引っかかり」を心に刻むほど、脳への定着率は高くなる。「丸暗記」よりはるかに効率がいいことを、そろそろ実感できているのではないだろうか。さあ、気合も新たにページを繰っていこう！

609 adopt ～

〜を受け入れる　動

/ədɑ́pt/

覚え方 ad-【方向性】+ -opt【選ぶ】から「採用する」に変化。an option「選択肢」、opt to (V)「〜を選択する」などが同語源です。
使い方 目的語には a plan「計画」、a procédure「やり方」、an approach「取り組み方」などが来ます。adopt the proposal「その提案を採用する」。名詞形は adóption 。
ONE POINT adopt + 子ども なら「〜を養子にする」の意味です。

610 adequate

十分な　形

/ǽdɪkwət/

覚え方 ad-【方向性】+ -equ-【等しい】から「ある方向に対して同じ」が原義。そこから「ある目的に対して必要な数量がある」の意味。同語源の単語は équal「等しい」、the equátor「赤道」です。
使い方「ある目的、必要性に対して十分に満足のいく」という意味です。Tom does not earn a large salary but it is adequate to support his family.「トムは多額の給料をもらっていないが、家族を養うには十分だ」。Seven hours of sleep is adequate for most adults.「たいていの大人は7時間の睡眠で十分だ」。
ONE POINT 名詞形は ádequacy「適切さ、妥当性」です。

611 advocate

提唱者　名

/ǽdvəkət/

覚え方 ad-【方向性】+ -voc-【声】から「〜に向かって声高に叫ぶ→（主義など）を主張する」。a vocal「ボーカル」は有名です。equívocal は、equ-【同じ】から「何に対しても同じように答える」→「（返事や発言が、意図的に）はっきりとしない」の意味です。
使い方 動詞の advocate /ǽdvəkèɪt/ は「〜をすべきだと公の場ではっきり言う」という意味です。advocate tax reform なら「税制改革をすべきだと主張する」です。
ONE POINT 訳語は文脈により「支持者、擁護者」などでも可。an advocate of birth control「産児制限の提唱者 / 支持者 / 擁護者」。

612 provoke ～　(ある種の反応や感情や論争)を引き起こす　動

/prəvóuk/

覚え方 pro-【前方】+ -vok-【=-voc- 声】。「前に出てくるように呼びかける」から「〜を挑発する、怒らせる」→「〜を引き起こす」。

使い方 「(ある種の反応や感情や論争)を引き起こす」でよく使われます。The minister's remark provoked widespread criticism.「その大臣の発言は広範囲に及ぶ批判を引き起こした」。The striker provoked the linesman so much that he received a red card.「ストライカーは線審を怒らせたのでレッドカードを食らった」。

ONE POINT 同語源の単語に evóke「(人の心の中に感情や記憶など)を呼び起こす」がありますが、これは e-【外】+ voke【呼ぶ】です。

613 vocation　天職　名

/voukéiʃ(ə)n/

覚え方 voc-【声】+ -tion【名詞語尾】から、「神の声」です。神様が「おまえはこれをやりなさい」という感じです。この単語は「お金儲けというより人助けとしての仕事」という感じです。

使い方 「(使命感を持って行う)天職」の意味です。Mother Teresa found her vocation in Calcutta.「マザーテレサはカルカッタで天職を見つけた」。

ONE POINT 似た単語に a calling「天職、神の思し召し」がありますが、これも元々は「神の声」です。

614 immediately　(ある事柄とある事柄が)同時に　副

/imíːdiətli/

覚え方 im-【否定語】+ -media-【媒介】+ -ly【副詞語尾】から「何かと何かの中間にくるものがない」。

使い方 「(ある事柄とある事柄が)同時に」です。「すぐに」という意訳も可能です。When I get your fax, I'll contact you immediately.「ファックスを受け取ればすぐに返事を書きます」。副詞ほど頻度は高くありませんが形容詞形も使います。our immédiate concern「我々の当面の関心(の対象)」。

ONE POINT 「(物理的に)直接に」という訳も可能ですが、この場合は directly などのほうが一般的です。

615 **dispute** (深刻で長く続く)論争 [名]

/dɪspjúːt/

覚え方 dis-【分ける】+ -pute【考える】から「考えがバラバラ」→「深刻で長く続く論争」の意味で、controversy より一般的な語です。compute「(すべてを考える→)計算する」が同語源。

使い方 名詞と動詞が同形ですが名詞のほうがよく使われます。quarrel「言い争い」などよりはるかに深刻なイメージの単語です。The pay dispute led to a long strike.「賃金の闘争のため長期のストライキになった」。

ONE POINT a labor dispute は「労働争議」の意味です。

616 **furious** 激怒した [形]

/fjúəriəs/

覚え方 fury「烈火のような怒り」は、fire と関連づけて覚えてください。furious は fury の形容詞形です。

使い方 furious は angry の強烈なやつです。日本語では「怒る」にいろいろな副詞をつけて程度を表します。「カンカンに怒る」「ワナワナと手を震わせて怒る」「烈火のごとく怒る」などです。My mother was furious at the way I talked to her.「母は、私の母に対する話し方にカンカンに怒っていた」。

ONE POINT ánger と fury の中間にくるのが rage「激怒」です。

617 **drain 〜** 〜の水を抜く [動]

/dréɪn/

覚え方 drain は、dry「乾いた」、a drought/dráʊt/「干ばつ」と同語源です。

使い方 他動詞では「〜の水を抜く、〜を排出する」の意味です。drain the bathtub「風呂の水を抜く」、drain dirty water from the tank「汚水をタンクから出す」、drain the spaghetti「スパゲッティの水分を切る」、well drained soil「水はけのよい土」。自動詞では「(液体が)流出する、乾く」です。

ONE POINT 「風呂に水を張る」は fill the bathtub with water、「風呂の栓をする」は plug the bathtub です。

618 ignore ~ （意識的に）~を無視する 動

/ɪgnɔ́ːr/

覚え方 【-gno- 印欧語 知る】から g が脱落してできたのが know です。ignore は -gno- に否定の接頭辞 i- (= in) がつきました。

使い方 「（意識的に）~を無視する」の意味です。「~」には、「人」以外にも「赤信号」the red light、「その問題」the issue、「彼の要求」his demand、「医者の忠告」the doctor's advice などが来ます。I said hello to Debbie, but she totally ignored me.「デビーに挨拶したのに、完全に無視された」。

ONE POINT 日常会話では take no notice of ~ /not take any notice of ~ のほうがよく使われます。

619 ignorant 無知な 形

/ígn(ə)rənt/

覚え方 ignore の形容詞形ですが、意味が随分と変わりますので派生語だと思わないほうがよいと思います。

使い方 「無知な、無教養な」の意味です。Our college students are ignorant and stupid.「うちの大学の学生は無学でバカだ」。また、be ignorant of ~ /that SV「（本来知っておくべきこと）を知らない」の形でも使います。Young Japanese people today are often ignorant of Japanese history.「最近の日本の若者は日本史を知らないことが多い」。

ONE POINT 名詞形は ígnorance「無知、無学」で不可算名詞です。

620 diagnosis 診察 名

/dàɪɪgnóʊsəs/

覚え方 dia-【横切って→完全に】+ -gnosis【印欧語 -gno- 知る】から「完全に知ること」が原義。a díagram「（横切って書く→）列車のダイヤ」、a díaper「（白地に他の色が横切った→）オムツ」が同語源。

使い方 「診察」の意味です。make a diagnosis で「診察する」。make an exact diagnosis by taking a blood sample「血液をとって正確な診察をする」。動詞形は diagnose A as B「AをBと診断する」で暗記。

ONE POINT 「尿検査」a úrine test、「胃部検査」a stomach examination、「生活習慣病」lifestyle diseases。

621 condemn ～　～を非難する　動

/kəndém/

覚え方 con-【= together 強意】+ -demn【損害、非難】から「100%お前が悪い！という感じで非難する」イメージです。同語源の単語には dámage「損害」、God damn.「畜生」の damn などがあります。
使い方 日常生活で「非難する」から、法廷で「判決を下す」まで幅広く使われます。condemn + 人 to death「～に死刑判決を下す」。condemn ～ to…は、「…まで～を追いつめる」から「～に…を強いる」となります。Tom was condemned to a lonely childhood.「トムは寂しい子ども時代を過ごすことを余儀なくされた」。
ONE POINT「建物を非難する」→「居住不適とする」でも使います。

622 depress ～　～を落ち込ませる　動

/dɪprés/

覚え方 de-【下】+ press【押す】から、「下に押す」→「憂うつにさせる」、「不景気にする」という意味に発展します。
使い方「人をとても不幸にさせる」という意味です。After the divorce, Bob felt lonely and depressed.「離婚のあと、ボブは寂しくて憂うつだった」。名詞形の depréssion は「憂うつ、うつ病」、「不況」という意味になります。1929年の「世界大恐慌」は the Great Depression です。
ONE POINT 口語では depressed の代わりに down「気落ちした」が用いられます。

623 the Arctic　北極　名

/áːrktɪk/

覚え方【ギリシア語 *arktikos* 大熊座】から。
使い方 形容詞も同形です。「北極点」は the North Pole、「北極海」は the Arctic Ocean、「北極圏」は the Arctic Circle です。The Arctic is melting.「北極が溶けている」。
ONE POINT 反意語は ant- をつけて the Antárctic「南極」です。

624 **symptom**　症状　[名]

/sím(p)təm/

覚え方 sym-【同じ】+ -ptom【落ちる】から。「咳が出て熱が出る」というのは「風邪をひいた状態」と「同じ」ですね。ですから「身体がある状態にまで機能が低下(=落ちる)」=「ある病気の状態に陥っている」わけです。そこから a symptom は「症状」になりました。

使い方「症状を緩和する」は alléviate 〜、「症状を引き起こす」は cause 〜、「症状を示す」は develop 〜、terminal symptoms は「末期症状」。Ann has symptoms of the flu.「アンにはインフルエンザの症状が現れている」。

ONE POINT What are your symptoms?「どんな症状ですか？」。

625 **organism**　生き物　[名]

/ɔ́ːrɡənìz(ə)m/

覚え方「オルガン」も「生物の臓器」も、「大小様々なものからなる」という点で似ているため、an órgan は「臓器」の意味になり、さらに an organism は「臓器を持ったもの」→「生き物」になりました。

使い方 現在では動物、植物、人間、バクテリアなど、ありとあらゆる「生き物」に対して使用されます。しばしば living organisms の形で使用されます。a single-celled organism「単細胞生物」。

ONE POINT orgánic vegetables は「有機栽培の野菜」。

626 **layer**　層　[名]

/léiər, léər/

覚え方 lay【〜を横たえる+ -er 人】から「置く人」です。a brick layer「レンガを積む人→レンガ工」。そこから「層」へ発展。

使い方 a cake with five layers「5層のケーキ」、an even layer of paint「ムラのないペンキの層」、wear several layers of underwear「下着を重ね着している」。The greenhouse effect is caused by the destruction of the ozone layer.「温室効果はオゾン層の破壊によって引き起こされる」。

ONE POINT a gréenhouse は「温室」の意味です。たとえば「ビニールハウス」は a plastic greenhouse です。

627 **instruction** 指示 〔名〕

/ɪnstrʌ́kʃ(ə)n/

覚え方 in-【中】+ -stru-【築く】から「人の中に知識を構築する」→「知識を教える」になりました。ダンスの「インストラクター（an instructor）」は「教える人」です。

使い方 teach は「理解しにくいこと、学科を教える」ですが、動詞の instrúct は、「情報を伝える」「やり方を教える」という意味です。「取扱説明書、使用説明書」は an instruction manual です。Follow the on-screen instructions.「画面上の指示に従いなさい」。

ONE POINT 形容詞形の instrúctive は「教えてくれる」から「ためになる」と訳します。an instructive book「ためになる本」。

628 **instrument** ①道具 ②楽器 〔名〕

/ínstrəmənt/

覚え方 in-【中】+ -stru-【築く】から、本来は「部屋の中に備えられたもの」のことで、そこから「道具」「楽器」へと発展。

使い方 科学や医学で使うような「小さい精巧な道具」から、「高度計や速度計などの計器」にも使えます。a box for outdoor meteorological instruments「百葉箱」。「楽器」の意味でも使いますが、特に他の意味と紛らわしい時には a musical instrument とします。Do you play any musical instruments?「何か楽器はやるのですか?」。

ONE POINT instruméntal はヴォーカルのない楽器だけの音楽です。

629 **invest ～** ～を投資する 〔動〕

/ɪnvést/

覚え方 in-【中】+ -vest【衣類】から「衣類を着る」が原義です。「商売に投資して、儲けた金で様々な服を着る」から来ました。invéstigate とは形が似ていますが語源は別です。

使い方 invest ～ in A「～をAに投資する」の形でよく使います。invest a lot of money in stocks「株に大金を投資する」。自動詞で invest in ～「～に投資する」でも使います。名詞形は invéstment。

ONE POINT 「時間や精力を注ぐ」という意味でも使います。invest one's energy in helping the poor「貧しい人を助けるのに精力を注ぐ」。

630 **investigation** 捜査、研究 [名]

/ɪnvèstəgéɪʃ(ə)n/

(覚え方) in-【中】+ -vestigate【= trace 辿る】から「捜査、研究」に。
(使い方) しばしばチームを作って大がかりになされる場合に用いられます。launch an investigation「調査を始める」、carry out an investigation「調査を実行する」。an on-the-spot investigation「現場検証」。The murder is under investigation.「その殺人事件は捜査中である」。動詞は invéstigate ～「～を調査する」です。a crime「犯罪」、an accident「事故」、a scientific problem「科学の問題」などの「真相を解明しようとすること」。
ONEPOINT an invéstigator は「(主に犯罪の)捜査員」。

631 **vanish** (突然よく分からない理由で)消える [動]

/vǽnɪʃ/

(覚え方) va-【空っぽ】+ -ish【動詞化】から「なくなる」こと。a vacation「(人がいない→)休暇」、a vácuum cleaner「(真空を利用した)掃除機」。
(使い方) 「(突然よく分からない理由で)消える」の意味です。「先ほどまで存在したものが、突然なくなり見つからない」感じです。The magician vanished without a trace and the audience shouted and cheered.「その奇術師は跡形もなく消え、観客は歓声を上げた」。
ONEPOINT disappear のほうが一般的な語です。

632 **vain** 虚しい [形]

/véɪn/

(覚え方) va-【空っぽ】からできました。
(使い方) vain は「空の」から、「虚しい」に発展した形容詞です。人 + be + vain + about ～「～に関して見栄っ張りだ」以外は名詞の前につけて使います。a vain hope「はかない望み」。ただし in vain では名詞の扱いです。in vain は「空しさの中で」「無駄な状態である」という意味で用いられます。I tried in vain to lose weight.「減量しようとしたが無駄だった」。
ONEPOINT vánity は vain の名詞形です。「形のない空虚さ」→「虚栄心」。She is full of vanity.「彼女は虚栄心のかたまり」。

633 vast 広大な　形

/vǽst/

(覚え方) 語尾が -st で終わっていることからわかるように、元々は「最上級」です。ですから「空っぽの中の空っぽ」ですね。原義は「(何もない)広大な」です。今では幅広い意味で「広大な」で用いられています。

(使い方) 基本的には an area「地域」、a land「土地」などと使いますが、an amount「量」、a number「数」でも用いることがあります。a vast desert「広大な砂漠」。名詞形は vastness。

ONE POINT the vast majority of ～ で「～の大部分」の意味です。

634 vague （情報不足で）曖昧な　形

/véɪg/

(覚え方) vag-【ラテン語 *vagus* さまよった】から。同語源の単語は、a vágrant「浮浪者」、a vágabond「バガボンド、浮浪者」など。

(使い方) 「(情報不足で)曖昧な」の意味です。a vague idea「曖昧な考え」、a vague feeling「曖昧な感情」、a vague shape「はっきりしない形」、a vague memory「曖昧な記憶」など幅広く使えます。a vague rumor「曖昧な噂」。また、人+ be + vague about ～で「人は～をはっきりさせない」の意味です。

ONE POINT ambíguous は、vague より用途がせまく主に「(発言などが)いくつかの意味にとれる」の意味です。両者を区別してください。

635 clumsy （しばしば物を落としたり、物を壊したりするほど）不器用な　形

/klʌ́mzi/

(覚え方) 元は【寒さで手がかじかむ】という意味でした。

(使い方) 「(しばしば物を落としたり、物を壊したりするほど)不器用な」という意味です。a clumsy old man「不器用な老人」。a clumsy apology なら「下手な言い訳」、a clumsy attempt to make us laugh なら「私たちを笑わせようとする不器用な試み」という意味です。

ONE POINT be clumsy at using one's fingers で「指先が不器用だ」です。

636 counterpart

対応するもの、人　名

/káʊntərpɑ̀ːrt/

覚え方 ボクシングの a cóunterpunch にも見られる counter は「反対の、対抗する」の意味です。そこから a counterpart は「対抗するもの、対応するもの」の意味で使われています。

使い方 「日本の外務大臣」に対して「中国の counterpart」と言えば、「中国の外務大臣」です。Manchester United's captain, Ryan Giggs, shook hands with his counterpart before kick-off.「マンチェスター・ユナイテッドのライアン・ギグズ主将は、試合開始前に、相手側の主将と握手をした」。

ONE POINT counterclóckwise は「反時計回りの」の意味です。

637 diameter

直径　名

/daɪǽmətər/

覚え方 dia-【横切って】+ -meter【測定】から。a díalogue「(向かい合って話す→)対話」、a pedómeter「(足で測定する→)万歩計」が同語源。

使い方 数字 + in diameter「直径〜」でよく使います。Draw a circle ten centimeters in diameter.「直径10センチの円を描きなさい」。The diameter of the earth is about 13,000 km.「地球の直径は1万3000 km だ」。

ONE POINT ついでに暗記!「半径」a rádius、「弧」an arc、「円周」a circúmference。

638 conductor

導くもの　名

/kəndʌ́ktər/

覚え方 con-【= together 皆を】+ -duc-【導く】から「全体を導く」という意味です。prodúce「pro-【前方】を生産する」、redúce「re-【後方】を減らす」が同語源です。

使い方 場面に応じて訳語は様々です。a train conductor なら「車掌」、オーケストラの a conductor なら「指揮者」です。さらに「熱などを伝えるもの」から「導体」、a semicondúctor なら「半導体」です。

ONE POINT 動詞形の condúct 〜は「(オーケストラ)を指揮する」、「(調査、実験、授業など)を行う」の意味が重要です。

639 obligation ①(社会に対する)責務 ②(個人に対する)恩義 [名]

/ὰblɪgéɪʃ(ə)n/

(覚え方) ob-【= against 何かに対して】+ -lig-【ラテン語 *lier* 結ぶ】。「何かに対して縛られている」というイメージです。人から手紙をもらったら「うれしい」+「返事を出さないと」という2つの気持ちになりますが、この単語はまさにそんな感じです。

(使い方) obligation は、社会的、法的義務の場合は「責務」、人に対する義務なら「恩義」という訳語が妥当です。fulfill legal/social obligations「法的／社会的責務を遂行する」。

(ONE POINT) 動詞形は oblíge ～「～を強いる」です。be obliged to (V) で「Vせざるを得ない」の意味です。

640 rational 理にかなった [形]

/rǽʃnəl/

(覚え方) ratio は「比率」の意味ですが、元々は「冷静に考え、計算する」の意味でした。rational はその形容詞です。

(使い方) 「感情ではなく理性に基づいた」という意味です。日本語では「理にかなった」とか「合理的な」という訳語が当てられます。たとえば a rational idea なら「合理的な考え」、a rational decision なら「理にかなった決定」の意味です。また人が主語の場合には「冷静に物事を考えることができる」です。

(ONE POINT) 反意語は irrátional です。régular「規則的な」の反意語 irrégular と同様に、ir- をつけて反意語にします。

641 stem from ～ ～に由来する [動]

/stém/

(覚え方) 元々は植物の「茎」の意味です。st- は、stand、stay などのように「立っている、じっとしている」というイメージです。ワイングラスの「ステム、脚」も a stem です。そこから「ずーっと遡る」という意味が出てきました。

(使い方) A stem from ～で「Aは～に由来する」という意味です。A には主に「問題、心配」などのマイナスイメージのものがきます。The problem stems from an ancient tradition.「その問題は古い伝統に由来している」。

(ONE POINT) come from ～ や deríve from ～ と同じ意味です。

642 clue to ~　　〜の手がかり　　[名]

/klúː/

覚え方 元は「糸玉」。lábyrinth「迷宮」から抜け出すため糸を引きながら道を見つけたことからきました。

使い方 a clue to/as to/about 名詞で「〜の手がかり」です。a clue to the identity of the murderer「殺人犯特定の手がかり」。of を使わないことに注意してください。これは a key to the apartment「アパートの鍵（アパートへ至るための鍵）」などと同じです。

ONE POINT a vítal clue で「決め手(=極めて重要な手がかり)」です。

643 disarmament　　軍縮　　[名]

/dɪsάːrməmənt/

覚え方 dis-【分ける】+ arm【武器】から「武器をあちこちに分散させること」→「軍備縮小」になりました。

使い方 a disarmament conference「軍縮会議」、disarmament talks「軍縮会談」、advocate nuclear disarmament「核軍縮を提唱する」などで使います。「(軍隊)を増強する」は reinforce 〜 です。

ONE POINT arms は「(弓や槍、ピストルなど腕の延長としての)武器」の意味では常に複数形にして用います。a weapon「(ミサイルなどの)武器」とは区別してください。

644 discrimination　　①(民族、男女などの)差別　　[名]
　　　　　　　　　　　②(微妙なものの)識別

/dɪskrìmənéɪʃ(ə)n/

覚え方 dis-【分ける】+ -crimi-【= crime 元は「裁定」】から、「判断して分ける」が原義です。

使い方 普通「(民族、男女などの)差別」の意味ですが、「L音とR音の識別(discrimination between l sounds and r sounds)」などの「(微妙なものの)識別」の意味でも使います。We must try very hard to end racial discrimination.「民族差別を終わらせるよう努力しなければならない」。動詞形は discriminate です。

ONE POINT crime「犯罪」は「裁定されるような行為」が原義です。

645 **violate ~** （人権、協定など）を侵す 動

/váɪəlèɪt/

覚え方 víolence「暴力」と同系語です。
使い方 「（人権、協定など）を侵す」の意味です。violate my privacy「私のプライバシーを侵す」。目的語には law「法律」、human rights「人権」、an agreement「協定」、a treaty「条約」、peace「平和」などが来ます。名詞形は violation 。
ONE POINT 形容詞形 víolent は「暴力的な」「すさまじい」の意味です。There is more and more violent crime in Japan.「日本では凶悪犯罪が増えている」。

646 **fate** 宿命 名

/féɪt/

覚え方 fa-【言う】から「言われたこと」。起源は定かではありませんが「神が言われたこと」か「預言者が言われたこと」の意味です。
使い方 マイナスイメージの語で「宿命」という感じです。a meeting to decide the fate of the factory「その工場の運命を決める会議」。a destiny も「運命」という意味ですが、こちらは必ずしもマイナスイメージではありません。なお doom「運命、〜を運命づける」は、相当悪いことが起きることを示唆する単語です。
ONE POINT 形容詞形の fátal は「運命を決めるような」→「致命的な」。日本語以上に重たい語です。a fatal mistake「致命的間違い」。

647 **confess ~** 〜を白状する 動

/kənfés/

覚え方 con-【= together すべて】+ -fe-【= fa 言う】から「すべて言う」。proféss は pro-【前方】+ -fe-【= fa 言う】から「（聴衆を前にして）言う」→「公言する」です。a proféssor は「公言する人」から「教授」の意味です。なお proféssion は「（知的）専門職」の意味です。
使い方 犯人が警察に罪を「白状する」という意味が普通です。that SV を目的語にとりますが、名詞、動名詞を後ろに置く場合には、confess to 〜の形で用います。The man confessed to being a spy for the KGB.「その男は KGB のスパイであることを白状した」。
ONE POINT キリスト教では「懺悔する」の意味です。

648 emphasize ~ / ～を強調する 〔動〕

/émfəsàɪz/

覚え方 em- は en- と同様に動詞をつくる接頭辞です（n は p、b、m の前では m になります）。-pha- は -fa- と同様で【音】です（綴りは異なりますが発音は同じです）。そこから「声に出す」になりました。

使い方 emphasize the importance of education「教育の重要性を力説する」。名詞形 émphasis も重要です。place [lay, put] an emphasis on ～ で「～を強調する」の意味です。

ONE POINT overémphasize ～は「～を強調しすぎる」という意味です。The importance of good health cannot be overemphasized.「健康の重要性はいくら強調してもしすぎることはない」。

649 triumph / (苦労の末の)勝利 〔名〕 / 勝利する 〔動〕

/tráɪəmf/

覚え方 tri-【3】+ -umph【言う】から「3回言う」。語源は明確ではありませんが、日本の「万歳三唱」と同様に「勝利の歌を3回歌う」イメージです。a trúmpet「トランペット」も同系です。

使い方 名詞も動詞も同形です。いずれの場合も over ～「～に対する」をつけて使います。Our team tríumphed over the opposition.「我がチームはライバルに対して勝利を収めた」。類語の a victory のほうが口語的な単語です。win a dramátic victory「劇的な勝利を収める」。

ONE POINT 「凱旋門」は a triúmphal arch と言います。

650 infant / 幼児 〔名〕

/ínfənt/

覚え方 in-【否定】+ -fa-【言う】から「もの言えない者」の意味。famous「有名な」、fame「名声」は「皆が言う」から。a préface「序文」、a próphet「pro-【前方】預言者」、a fable「寓話」も同語源。

使い方 a child より改まった語で、普通7歳未満を指します。Sick infants should see a doctor quickly.「病気の子供はすぐに医者に診てもらったほうがよい」。語尾が -cy になる infancy は「幼時、幼年時代」です。なお「よちよち歩きの子」は a toddler と言います。

ONE POINT 「ミルクで育った幼児」は、a bottle-fed infant、「母乳で育てられた幼児」は a breast-fed infant と言います。

651 **discard ~** 　　～を捨てる　　動

/dɪskάːrd/

覚え方 dis-【分ける】+ card【トランプのカード】から、「カードを捨てる」が原義です。同語源の単語には dismáy ～「～を狼狽させる(may は【力】で、力をバラバラにする)」があります。

使い方 throw ～ away よりずいぶん formal な言い方で、「～を廃棄する」の感じです。目的語には、the idea of ～「～という考え」、the tradition「その伝統」、her「彼女」などを「捨てる」にも使えます。Don't discard anything except paper.「紙以外のものを捨てないでください」。

ONE POINT トランプの「不要な手札を捨てる」も discard を使います。

652 **disguise ~** 　　(何かを別のものに見せかけて)～を隠す　　動

/dɪsgάɪz/

覚え方 語源で覚えるのは困難ですが、dis-【分ける】+ -guise【様式、方法】から、「ふだんのやり方とは違うやり方を見せる」が原義です。

使い方 Tom disguised himself as a pirate.「トムは海賊に変装していた」などのように、「違うものに見せる」の意味です。そこから「(何かを別のものに見せかけて)～を隠す」という意味で用いられます。disguise her satistaction と言えば「本当は満足しているけど、まわりの者には不満そうに振る舞う」の意味。名詞も同形です。

ONE POINT hide ～ は文字通り「～を隠す」の意味です。

653 **undo ~** 　　～を元通りにする　　動

/ʌ̀ndúː/

覚え方 un + 動詞は逆の動作です。tie ～「～を結ぶ」⇔ untie ～「～をほどく」、lock ～「～に鍵を掛ける」⇔ unlóck ～「～の鍵を開ける」、pack ～「～を荷造りする」⇔ unpáck ～「～の荷をほどく」、fasten ～「(シートベルトなど)を締める」⇔ unfásten ～「～を外す」。

使い方 undo～ は「～を元通りにする」から、「(包みなど)を開く」「(ボタンなど)を外す」「～を無効にする」などで使用。You should undo this parcel carefully.「この小包は慎重に開けなければならない」。

ONE POINT What is done cannot be undone. は「後悔先に立たず(=してしまったことは元に戻せない)」という諺です。

654 comprehend ~ 　〜を(包括的に)理解する　［動］

/kɑ̀mprɪhénd/

覚え方 com-【= together】+ -prehend【つかむ】から、「〜をすべてつかむ」が原義。なお -prehend は、pre-【前】+ -hend【= hand 手】で、「何かの前に手を差し出す」から「つかむ」の意味に発展。

使い方 「〜を(包括的に)理解する」の意味です。主に否定文で使われます。名詞形は comprehénsion。My listening comprehension is awful.「僕のヒアリングの力はひどいものだ」。

ONE POINT comprehénsive は com- に重点がある形容詞で、「包括的な」の意味。comprehénsible は -prehend- に重点があり「理解できる」の意味です。

655 prison 　刑務所　［名］

/príz(ə)n/

覚え方 -prehend-【つかむ】から hend が消失してできた単語が、a prize「つかむべき対象」→「賞」や、a prison「つかまれた状態」→「刑務所」。

使い方 put 〜 in prison「〜を投獄する」、get out of prison「出所する」、release 〜 out of prison「〜を釈放する」。Helen received a ten-year prison sentence.「ヘレンは10年の懲役刑を言い渡された」。動詞形は impríson 〜「〜を刑務所に入れる」。類義語の (a) jail は、「拘置所、留置所」の意味です。

ONE POINT a sentence は「文」から「判決」の意味に発展しました。

656 prey 　餌食　［名］

/préɪ/

覚え方 a prize や a prison と同様に、-prehend- から来た単語です。「つかまれたもの」→「餌食」になりました。

使い方 fall prey to 〜「〜の餌食になる」の意味ですが、日本語同様に比喩的な意味「〜を食い物にする」などでも使えます。Salmon in this river are easy prey for bears.「この川のサケは熊の格好の餌食である」。動詞では prey on 〜で「〜を捕食する」の意味です。

ONE POINT pray「祈る」と同音です。

657 apprehension 懸念 [名]

/æprɪhénʃ(ə)n/

(覚え方) ap-【= ad 方向性】+ -prehend【つかむ】から「~を理解する、逮捕する」。名詞形は「気持ちをつかまれる」→「懸念、心配」。
(使い方) 名詞は普通「懸念、心配」の意味です。「自分にふりかかる悪いことに対する恐れ」に使います。My grandfather has some apprehensions about having an operation.「祖父は手術を受けることに対して不安を感じています」。
ONE POINT☞ 動詞 apprehénd ~は arrést ~「~を捕まえる」より正式な言い方で「~を逮捕する」という意味です。「~を理解する」は現在では古めかしい文でしか出てきません。

658 dominate ~ ~を支配する [動]

/dάmənèɪt/

(覚え方) 【ラテン語 *dominus* 主人】が *dominari*「~を支配する」を経て現在の dóminate ~「~を支配する(control の強め)」となりました。ゲームの「ドミノ」は、a dómino「支配する人」→「僧」→「僧の頭巾つきの衣」から、その衣がドミノ牌に似ていたことから。
(使い方) 周りを圧倒する感じですね。The Tigers dominated through the game.「終始タイガースが圧倒していた」。James is dominated by his wife.「ジェームズは奥さんの尻に敷かれている」。
ONE POINT☞ 形容詞形は dóminant「他を圧倒する、支配的な」です。my dominant hand「利き手」、a dominant gene「優性の遺伝子」。

659 domain （思想、知識、活動などの）領域 [名]

/douméɪn, də-/

(覚え方) 【ラテン語 *dominus* 主人】から「支配、所有」に。「インターネット上の住所」のことをドメインと言いますが、まさしくこの a domain のことです。
(使い方) 「（思想、知識、活動などの）領域、分野」で使うのが普通です。Psychology is outside my domain.「心理学は私の専門外だ」。Golf used to be a male domain.「ゴルフはかつて男性のものであった」。数学の用語では「定義域」などの「域」の意味で使われます。
ONE POINT☞ 類義語の a realm /relm/「領域」も硬い語です。

660 **affluent** 裕福な 形

/ǽfluənt/

覚え方 af-【= ad 方向性→無視】+ -flu-【流れる】から「お金やモノが流れ込んでいる」→「裕福な」という意味です。同語源の単語は a flood「洪水」、flow「流れる」、fluid「流体」、ínfluence「影響」。
使い方 人に対しても地域に対しても使えます。affluent suburbs with large houses and tree-lined streets「大きな家と樹木が立ち並ぶ通りがある裕福な郊外」、an affluent family「裕福な家庭」。
ONE POINT wealthy「(人、国が)裕福な」のほうがよく使われます。

661 **proceed** 前へ進む 動

/prəsíːd/

覚え方 pro-【前方】+ -ceed【進む】から、「前へ進む」になりました。
使い方 文字通り「前方に移動する」という意味です。Please proceed to Gate 5.「5番ゲートへお進みください」。それが発展した「仕事が進む」「勉強が進む」「準備がはかどる」などでも幅広く使えます。Construction of the school building is proceeding according to plan.「校舎の建築は計画通りに進んでいます」。
ONE POINT proceed の名詞形が a prócess で、「進み方」から「過程、手順」の意味になりました。

662 **procedure** 手順、手続き 名

/prəsíːdʒər/

覚え方 procedure は procéed「進む」から発展した単語で「進み方」→「物事の手順」という意味です。
使い方 パスポート申請などの「手続き」から、コロッケを作るための「手順」や、害虫駆除のための「手順」など幅広く使える単語です。「きちんとした手順を踏む」is follow the correct procedure です。What is the procedure for applying for a passport?「パスポートの申請の手順はどうすればよいのですか?」。
ONE POINT アクセントの位置は動詞の procéed と同じです。

663 successive 連続した 形

/səksésɪv/

覚え方 succéed は suc-【= sub 下に】+ -ceed【進む】から、「あるものに引き続きあるものが来る」→「〜を引き継ぐ」の意味。そこから「成り上がる」の意味に発展し「成功する」になりました。

使い方 succéssion は「連続」、successive は「連続した」という意味です。three successive years は「3年連続」の意味です。The team won eight successive games.「そのチームは8連勝した」。

ONE POINT in quick succession なら「矢継ぎ早に」。

664 seemingly 〜 〜に思える 副

/síːmɪŋli/

覚え方 seem 〜「〜に思える」の副詞形です。

使い方「〜に思える」という訳出をします。「一見〜に見えるが実は違った」、「一見〜に見えて、実際そうだった」のどちらでも使えます。a seemingly impossible task「不可能に思える仕事」、seemingly useless subjects「一見無駄に思える科目」。

ONE POINT appárently もほぼ同じ意味で使いますが、主な用法は「聞くところによると〜らしい」です。Apparently, the Rolling Stones are on tour again.「ローリングストーンズがまたツアーに出るらしいよ」。

665 reserve 〜 (席、部屋)を予約する 動

/rɪzə́ːrv/

覚え方 re-【= back 後ろに】+ serve【奉仕する】から「(将来の使用またはある目的のために)とっておく」になりました。現在でも「時間や部屋を使わずにとっておく」の意味でも使われます。

使い方 I'd like to reserve a table for dinner.「夕食の席を予約したいのですが」。non-reserved seats は「(列車などの)自由席(⇔ reserved seats 指定席)」。名詞形の reservátion は make a reservation「予約する」の形が重要です。

ONE POINT resérved は、「とっておかれた」から「(人が)控えめな」に発展しました。a shy, reserved girl「内気で控えめな少女」。

666 preserve ～　　～を保存する　　動

/prɪzə́:rv/

覚え方 pre-【= before あらかじめ】+ serve【奉仕する】から「何かが破壊したり、腐ったりしないように処置をする」→「保存する」。

使い方 preserve nature なら「自然を現状のままに（一切手を加えずに）保存する」の意味です。A well preserved fossil is very expensive.「保存状態のよい化石はかなり高い」。名詞形はpreservation です。preservation of old buildings「古い建物の保存」。

ONE POINT 類語のconsérve は「（浪費せず）大切に使う」という感じの保護の仕方です。なおa conservátionist は「環境保護論者」です。

667 oppress ～　　(残酷に、不当に、人)を圧迫する　　動

/əprés/

覚え方 op-【= ob ～に対して】+ press【押す】から「押し返す」。

使い方 主に「（残酷に、不当に、人）～を圧迫する」の意味。the people oppressed by the authorities「当局によって抑圧されている人々」。The dictator oppressed his people for a long time.「その独裁者は人民を長期にわたり虐げた」。名詞形は oppression 。

ONE POINT 形容詞形は oppréssive で、「圧迫するような」から「（天候が）ムシムシする」まで使えます。David hates Japan's oppressive summer.「デイヴィッドは日本のムシムシする夏が大嫌いです」。

668 suppress ～　　(反乱、暴動、感動)を抑える　　動

/səprés/

覚え方 sup-【sub- の変形】+ press【押す】ですから、「下に押す」→「下に押しつける」イメージです。

使い方 「（反乱、暴動）を鎮圧する」、あるいは「（笑いやあくびなど）～を抑える」といった、日本語の「抑える」に近いイメージです。suppress anger「怒りを抑える」、suppress a yawn「あくびをかみ殺す」。I was unable to suppress my anger and kicked a bucket.「私は怒りを抑えることができなかったのでバケツを蹴った」。名詞形は suppréssion です。

ONE POINT 「（雑誌など）を発禁処分にする」も suppress です。

669 embrace ～　(新しい考え、理論など)を受け入れる　動

/ɪmbréɪs, em-/

覚え方 em-【動詞化】+ -brace【腕】から「抱きしめる」が基本的な意味です。a brácelet「ブレスレット」も同語源の単語です。

使い方 本来は「～を抱擁する」という意味ですが、多くの場合「(新しい考え、理論、意見など)を(熱心に)受け入れる」という意味で用います。「宗教に帰依する」ぐらい「熱心に受け入れる」イメージです。In the end, the researchers embraced my theory.「最終的には、その研究者たちは私の理論を受け入れた」。名詞も同形です。

ONE POINT 日常使われる「～をだっこする」は hug ～です。

670 ambiguous　(言葉、発言などが)曖昧な　形

/æmbígjuəs/

覚え方 amb-【= around あちこち】+ -igu-【= -it 行く】から「意味があちこち行ってしまう」というイメージ。単語は ambivalence「(-val-【価値】)同一物に対して相反する感情を抱くこと」が同語源です。

使い方 「言葉の意味が2つ以上にとれるので曖昧である」という意味です。たとえば「どうして来たの」という質問は「なぜ来たのか」「どの手段で来たのか」などはっきりしません。これが ambiguous の感じです。This sentence is ambiguous.「この文は曖昧だ」。名詞形は ambigúity です。

ONE POINT 類語の vágue は「(考えなどが)曖昧な」の意味です。

671 ambulance　救急車　名

/ǽmbjələns/

覚え方 amb-【= around あちこち】から「街をあちこち走り回る」というイメージですね。

使い方 「救急車を呼ぶ」は call an ambulance、「救急車で～を病院に搬送する」は take ～ to (the) hospital by ambulance。a fire engine and an ambulance「消防車と救急車」。

ONE POINT 「サイレンが鳴りライトが明滅する」は sirens scream and lights flash です。「消防士」は a firefighter です。

672 **ambition** 野望 [名]

/æmbíʃ(ə)n/

覚え方 amb-【ぶらぶら】+ -it-【行く】から「あちこち行くこと」が原義。昔、ローマで選挙演説をする野心家が街中を歩いたことから。同語源の単語に an éxit「(外に行く→)出口」があります。

使い方 achieve/fulfill/realize one's ambition to (V)「~したいという野心を実現する」。Daniel has realized his ambition to become a pilot.「ダニエルはパイロットになる野望を実現した」。

ONE POINT 札幌農学校(現北海道大学)の1期生との別れの際に、クラーク博士が Boys, be ambítious!「少年よ、大志を抱け!」と言われたのは有名ですね。「野心」=「行動力」なのかもしれません。

673 **tremble** 震える [動]

/trémb(ə)l/

覚え方 【ラテン語 *tremere* 震える】から来ました。同語源の単語には treméndous「(震えるぐらい)すさまじい」や a trémor「震動、小さな地震」があります。「ブルブル」と音が似ていますね(笑)。

使い方 「(主に恐怖などで)震える」の意味です。tremble with fear「恐怖で震える」。「(家屋が)微かに揺れる」にも使えます。At that time, I felt the ground tremble.「その時、私は地面が揺れるのを感じた」。

ONE POINT 「揺れる」を意味する普通の単語は shake です。寒さで震える場合には shiver を用います。

674 **tremendous** (大きさ、速さ、力強さなどが)桁違いの [形]

/trɪméndəs/

覚え方 tremble と関連があり「震えるぐらいに大きい」の意味。

使い方 「(大きさ、速さ、力強さなどが)桁違いの」の意味です。a tremendous effort「桁違いの努力」、tremendous difficulty「非常に大きな困難」、a tremendous amount of money「途方もない大金」、under tremendous pressure「途方もない重圧を受けて」。There was a tremendous bang suddenly.「突然大音響がした」。

ONE POINT bang は「ドン」「バタン」などの衝撃音を表す単語です。

675 specific

明確かつ具体的な 形

/spɪsífɪk/

覚え方 speci-【見る】+ -fic【作る】から「見えるようにする」→「明確な」となりました。
使い方 「明確かつ具体的な」が基本的な意味です。Can you be more specific in your explanation?「もっと明確に説明してください」。specific instructions「明確な指示」、a specific aim in life「人生の明確な目標」。さらに意訳して「特定な、一定の」という訳が適切な場合もあります。a specific sum of money「ある一定の金額」、a specific age group「ある特定の年齢のグループ」。
ONE POINT be specific to 〜 は「〜に特有の」という訳が妥当です。

676 degree

①(温度、角度、程度などの)度 ②学位 名

/dɪgríː/

覚え方 de-【= down 下】+ -gree【= grade】から「1歩下がること」が原義。今では「下がる」の意味がなくなりました。
使い方 「温度」「角度」「程度」などの「度」が基本的な意味。また「1段上がる」ことから「学位」の意味にも発展しました。The professor has a degree in economics from Columbia.「その教授はコロンビア大学で経済学の学位をとっている」。
ONE POINT to some degree「ある程度(= to some extent)」も暗記して下さい。

677 ruins

廃墟、遺跡 名

/rúːɪnz/

覚え方 【ラテン語 ruere 倒れる】が語源。
使い方 名詞は「破滅」が基本的意味。face financial ruin「財政的破滅に直面する」。動詞では「〜を破滅させる」が基本的意味です。Parts of Kobe were ruined in the Great Hanshin Earthquake.「神戸の一部は阪神大震災で廃墟となった」。さらに「〜を台無しにする」という意味に発展。The rain ruined my new sweater.「雨で新しいセーターが台無しになった」。
ONE POINT the ruins of Rome で「ローマ遺跡」です。

678 **valid** 妥当な 形

/vǽlɪd/

覚え方 value「価値」と同じ語源です。

使い方 a valid reason を直訳すると「価値のある理由」です。これは相手に「なるほど」と納得させることのできる理由ですね。ですから「根拠のある理由、正当な理由、妥当な理由、もっともな理由」などと訳せるわけです。「(書類、切符が)有効」でも使えます。This passport is valid for ten years from the date of issue. なら「このパスポートは発行日から10年間は有効です」の意味です。

ONE POINT 「valid は、『価値がある』という意味だけど、議論、理由、主張などに対して使われる形容詞だ」と覚えておけばよいのです。

679 **equivalent** 同等の 形

/ɪkwív(ə)lənt/

覚え方 equi-【同じ】+ -value【価値】から、「同じ価値を持つ」。同語源の単語に、the equátor「赤道(地球を南北に平等に二分するもの)」、Ecuador「エクアドル(国土が赤道下にあることから)」があります。

使い方 「同じ価値を持つ」の意味です。a bonus equivalent to 3.8 months' salary「月給3.8ヵ月分のボーナス」。名詞も同形です。The word "wakame" has no equivalent in English.「『ワカメ』という単語に相当する英語はない」。英米には海藻を食べる習慣がなく、それらは総称的に seaweed「海の雑草」と呼ばれています。

ONE POINT roughly equivalent で「だいたい等しい」という意味です。

680 **trail** 跡、爪痕 名

/tréɪl/

覚え方 tra-【引っぱる】から「引っぱった跡」です。重い荷物を地面の上をずるずると引っぱれば「跡」がつきますね。まさにあの「跡」が a trail です。今では「台風や洪水の爪痕」の類いの災害の跡の意味でも用います。

使い方 a trail of smoke「煙のたなびき」、a mountain trail「(人や獣が通った跡から)山道」、follow a bear's trail「熊の足跡を追う」、Typhoon No.9 left a trail of destruction behind it.「台風9号は被害の爪痕を残した」。

ONE POINT この単語に -er をつけたのが a trailer「トレーラー」です。

681 **overall** 全てを含む、全体的な 形

/òʊv(ə)rɔ́ːl, òʊvə(r)ɔ́ːl/

(覚え方) overall は、文字通り「すべてを覆う」の意味です。
(使い方)「あらゆるものを考慮して含めた」が基本的な意味です。an overall estimate「全体的見積もり」、fifty meters in overall length「全長50m」。The overall cost of the construction is estimated at one billion yen.「その建設にかかるすべての費用は10億円と見積もられている」。副詞として「全体的に見れば」という意味でも使います。Overall, prices are still getting higher.「全体的に見て、物価はまだ上昇している」。
ONE POINT an overall champion は「総合優勝者」の意味です。

682 **contract** 契約(書) 名

/kɑ́ntrækt/

(覚え方) con-【= together】+ -tract【引っ張る】から「互いに引っ張り合う」から「駆け引き」になり、「契約」という意味が生まれました。また「引っ張り合う」から「収縮する」にもなりました。
(使い方) make a contract「契約をする」、contract talks「契約交渉」、break the contract「契約に違反する」、extend the contract「契約を延長する」。I was a contract worker for a company in China.「中国の会社で契約社員として働いていました」。動詞も同形の contract です。
ONE POINT Rubber stretches and contracts.「ゴムは伸び縮みする」。

683 **distract ~** ~の気を散らす 動

/dɪstrǽkt/

(覚え方) dis-【分ける】+ -tract【引っ張る】から「引き離すように引っぱる」となり、そこから「人の気持ちなどを引き離す」という意味になりました。何かに集中している時に、横で子どもが走り回る感じです。同語源の単語は subtráct「【sub-下】引き算する」。
(使い方)「別のことに目を向けさせることで、人の注意を引き離す」という意味。「~の気を散らす」という訳も可能。I was momentarily distracted by someone calling my name.「私の名前を呼ぶ声に一瞬気をそらされた」。名詞形は distráction。
ONE POINT「気を紛らわせる」というプラスイメージでも使えます。

684 participate 参加する 動

/pɑːrtísəpèɪt/

覚え方 part-【部分】+ -cip-【= ceive 取る】から、participate(in ~) = take part(in ~)です。take part よりも硬い文で使われます。
使い方 しばしば、participate in ~で使います。「競技の参加」以外にも「陰謀(a plot)」、「戦争(war)」、「議論(discussion)」などへの参加、加担にも使えます。The Olympics were a huge success because so many countries participated.「あれほど多くの国が参加したのでオリンピックは大成功だった」。名詞形は participátion。
ONE POINT a participant は「参加者」です。a díplomat「外交官」など -t で終わる単語は「人」を表すことが多いです。

685 anticipate ~ ~を予測し備える 動

/æntísəpèɪt/

覚え方 anti-【= against ~に対して】+ -cip-【= ceive 取る】から、「~に備えて武器や道具などを取る」が原義です。同語源の単語は a récipe「(『これを取れ!』が原義)調理法」などです。
使い方「~を予測し備える」です。expect と違うところは「準備する」という意味まで含む点です。ただし、和訳に際しては「備える」を無視して「予測する」とすることもあります。The organizers of the fireworks display did not anticipate such a large crowd.「花火大会の主催者はあんな多くの人が来るとは予測していなかった」。
ONE POINT 名詞形は anticipátion です。

686 emancipate ~ (奴隷など)を解放する 動

/ɪmǽnsəpèɪt/

覚え方 e-【= ex 外】+ -man-【= manual 手の】+ -cip-【= ceive 取る】から「人の手を取り外へ連れていく」→「(奴隷など)を解放する」。
使い方 free ~「~を自由にする」を難しく言うと emancipate ~だと覚えておいてください。Lincoln emancipated slaves in 1863.「リンカーンは1863年に奴隷を解放した」。the Emancipátion Proclamation は、1863年にリンカーンによって出された「奴隷解放宣言」です。
ONE POINT Abraham Lincoln の愛称は Abe/éɪb/ ですが、これを「アベさん」と読んだ生徒がいました。

687 commerce　商業　[名]

/kámə(:)rs/

覚え方 com-【= together】+ -merce【商品を扱う】から。mérchant「商人」、mérchandise「(集合的に)商品」が同語源。

使い方「商業」の意味の不可算名詞です。commerce and industry「商工業」。形容詞形は commercial「商業に関わる、営業に関わる」です。「コマーシャル」は commercials で、CM と略すことはまれです。

ONE POINT「商工会議所」は a Chamber of Commerce です。

688 upset ～　(人の気持ち)を動揺させる　[動]

/ʌ̀psét/

覚え方 upset は、本来は set ～ up「～を立てる」のはずなのですが、意味が逆転して「～をひっくり返す」の意味になりました。

使い方「(人の気持ち)を動揺させる」の意味です。The mysterious disappearance of my brother upset everyone.「兄の不可解な蒸発は皆をおろおろさせた」。さらに upset our schedule「予定を狂わせる」、upset the balance of the environment「環境のバランスを崩す」などでも使います。

ONE POINT be upset about ～ で「～で動転している」という意味です。名詞の an upset は「番狂わせ」の意味です。

689 indispensable　不可欠な　[形]

/ìndɪspénsəbl/

覚え方 dis-【分ける】+ -pense【重さを量る】から「重量に応じて分ける」が原義です。「多数の人に分配する」が基本的な意味ですが、そこから「赦免する」に発展し「なしで済ます」の意味が出ました。indispensable は in-【否定】+ -dispens-【なしで済ます】から。

使い方 be indispensable to ～「～に不可欠な」でも使います。A car is indispensable if you live in the country.「田舎に住むなら車は不可欠だ」。

ONE POINT esséntial は「なければ生きていけない」という重たい感じがしますが、indispensable は「あれば便利だ」という感じです。

690 suspend ～　　～を一時的に中断する　　動

/səspénd/

覚え方 sus-【= sub 下】+ -pend【= *pendere* 吊るす】から「吊るす」が原義です。a suspénder といえば「ズボン吊り」ですね。suspénse「サスペンス、不安」は宙ぶらりんで不安な状態のことです。

使い方「～を停学、停職、出場停止にする」でも使います。The restaurant had its license suspended for one week.「その食堂は1週間の営業停止処分になった」。The athlete was suspended for two years for doping.「その選手はドーピングのため2年間の出場停止処分になった」。名詞形は suspénsion です。

ONE POINT an appéndix は「吊るされたもの」→「(本の)補遺、付録」。

691 be concerned with ～　　～に関心を持っている　　形

/kənsə́ːrnd/

覚え方 con-【= together 全て】+ -cern【ふるいにかける】から「ふるいにかける」→「何かに重点をおく」→「関心を持たせる」となりました。a cóncert「コンサート」も同語源です。-cert も -cern と同じ意味で、「ふるいにかけられた→専門的なもの」から。discérn ～「～を識別する」は dis-【分ける】+ -cern【ふるいにかける】。

使い方「～に興味を持つ」といえば be interested in ～ が有名ですが、これは「自分の利益になる」イメージです。be concerned with ～は、もっと高尚な表現です。大学教授や研究者が「～に関心を持つ」という意味で用います。The professor is concerned with environmental problems.「その教授は環境問題に関心を示している」。

さらに「彼らの著作」が主語となり、「～を扱う」という訳になります。「関係がある」という一面的な訳語で覚えている人が多いので要注意です。

名詞形も concern で、my primary concern といえば「私が今一番関心を持っていること」の意味です。

ONE POINT be concerned about ～ では、about を使っていることから分かると思いますが、関心の対象が「はっきりしないこと」になります。ですから worry about ～ や be anxious about ～ と同様に、「～に不安を感じる」と訳すとうまくいきます。なお、concérning ～ は「～についての」の意味の前置詞です。

692 compensate　補償する　動

/kámpənsèɪt/

覚え方 com-【= together】+ -pens-【= *pendere* 吊るす】から「支払う」になりました。これは、天秤ばかりの一方に商品を吊るし、それに見合ったお金をもう片方に吊るして、釣り合ったところで「支払い」をしたことから来ています。compensate は、「共に吊るす」→「釣り合わせるために払う」→「補償する」です。

使い方 compensate（＋人）for ～で「(損失、損害など)を(人に)補償する」。The airline compensated us for losing our baggage.「航空会社は私達に手荷物紛失に対する補償をした」。

ONE POINT 名詞形の compensátion は「賠償金、補償金」です。

693 dormitory　寮　名

/dɔ́ːrmətɔ̀ːri/

覚え方 dorm-【ラテン語 *dormire* 眠る】+ -ory【場所】。同語源の単語は、dórmant「活動を停止した」です。

使い方「男子寮」は a men's dormitory で、「女子寮」は a women's dormitory です。「その寮の規則」は the regulations of the dormitory です。A dormitory is available for single employees.「独身の従業員は寮を利用することができます」。略式では a dorm と言うこともあります。

ONE POINT「寮生活をする」は live in a dormitory です。また「門限は午後10時だ」は We have a 10 p.m. cúrfew. と言います。

694 soar　急騰する　動

/sɔ́ːr/

覚え方【古フランス語 *essorer* es- 外 + -orer 大気】から「大気の外へ出る」から頭音が消失した形。sour と発音が同じ sore は「ヒリヒリする」の意味の形容詞。

使い方「急騰する」の意味です。The price of petrol has soared in the last few weeks.「ここ数週間でガソリンの価格が急騰した」。「(鳥が)舞い上がる」の意味でも使います。soar high in the sky「空高く舞い上がる」。

ONE POINT increase を過激にした単語です。

695 **subscribe to ~**　〜に加入する　[動]

/səbskráɪb/

覚え方 sub-【下】+ -scribe【書く】から「契約書の下にサインする」イメージ。同語源の単語は、describe 〜「〜を描写する」があります。
使い方 subscribe to 〜「〜を定期購読する、加入している」で使います。「〜」には cable television「ケーブルテレビ」、an Internet Service Provider「プロバイダー」、the magazine「その雑誌」など。a subscríber は「購読者、加入者」です。
ONE POINT 主に否定文、疑問文で「(考えなど)を支持する」という意味でも使います。I do not subscribe to the view that all dams are wrong.「すべてのダムはダメだという意見には賛成しかねる」。

696 **prescribe ~**　〜を処方する　[動]

/prɪskráɪb/

覚え方 pre-【= before 以前に】+ -scribe【書く】から「薬を出す前に書く」から「処方する」になりました。
使い方 prescribe (人)〜 / 〜 (for 人)「(人に)を処方する」の意味です。Dr. Smith prescribed some sleeping pills for me.「スミス先生は睡眠薬を処方してくれました」。名詞形は prescríption です。a prescription for 〜「〜の処方箋」。
ONE POINT punishment prescribed by the law「その法により規定された罰則」などのような使い方もあります。formal な表現です。

697 **stock**　株　[名]

/stάk/

覚え方【古英語 *stoc* 木の幹】が語源です。日本語の「ストック＝在庫」の意味もあります。The Internet bookstores have a large stock of books.「インターネットの本屋は本の在庫が豊富である」。
使い方 英字新聞などでは「株」の意味が普通です。buy and sell stocks「株の売買をする」、hold stocks「株を持っている」、make money on the stock market「株で儲ける」、a listed stock「上場株」などです。Oil stocks have been going up in recent years.「最近石油株が値上がりしている」。
ONE POINT lívestock「家畜」もついでに暗記。

698 exclaim   (突然大声で)叫ぶ   動

/ikskléim/

覚え方 ex-【外】+ -claim【叫ぶ】から「(興奮して突然)叫ぶ」が原義です。"!"のマークのことを「イクスクラメーション・マーク」といいますが、これは exclaim の名詞形の exclamátion + mark です。

使い方 「(突然大声で)叫ぶ」の意味の文語です。We exclaimed in delight at the sight of the rescue party.「私たちは救助隊の姿を見て喜びの声を上げた」。他動詞としても使います。"No", she exclaimed.「『いや』と彼女は叫んだ」。

ONE POINT 「叫ぶ」原因は、驚き、怒り、興奮など何でもOKです。

699 extensive   広範囲な   形

/iksténsiv/

覚え方 ex-【外】+ -ten【= tend のびていく】から。

使い方 「広範囲にわたる」という意味です。the extensive use of ~ なら「~を広範囲に使用すること」という意味です。suffer extensive damage「広範囲な被害を受ける」。副詞は exténsively です。read extensively「多読する」。

ONE POINT 反意語は inténsive「集中的な」。an Intensive Care Unit「(ICU)集中治療室」、intensive reading「精読(=集中的読書)」。

700 constitution   憲法   名

/kànstətjú:ʃ(ə)n/

覚え方 con-【= together 集めて】+ -stitute【立つ】から「部品を集めて作り上げる」→「構成する」になりました。a constitution は「構成」、「(国の骨格を構成するもの→)憲法」の意味。

使い方 動詞形の constitute /kánstətjù:t/ は、主語が複数形なら「~を構成する」ですが、主語が単数形の場合、「1つのものが~を構成する」では変ですから「~に等しい、~だ」と訳します。The rise in Internet crime constitutes a threat to society.「ネット犯罪の増加は社会に対する脅威である」。

ONE POINT 「違憲の」は unconstitútional です。

701 **superstition** 迷信 〔名〕

/sùːpərstíʃ(ə)n/

覚え方 super-【上】+ -stition【= stitute 立つ】から「恐怖を起こすものの上に立ち、その恐怖を信じること」の意味。

使い方 総称的に「迷信」という場合には不可算名詞。個々の迷信は可算名詞です。believe in superstition「迷信を信じる」。The idea that the number "13" is unlucky is a common superstition.「『13』という数字は不吉であるという考えはよく知られた迷信です」。形容詞形は superstítious「迷信を信じている」です。

ONE POINT 英米で有名な迷信に It is unlucky to walk under a ladder.「はしごの下を歩くと縁起が良くない」があります。

702 **institute** （あまり大きくない）研究所 〔名〕

/ínstət(j)ùːt/

覚え方 in-【中】+ -stitute【立てる】より「立てられたもの」。a próstitute は pro-【前】+ -sti【立つ】から「売るために前に立つ」→「売春婦」。

使い方 「（大規模でない）ある特定な研究を行う団体」の意味です。the English Language Institute「（外国人教育のための）英語研究所」、a space research institute「宇宙研究所」、the National Cancer Institute「国立癌研究所」。

ONE POINT MIT（Massachusetts Institute of Technology）「マサチューセッツ工科大学」も「技術研究所」なのですね。

703 **institution** ①（無形の）制度 ②（有形の）機関 〔名〕

/ìnstət(j)úːʃ(ə)n/

覚え方 an institution は ínstitute と同語源ですが、意味が異なります。「ある社会に根ざしたもの」のイメージです。

使い方 有形か無形かで意味が変わります。①「（長い間社会に存在する）制度」。①は無形のものです。Marriage is a social institution.「結婚は社会制度である」。②「（大学や大学病院や大企業のように規模が大きく重要な）機関、組織」。「大きな」がポイントです。たとえば a public institution「公共機関」、a financial institution「金融機関」、an educational institution「教育機関」などです。

ONE POINT 「（老人や孤児のための）養護施設」の意味もあります。

704 substitute A for B
/sʌ́bstət(j)ùːt/

B の代わりに A を用いる 動

(覚え方) sub-【= under 下】+ -stitute【立つ】から「下に控えている」。the súbway「地下鉄」、a submarine「潜水艦」が同語源。
(使い方) The recipe says that you can substitute margarine for butter.「レシピには、バターの代わりにマーガリンでも可と書いてある」の用法が重要。自動詞も可。I'll substitute for him.「私が彼の代役をやります」。名詞も形容詞も同形です。a súbstitute for sugar「砂糖の代用品」、a substitute teacher「代用教員」、a substitute (player)「補欠選手」。
ONE POINT make two substitutions なら「2回選手交代を行う」です。

705 launch ～
/lɔ́ːntʃ/

～を開始する、～を打ち上げる 動

(覚え方) a lance「槍」を投げる、が原義。そこから「(攻撃)を開始する」、「(ロケット、ミサイル)を打ち上げる」になりました。
(使い方)「(組織的に)～を開始する」から「(船)を進水させる」、「(ロケットなど)を打ち上げる」まで使えます。launch a missile「ミサイルを発射する」。目的語には、an attack「攻撃」、a space shuttle「スペースシャトル」、a magazine「雑誌」など。名詞も同形です。
ONE POINT 車名で「ランサー (lancer)」というのがありますが、これは「槍騎兵(=槍をもった騎兵)」の意味です。かっこいいですね。

706 abbreviate ～
/əbríːvièit/

～を短縮する 動

(覚え方) 最初の ab- は ad-【方向性】で無視してください。後ろの -brevi- は brief「短い」が変形された形です。ですから abbreviate は「～を短くする」→「～を短縮する」という意味になるわけです。
(使い方) be abbreviated as/to ～「～に短縮される」が大切です。"The United Nations" is usually abbreviated to "UN".「『国際連合』は、ふつう"UN"と短縮されます」。名詞形は abbreviátion です。
ONE POINT It is を It's などに「短縮する」は contráct と言います。

707 **destiny**

/déstəni/

運命　[名]

覚え方 de-【= down 下】+ stiny【= -stitute 立つ】から「神の下に立つ」。a fate「宿命」とは違い、必ずしも悲壮感はありません。

使い方 escape one's destiny「運命から逃れる」、struggle against one's destiny「運命と戦う」、the moment when one's destiny will be determined「運命の瞬間」。It was his destiny to live here as a farmer.「ここに住み農業をすることが彼の運命であった」。なお a destination は「目的地」の意味です。

ONE POINT 動詞形の déstine は、しばしば be destined to(V) で「～する運命にある」の形で用いられます。

708 **obstinate**

/ábstənət/

頑固な　[形]

覚え方 ob-【= against ～に向かって】+ stinate【= -stitute 立つ】から「何かに対抗して動かない」。《オンブしてね！ と頑固な子》。

使い方「頑固な」という意味の形容詞です。My father is obstinate and never listens to us.「うちの父親は頑固だから私たちの話には決して耳を傾けない」。人間以外にも使えます。obstinate stains「頑固なシミ」、obstinate athlete's foot「頑固な水虫」。

ONE POINT 類語に stúbborn があります。この単語は stub-【切り株】+ -born ですから「切り株のように頑として動かない」という意味です。「生まれつき頑固な」という意味でも使われます。

709 **verify ～**

/vérəfàɪ/

～を立証する　[動]

覚え方 ver-【= very 真の】+ -fy【動詞化】から「真なものにする」→「(目撃者、調査など)が事実であると立証する」。a vérdict「(陪審員の)評決 (ver- は【真の】+ dict【言う】から)」が同語源。

使い方 相当硬い文で使います。verify an álibi「アリバイを立証する」、verify compliance with the treaty「その条約の遵守を立証する」、The driver's statement was verified by several witnesses.「その運転手の供述は何人かの目撃者によって立証された」。

ONE POINT 名詞形は verificátion です。the verification of official documents「公式文書が間違っていないかを確認すること」。

710 compel O to (V)   OにVすることを強制する 〔動〕

/kəmpél/

覚え方 com-【= together 強意】+ -pel【押す】から「強く押す」。propéller は「プロペラ(pro-【前方】+ -pel【押す】+ -er)」。
使い方 compel + 人 + to(V)で「人に～するように強制する」です。The prime minister felt compelled to resign because of the scandal.「首相はスキャンダルのため辞職せねばという気持ちになった」。名詞形は compúlsion で、形容詞形は compúlsory です。In Japan, education is compulsory between the ages of six and fifteen.「日本では6歳から15歳までが義務教育です」。
ONE POINT 形容詞の compélling は「説得力のある、強制的な」です。

711 expel A from B   AをBから追放する 〔動〕

/ıkspél/

覚え方 ex-【外】+ -pel【押す】から「外へ押す」。a pulse「脈」、repéllent「(押し返すもの)防虫剤」、dispél「dis-【分ける】+ -pel【押す】→(人々の心から誤った考え)を取り除く」などが同語源。
使い方 The students were expelled from school for sniffing glue.「その生徒たちはシンナーを吸ったため退学になった」。「国外退去処分にする」という意味でも使われます。The journalist was expelled from the country.「その新聞記者は国外退去になった」。
ONE POINT 「～日間停学になる」は be suspénded for ～ days from school。

712 scream   (興奮して)叫ぶ 〔動〕

/skríːm/

覚え方 sc- で始まる語は、「削る、ひっかく、うすい」というイメージの語が数多く見られます。たとえば scab「かさぶた」、scales「魚のうろこ」、a scoop「ひしゃく」、scrape「こする」、a skýscraper「(『空をひっかく』から)超高層ビル」、scratch「ひっかく」。
使い方 「恐怖から叫ぶ」だけでなく、「興奮して叫ぶ」、「大きな笑い声をたてる」も可。The children screamed in horror when they saw the squashed cat.「子供たちは、その押しつぶされた猫を見て恐怖から金切り声を上げた」。名詞も同形の scream です。
ONE POINT horror「恐怖」は「ホラー映画」で有名ですね。

713 **result** 結果 　名

/rɪzʌ́lt/

覚え方 re-【= back】+ -sult【跳ねる】から「跳ね返ってくる」→「結果」。a salmon「鮭(川に帰る時に飛び跳ねる)」、salt「塩(刺激が我々に飛びかかってくるイメージの語)」は同語源です。

使い方 動詞の場合には、A result in B. で「Aの結果Bになる(Aが跳ねてBの中に入る)」と、A result from B. で「Bの結果Aとなる(BからAが跳ねて出てくる)」の2つを覚えておいてください。The civil war resulted in thousands of deaths.「その内戦のため数千もの命が失われた」。

ONE POINT as a result「結果として」もよく見る表現です。

714 **consult ～** (専門家など)に相談する 　動

/kənsʌ́lt/

覚え方 con-【= together】+ -sult【跳ねる】から「共に跳ねる」が原義です。「一緒に苦労するイメージ」がつかめればOKです。ここから「意見を求める、相談する」となります。

使い方 他動詞は、「(立場が上の専門家や権威のある人)に意見を聞く」ことで、consult a doctor「医者に診てもらう」、consult a dictionary「辞書を引く」などに使います。自動詞の consult with ～ は、「対等の関係にあるものに対して意見を求める」となります。

ONE POINT 「コンサルタント」はこの単語の派生語 a consúltant です。

715 **insult ～** ～を侮辱する 　動

/ɪnsʌ́lt/

覚え方 in-【中に】+ -sult【跳ねる】から「心の中に飛びかかってくる」→「侮辱する」。《犬！ 猿！ と侮辱する》はどう?

使い方 insult + 人 で「(人)を侮辱する」の意味です。Emily looked insulted when I turned down her invitation.「エミリーは私が招待を断った時に侮辱されたような顔をした」。名詞形の ínsult は an insult to ～ で「～に対する侮辱」で使います。

ONE POINT この単語は、名詞は前にアクセントがあり、動詞は後ろにアクセントがきます(いわゆる「名前動後」というものです)。

716 **assault**　襲撃　[名]

/əsɔ́:lt/

覚え方 ass- のような a + 子音 + 子音(同じ子音の連続)では、方向性を示す ad- の変形でした。ですから an assault は「何かに向かって飛び跳ねる」→「襲いかかる」です。exúlt「とても喜ぶ(ex- + -sult の s の消失→外に飛び跳ねるようにして行く)」が同語源。
使い方 突然の激しい攻撃、襲撃を意味します。名詞と動詞は同形ですが、アクセントはいずれの場合も au の上にあります。an all-out assault against the enemy「敵への総攻撃」。
ONE POINT 一般に -au- の発音は /ɔ:/ です。注意してください。

717 **eager**　熱心な　[形]

/í:gər/

覚え方 an eagle「鷲(わし)」が獲物を狙うイメージで覚えましょう。
使い方 be eager to(V)で「是非〜したい」という意味です。I am eager to watch that movie.「あの映画を是非観たい」。eager young people「熱心な若者」の形でも使います。また、be eager for 〜で「〜が欲しくてたまらない」という意味です。The bright child is eager for knowledge.「その聡明な子どもは何でも知りたくてうずうずしている」。名詞形は eagerness です。
ONE POINT be keen to(V)より強い表現です。

718 **stick**　〜を貼り付ける、貼り付いている　[動]

/stík/

覚え方 a stick「棒」は刺さると取れないので「くっつく」に発展。
使い方 stick a poster on the wall「壁にポスターを貼る」、The pasta sticks together.「パスタがくっついている」、A fish bone stuck in my throat.「魚の骨が喉にささった」。stick to 〜は「(主義、主張、習慣などを)やり通す」です。I'm sticking to my diet.「私はダイエットを続けている」。Don't stick your head out of the window.「窓から顔を出すな」などの「〜を突き出す」にも注意。
ONE POINT get stuck は「にっちもさっちもいかなくなる」も重要。My car got stuck in the mud.「車が泥にはまって立ち往生した」。

719 stimulate ～　～を刺激する　動

/stímjəlèɪt/

覚え方【古英語 *stingan* とがった武器で突き通す】から。「突き刺す」から「棒でつつかれて走る」感じです。stick が同語源。

使い方「テレビから受ける刺激」のような受動的な刺激と違って、「(人に何かの行動を駆り立てるように)～を刺激する」という意味です。stimulate the brain「脳を刺激する」、stimulate economic growth「経済成長を促す」。Light stimulates plant growth.「光に刺激されて植物は育つ」。名詞形は stimulátion です。

ONE POINT a stímulant は「刺激するモノ」から「興奮剤」という意味。detect stimulants in athletes「選手の体内の興奮剤を検出する」。

720 instinct　本能　名

/ínstɪŋ(k)t/

覚え方 in-【中】+ -stinct【= *stingan* 突く】から、「心の中を突く」イメージです。「食欲」や「睡眠欲」などの「本能」は脳天を直撃する感じがしますね。この「刺す」感じが「本能」にはぴったりです。

使い方 by instinct「本能的に」、act on instinct「本能に従って行動する」、an instinct for self-defence「自己防衛本能」。Birds learn to fly by instinct.「鳥は本能的に飛び方を習得する」。形容詞形は instínctive です。I have an instinctive dislike for that man.「私は本能的にあの男が好きになれない」。

ONE POINT 反意語は reason「理性」です。

721 extinct　絶滅した　形

/ɪkstíŋ(k)t/

覚え方 ex-【外】+ -tinct【ラテン語 *stingan* 突く】で「外に出すように突く」→「完全に消す」→「絶滅した」になりました。extínguish ～「～を消火する」、an extínguisher「消火器」は同語源の単語です。

使い方 become extinct「絶滅する」です。Dinosaurs have been extinct for millions of years.「恐竜が絶滅して何百万年にもなる」。また名詞形は extínction「絶滅」です。We must work hard to prevent the extinction of wild animals.「私たちは野生動物の絶滅を食い止めるために努力しなければならない」。

ONE POINT endangered animals は「絶滅に瀕した動物」の意味です。

722 **distinguish ~**　〜を区別する　動

/dɪstíŋ(g)wɪʃ/

覚え方 dis-【分ける】+ -tinguish【ラテン語 *stingan* 突く】から「目印を2ヵ所、それぞれ離れたところに刺す(=つける)」という意味。そこから「区別する」「識別する」という意味が出てきました。

使い方 distinguish A from B ならば「AをBから区別する」で、distinguish between A and B は「AとBとを区別する」という意味です。前者はAに重点がある表現で、後者はAとBが対等な関係です。distinguish between right and wrong「善悪の区別をする」。

ONE POINT 形容詞形の distinguished は、「他と明確に区別された」から「傑出した」。同形語の distinct は「全く異なる」です。

723 **modest**　謙虚な　形

/mádəst/

覚え方 mode-【= *modus* 尺度】から、「適当な尺度を保っている」→「節度ある、謙虚な」となりました。同語源の単語に音楽の用語 moderáto「モデラートの、ほどよい速さの」があります。

使い方「自分の優れた性質について多くを語らない人」をほめる時に使います。be modest about ~「~を鼻にかけない」。Lucy was too modest to talk about how she won first prize.「ルーシーは控えめなのでどうやって1等になったかは話さなかった」。

ONE POINT 自分のことに関して謙遜して使うこともあります。a modest house「お粗末な家」。名詞形は módesty。

724 **accommodation**　(家、アパート、ホテルなどを総称した)宿泊施設　名

/əkɑ̀mədéɪʃ(ə)n/

覚え方 ac-【= ad 方向性】+ com-【一緒に】+ -mode-【= *modus* 尺度】から、「尺度を合わせる」→「調整する」が原義。

使い方 名詞形の accommodation は「(家、アパート、ホテルなどを総称した)宿泊施設」の意味で、イギリス英語では不可算名詞ですが、米語では普通複数形で使います。student accommodations「学生のための宿泊施設」。

ONE POINT 動詞形の accómmodate ~は「~を収容する」の意味です。The hotel can accommodate three hundred guests.「そのホテルは300人収容できる」。

725 **modify ～**　(改善のため計画や意見など)を修正する　動

/mάdəfàɪ/

覚え方 modi-【= *modus* 尺度】+ -fy【動詞化】から「寸法を調整する」が原義。módern「現代の」は「現在に寸法を合わせた」の意味。a módifier「修飾語」は「単語の意味を部分修正する語」。

使い方 「(改善のため計画や意見など)を修正する」の意味です。GM foods「遺伝子組み換え食品」は genetically modified foods の略です。We should modify the design for young people.「若者に受けるデザインに修正したほうがよい」。

ONE POINT 数字などを「修正する」は adjúst、法律の語句を「修正する」には aménd を使います。

726 **classify ～**　～を分類する　動

/klǽsəfàɪ/

覚え方 class【階級】+ -fy【動詞化】から。なお the upper class で「上流階級」です。travel first class なら「ファーストクラスで旅行する」です。

使い方 classify A into B「AをBに分類する」で覚えてください。また classify A according to B/as B「Bに応じて／BとしてAを分類する」も重要です。Whales are classified as mammals rather than fish.「鯨は魚ではなくほ乳類に分類されている」。名詞形は classificátion です。

ONE POINT a mámmal「ほ乳類」の *mamma-* は breast「乳房」です。

727 **exhaust ～**　～を疲れ果てさせる　動

/ɪgzɔ́ːst/

覚え方 ex-【外】+ -haust【くみ出す】から「～を空にする」が原義です。そこから「～を使い切る」、「～を完全に疲れさせる」で使います。haulage「(引くことから)運送業」が同語源。

使い方 be exhausted で be very tired と同じ意味です。Ron was exhausted after completing the marathon.「ロンはマラソンを完走してくたくたでした」。頻度は低いですが「～を使い切る」の意味でも使います。exhaust one's strength「力を使い尽くす」。名詞形は exháustion です。

ONE POINT 「へとへと」は、口語では be worn out 。

728 **humble**　謙虚な　形

/hʌ́mb(ə)l/

覚え方 hum-【土】+ -ble【できる】から、「土になることができる」。「土」→「低いところにあるもの」という連想から、「自分を低くできる」→「謙虚な」という意味に発展しました。

使い方 「自分のことを他者ほど重要ではないと思う」という意味です。a humble attitude「謙虚な姿勢」、a humble house「質素な家」。Billy became extremely famous, but he remained a humble man.「ビリーはとても有名になったが、相変わらずとても謙虚だった」。a man of humble origins「生まれの卑しい人」。

ONE POINT proud「自尊心の強い」の反意語です。

729 **humid**　湿気のある　形

/hjúːməd/

覚え方 hum-【土】から。humidも「土」に関係があります。土の近くは湿り気がありますね。そこでhumidは「湿気のある」になりました。

使い方 「熱帯のように息が苦しいほど暑くて湿気がある」の意味です。I hate humid days.「ムシムシするのは大嫌いだ」、Kyoto is hot and humid in summer.「京都の夏は暑くて湿気が多い」。名詞形はhumídityです。

ONE POINT 類義語のdampは「冷たさを感じるほど不快な湿り気のある」という意味で、moistは「適度な湿り気がある」。My T-shirt is still a little damp.「ぼくのTシャツ、まだ少し湿っている」。

730 **humiliate ~**　~に屈辱を与える　動

/hjuːmílièɪt/

覚え方 hum-【土】の意味です。「相手の顔に泥をぬる」というイメージだと覚えておけばよいでしょう。

使い方 「~に(公衆の面前で)恥をかかせる」、「~に屈辱を与える」という訳語が一般的です。feel humiliatedなら「屈辱を感じる」です。Bill feels humiliated because his wife earns more than he does.「妻が自分より稼ぐのでビルは屈辱を感じている」、I felt humiliated when the teacher laughed at my work.「先生に作品を笑われた時、屈辱を感じた」。名詞形はhumiliátion。

ONE POINT feel ashámed「恥ずかしく思う」より数倍強い表現です。

731 **manifest** (主に良くないことが)明白な 〔形〕

/mǽnəfèst/

覚え方 最近では政党の公約を a manifésto と言ってますね。元は、manu-【手】+ -fest【つかむ】から「手でつかめるぐらい明白な」。
使い方 clear の formal な単語です。manifestation は「明白にすること、明白にしたもの」の意味です。動詞の mánifest 〜 は「(感情、姿勢など)〜を明らかにする」です。manifest one's intention to (V)「V する意図を明確にする」、a manifest error in this judgement「この判断の明白な間違い」。
ONE POINT S be manifest in 〜 で「S が〜にはっきりと表れている」。Delight was manifest in his tone.「口調に喜びがあふれていた」。

732 **suicide** 自殺 〔名〕

/súːəsàɪd/

覚え方 sui-【= self】+ cide【= cut】「自分を切る」から「自殺」。同語源の単語には decíde「(de- 強調 + -cide 切る) 決定する」、hómicide「(homi-【人間】+ -cide【切る】) 殺人」、ínsecticide「(insect 昆虫 + -cide【切る】) 殺虫剤」、pésticide「(病気のペストから) 殺虫剤」などがあります。
使い方 「自殺する」は commit suicide。ただし口語では kill oneself のほうが一般的です。a suicide bombing「自爆テロ」。
ONE POINT 「リストカットする」は slash one's wrist(s) と言います。

733 **precise** (情報、計算などが)正確な 〔形〕

/prɪsáɪs/

覚え方 pre-【= before あらかじめ】+ -cise【切る】から、「あらかじめ切り揃えておいた」が原義で、几帳面なイメージ。a decísion「(de-【強意】) 決定」、concíse「(全部切り揃えた→) 簡潔な」が同語源。
使い方 細心かつ綿密で、寸分違わぬという意味の単語です。ですから後にくる名詞は measurement「測定」、information「情報」、statistics「統計」、calculation「計算」などです。名詞形の precision /prɪsíʒ(ə)n/ は発音に注意してください。副詞形の precísely は、at precisely 1:00「1 時ちょうどに」などで使います。
ONE POINT to be precise「正確には」は暗記しておきましょう。

734 **material**

材料　名
物質的な　形

/mətíəriəl/

(覚え方) spíritual「精神の」の反意語です。matérialism といえば「物質主義、実利主義」の意味です。

(使い方) 形容詞は「精神ではなくお金や物質などに関わる」の意味です。material wealth「物質的豊かさ」、material evidence「(物質的証拠→)重大な証拠」、offer material assistance「物質的援助を提供する」。名詞は「服の生地」という意味が一般的ですが、「(木、プラスチック、金属などの固体の)素材、物質」や「(小説、報告などの)題材」などでも使います。

(ONE POINT) material pleasures の訳語は「肉体的快楽」です。

735 **reinforce ～**

～を補強する　動

/rìːənfɔ́ːrs/

(覚え方) re-【繰り返し→強調】+ inforce=enforce から「～を補強する」に。

(使い方) 「(モノ)を補強する」から「(考えなど)を補強する」まで使えます。reinforced plastics は「強化プラスチック」、reinforced concrete は「鉄筋コンクリート」です。名詞の reinfórcement は「補強」から「(通例複数形で軍隊、警察の)援軍」までを意味します。After being burgled, Frank reinforced his house with extra locks.「強盗の被害に遭った後、フランクは鍵を追加し、防犯を強化した」。

(ONE POINT) a réindeer は「トナカイ」です。

736 **pregnant**

妊娠した　形

/prégnənt/

(覚え方) pre-【以前】+ -gnant【ラテン語 gnasci 生まれる】から「生まれる以前」という意味です。Renaissance「ルネッサンス(文芸復興)」は、re-【= back】+ -naissance【nasci 生まれる】からです。

(使い方) 「妊娠する」は get/become pregnant です。Ann is three months pregnant.「アンは妊娠3ヵ月です」。名詞形は prégnancy です。「妊娠中に」なら during pregnancy となります。

(ONE POINT) She is expecting. は「彼女はおめでたよ」という意味です。

737 unlike ～

～と違い　　前

/ʌ̀nláɪk/

覚え方　un-【否定】+ like【似ている】から。

使い方　多くの場合、Unlike cats, dogs are faithful.「猫と違って犬は忠実だ」のような使い方をします。S + be + unlike ～でも用います。Donna is unlike any other woman I have ever known.「ドンナは私が知っているどんな女性とも似ていない」。

ONE POINT　S + be + like ～「Sは～のようだ」は、what S + be + like「Sはどのようなものか」で頻出です。What is the new teacher like?「今度の先生はどんな人ですか?」。

738 friction

摩擦　　名

/fríkʃ(ə)n/

覚え方　【ラテン語 *fricare* 擦る】から。Friday friction「金曜の摩擦」と覚えておきましょう。現在の英語で「擦る」は rub です。

使い方　「(物理的な)摩擦」から「(人と人との)摩擦、不和」で使います。cause friction at home「家庭内の摩擦を引き起こす」、friction arises/develops「摩擦が生じる」。frictions between parents and teenage children「親と10代の子供の摩擦」。

ONE POINT　teenage は正確には「13歳(thirteen)～19歳(nineteen)」で、日本語の「10代」とは異なります。

739 privilege

特権　　名

/prív(ə)lɪdʒ/

覚え方　pri-【= private】+ -lig-【= legal 法律の、合法の】から「プライベートな法律」が元の意味です。そこから「その人だけに与えられた権利」→「特権」という意味になりました。同語源のものは、légal「法律の」、relígion「宗教」などがあります。

使い方　have the privilege of ～ で「～という特権を持っている」です。The Queen of England has the privilege of living in a palace.「イギリス女王は宮廷に住むという特権を有している」。

ONE POINT　形容詞形は prívileged です。the privileged classes「特権階級」。

740 **legitimate** 正当な 〔形〕

/lɪdʒítəmət/

覚え方 leg-【= legal 法律の、合法の】+ -timate【形容詞語尾】。
使い方 基本的には「ある規則や法に従っている」という意味で「正当な」ですが、必ずしも法や規則に関係するわけではありません。a legitimate excuse for being late なら「遅刻に対する正当な言い訳」です。Some people believe that it is not legitimate to use animals in medical research.「医学の研究で動物を使用するのは正当ではないと信じている人がいる」。
ONE POINT 反意語 illegítimate は「(子が)非嫡出の」「非合法」の意味です。

741 **novelty** 斬新さ 〔名〕

/nάv(ə)lti/

覚え方【ラテン語 novus 新しい】からできたのが novel「斬新な」です。a supernóva は super-【超】+ -nova【新星】で、文字通り「超新星」です。これは太陽の数億倍から数百億倍も明るい星です。
使い方 novel は「斬新な」で、その名詞形は novelty「斬新さ」です。The job was fun at first, but the novelty soon wore off.「その仕事は最初は面白かったけど、目新しさはすぐになくなった」。
ONE POINT この novus はフランス語にも入っています。たとえば Beaujolais nouveau「ボージョレー・ヌーヴォー」は、言わずと知れたボージョレー地区産の葡萄酒の新酒。

742 **innovation** 刷新(的手法) 〔名〕

/ìnəvéɪʃ(ə)n/

覚え方 in-【中】+ -nova-【ラテン語 novus 新しい】から「中を新しくする」→「刷新」になりました。同語源のものには renovátion「(re-【再び】+ -nova-【新しい】) 修復」があります。
使い方「新しい手法、斬新な考え」、あるいは「刷新」の意味です。a recent innovation in printing「印刷において最近取り入れられた新たな手法」。The speed of technological innovation is remarkable.「技術革新の速度は著しい」。
ONE POINT 動詞形は ínnovate ~「~を刷新する」です。

743 **botany**　植物学　名

/bátəni/

覚え方 botany が「植物学」で、botánical は「植物(学)の」です。なお a bótanist は「植物学者」です。

使い方 a botanical garden で「植物園」です。The cherry trees in the botanical garden are lit up every year.「植物園の桜の木は毎年ライトアップされます」。ついでに「動物園」は a zoo で、「水族館」は an aquárium、「遊園地」は an amusement park です。

ONE POINT「ライトアップする」は light ～ up です。

744 **era**　(他の時代と区別される重要な出来事がある)時代　名

/íərə/

覚え方「明治時代」は the Meiji era/period ですが、「江戸時代」は the Edo period が普通です。これは an era が「ある一つの特色ある時代」を意味するため、江戸時代では長すぎるからです。

使い方「(他の時代と区別される重要な出来事、発見、事件がある)時代」のことです。the era of steamship travel「蒸気船による旅の時代」、the Roman era「ローマ時代」、the era of disarmament「軍縮の時代」、the dawn of a new era.「新時代の幕開け」。

ONE POINT「文明、道具の進歩の段階を示す時代」は an age。the Stone Age「石器時代」、a throwaway age「使い捨ての時代」。

745 **evade ～**　(責任、税金など)を逃れる　動

/ɪvéɪd/

覚え方 e-【= ex- 外】+ -vade【ラテン語 *vadere* 行く】から「外に行く」→「～を回避する」になりました。同語源のものには inváde「侵入する」や、perváde「(per【= through】)浸透する」があります。

使い方「(何かを隠すために)～について話さない」や「(お金の支払い、責任など)を逃れる」で使えます。evade the question「その問題をはぐらかす」、evade the responsibility「その責任から逃れる」、evade tax「税金を逃れる」。

ONE POINT tax evasion は「脱税」です。

746 riot

暴動 [名]

/ráɪət/

覚え方 【古期フランス語 *rioter* 喧嘩する】でした。アメリカのヘヴィメタバンドで Quiet Riot というのがいます。

使い方 「暴動、紛争」を意味します。a race riot「人種暴動」、a campus riot「学園紛争」、a riot breaks out「勃発する」、put down [suppress] a riot「〜を鎮圧する」、raise / start a riot「起こす」。The riot police suppressed the student riot.「機動隊がその学生の暴動を鎮圧した」。

ONE POINT riot police は「警察機動隊」、a riot shield は「暴動鎮圧用の盾」。

747 philosophy

哲学 [名]

/fəlάsəfi/

覚え方 phil-【愛する】+ -sophia【知恵】。同語源の philharmónic は「ハーモニーを愛する」という意味です。Sophia University は「上智大学」。女子名の Sophia は、日本語では「智子」です。

使い方 「人生哲学」の意味にも用います。My philosophy is not to tell lies.「ウソをつかないのが私の主義です」。「哲学者」は a philósopher。

ONE POINT philosophy の訳語は、明治時代に西周(にし・あまわ)が philosophy を「賢哲の明智を愛し希求する」という意味で「希哲学」と定めました。これが後に「哲学」となりました。

748 sophisticated

(人が)洗練された、(モノが)精巧な [形]

/səfístəkèɪtəd/

覚え方 sophia-【知恵】ですから「賢そうなイメージ」が大切です。a sóphomore「大学、高校の 2 年生」が同語源ですが、これは sopho- が【賢い】で、more は【ギリシア語 *moros* 愚かな】からできた単語です。ですから直訳すると「賢くてかつ愚か」です。

使い方 人物に関する記述では「人生経験が豊かで、芸術、ファッションなどに対しての感性が豊か」の意味で定訳は「洗練された」です。また、モノに使われた場合には、「(複雑で)精巧な」です。a highly sophisticated alarm system「高度な警報システム」。

ONE POINT 同意語は refined「精製された」「上品な」です。

749 endure ～ (長期にわたり)～に耐える 動

/ənd(j)úər/

覚え方 en-【動詞を作る】+ -dure【「固い」から「続く、長持ちする」】。同語源の単語には during ～「～の間に」、duration「持続」、durable goods「耐久消費財」などがあります。

使い方「(長期にわたり困難で辛い状況に文句も言わず)～に耐える」という意味の硬い語です。What can't be cured must be endured.「治せないものは我慢するしかない」→「悪い状況でも文句を言っても仕方ない」の意味です。名詞形は endúrance です。

ONE POINT フランスで行われる「ルマン24時間耐久レース(24 hours of Le Mans)」などの「耐久レース」は an endurance race です。

750 approve 承認する 動

/əprúːv/

覚え方 ap- は ad- の変形で意味は無視してください。ですから approve は、prove と語源はほぼ同じです。ただ、こちらのほうは「証明する」から「承認する」へと意味が変わりました。

使い方 approve (of ～)の形で「目上のもの(両親や上司)が(～に)同意する、承認する」という意味です。I can only buy a motorbike if my parents approve.「親が同意してくれさえすればバイクが買える」。名詞形は appróval です。

ONE POINT 硬い表現ですが approve that SV「～だと承認する」でも使われます。

751 probe 探査する、詮索する 動

/próub/

覚え方 prove, probe は元々「(正しいかどうか)を調べる」という意味でした。probe はそこから「探査する、詮索する」になりました。probe/próub/ は、prove/prúːv/ と発音が異なります。

使い方「他人が知ってほしくないと思っていることを詮索する」という意味。We are probing deeply into the actor's private life.「我々はその役者のプライベートを徹底的に調べています」。名詞では「探査機」の意味を持ちます。A Mars probe was launched on the morning of the 5th.「火星探査機が5日の朝打ち上げられた」。

ONE POINT 芸能レポーターのイメージです。

752 **coordinate ~**　(全体をまとめるよう)～を調整する　動

/kouɔ́ːrd(ə)nèit/

覚え方 coordinate は、co-【= together 全体を】+ -ordi-【= order 秩序】から「全体をまとめる」という意味です。
使い方「様々なものがうまく機能するように調整する」という意味です。It is my job to coordinate various departments.「様々な部門をまとめるのが私の仕事です」。名詞形は coordinátion。You need good hand-eye coordination to play video games.「TVゲームをするために手と目の動きをうまく調整することが必要だ」。
ONE POINT 日本語の「コーディネートする」というのは、「(服や家具など)を調和よく組み合わせる」という意味ですね。

753 **subordinate**　(職場の)部下　名

/səbɔ́ːrd(ə)nət/

覚え方 sub-【下】+ -ordi-【= *ordo*】から。【ラテン語 *ordo*（= order)は「順序正しく一直線に並んだもの」という意味です。よって、「そのようなものの下の部分」が原義です。
使い方「従属するもの」から「(職場の)部下」の意味になりました。The key to managing subordinates is consideration.「従業員を操る鍵は思いやりである」。形容詞は「下位の、二次的な」の意味です。
ONE POINT「上司、社長」は性別にかかわらず a boss です。「上司、先輩」は a supérior です。「私の直属の上司」は my immediate superior です。

754 **ironic**　皮肉な　形

/aiərɑ́nik/

覚え方 ギリシア語で【議論で優位に立つために心に思うことと反対のことを言う】が原義です。iron「鉄」「～にアイロンをかける」とはまったく無関係なのは「皮肉」でしょうか？
使い方 írony「(しばしば笑いを誘うような)皮肉」が名詞形。形容詞の ironic は ironical でもOK。It is ironic that some of the poorest countries have the richest natural resources.「最貧国の中に天然資源をもっとも豊富に持つ国があるのは皮肉だ」。
ONE POINT「(悪意を込めた)皮肉」は sárcasm です。

755 unanimous

満場一致での　　　形

/junǽnəməs/

覚え方　「アニメ」で有名な ánimate は -anim-【息】から、「息を吹き込む」→「生命を与える」「活気づける」と発展しました。unanimous の un- は、uni-【1つ】から「息、魂を一つにした」となり、「誰一人として異議を唱える者がいない」→「満場一致での」になりました。

使い方　Mr. James was elected by a unanimous vote. と言えば、「誰一人反対することなく満場一致でジェームズ氏が選出された」という意味です。a unanimous decision は「満場一致の決定」です。

ONE POINT　花で an anémone「アネモネ」というのがありますが、これは「息」から発展して「風にそよぐ花」という意味です。

756 struggle

もがきながら進む　　　動

/strʌ́g(ə)l/

覚え方　stru-【ラテン語 struere 拡げる】から「もがきながら進む」と変化しました。「必死にあえいでいる」イメージです。strive「懸命に努力する」。

使い方　struggle to(V) で、「非常に困難な状況のもと、〜しようと桁外れの努力をする」という意味で使われます。struggle for survival なら「生き延びるために奮闘する」という意味です。Nancy is struggling to bring up her three children on her low income.「ナンシーは安い給料で必死になって3人の子どもを育てている」。

ONE POINT　名詞も同形の a strúggle「闘争」です。

757 strategy

戦略　　　名

/strǽtədʒi/

覚え方　【ラテン語 struere 拡げる】から、元は「軍隊を戦場に展開していく方法」の意味でした。a straw「麦わら(←土の上にひろげたものから)」、a stráwberry「イチゴ(←麦わらの上で栽培したベリー)」などが同語源の単語です。

使い方　「兵や商売をどのように展開していくかの計画」→「全体の作戦計画」の意味です。military strategies なら「軍事戦略」、business strategies なら「経営戦略」、marketing strategies なら「販売戦略」です。形容詞形は stratégic です。

ONE POINT　táctics は「個々の戦闘の用兵」の意味です。

758 uneasy

不安な　形

/ʌníːzi/

(覚え方) un-【否定】+ easy【簡単な】から。「簡単ではない」ではなくて「不安な」となることに注意してください。

(使い方) a little worried の意味です。have an uneasy night「不安な一夜を過ごす」。しばしば feel uneasy about ～の形で使います。Most of the homeless feel uneasy about their future.「そのホームレスの大半は将来に対して不安を感じている」。名詞形は unease です。

ONE POINT もっと強い不安は ánxious です。

759 logically

論理的に　副

/ládʒɪk(ə)li/

(覚え方)「ロジック」は日本語にもなっていますが、この logic「ロジック、論理、論理学」は、【ギリシア語の logos 議論の筋道】から生まれた語です。いかにも哲学者の国ですね。

(使い方) 形容詞形が lógical「論理的な」で、副詞形は -ly をつけた logically「論理的に」です。Humans can think logically.「人間は論理的に考えることができる」。

ONE POINT 名詞形は lógic「論理、論理学、論法」です。It is difficult to follow his logic.「あの男の論理についていくのは難しい」。

760 biology

生物学　名

/baɪáləd ʒi/

(覚え方) logic【論理】が -logy と変化し、様々な接頭辞がついて主に学問名を表します。bio-【命】+ logy【論理】で「生物学」です。「バイオテクノロジー（biotechnology）」は日本語になっています。

(使い方) Biology is the scientific study of living things.「生物学は生物についての科学的な研究です」。「バイオリズム」biorhythm は、bio-【生命】+ rhythm「リズム」から1960年につくられた造語です。「生体機能周期」と訳されます。

ONE POINT antibiótics は、anti-【～に対抗する】+ -bio-【生命】で「抗生物質」の意味となります。

761 witness

/wítnəs/

目撃者、証人 【名】
〜を目撃する 【動】

覚え方 wit-【知っていること】+ -ness【状態】。wit「ウイット、機知」は本来「モノを知っていること」の意味です。wise「賢い」、wisdom/wízdəm/「知恵」も同語源の単語です。

使い方 名詞では「目撃者、証人」から「(法廷などでの)証言」の意味に使われます。the only witness to the murder「その殺人事件の唯一の目撃者」。give/bear witness で「証言する」、give/bear false witness「偽証する」。動詞は「〜を目撃する」です。

ONE POINT The 1990s witnessed a rapid increase in cellular phones.「1990年代には携帯電話が急増した」という使い方も可能。

762 geology

/dʒiálədʒi/

地質学 【名】

覚え方 geo-【土】+ logic【論理】から、「土に関する学問」で「地質学」となります。George も「土」関連の名前です。

使い方 Geology is the study of the rocks, soil, etc. that make up the Earth.「地質学は地球を形成する岩や土などを研究するものです」。

ONE POINT geómetry は geo- + -metry【= meter 測る】で、「地面を測ること」から「幾何学」になりました。また geógraphy は geo- + -graphy【図】で、「地面を図にすること」から「地理(学)、地形」になりました。

763 comparable

/kámp(ə)rəbl/

(量や性能などが)匹敵する 【形】

覚え方 compáre【比較する】+ able【できる】から。

使い方「(量や性能などが)匹敵する」の意味です。The power of these computers is roughly comparable.「これらのコンピュータの性能はほぼ互角だ」、This car is comparable in quality to a Japanese car.「この車は性能において日本車に匹敵します」。Asian soccer standards are incomparable with those of Europe.「アジアのサッカーの水準は、ヨーロッパの水準には及ばない」。

ONE POINT compárative は「比較的、相対的な」の意味です。with comparative ease「比較的簡単に」。

764 spoil ~

~を台無しにする　動

/spɔ́ɪl/

覚え方　【ラテン語 *spoilim* 動物からはいだ皮】から、「敵から奪う」→「台無しにする」という意味になりました。

使い方　「価値や美しさを損ねる」の意味です。目的語には、one's fun「楽しみ」、one's appetite「食欲」、the party「そのパーティ」など。「(子どもをダメにしてしまうぐらい)甘やかす」もこの単語が使えます。Spare the rod and spoil the child.「ムチを惜しむと子どもはダメになる(かわいい子には旅をさせよ)」は有名な諺です。

ONE POINT　Too many cooks spoil the broth.「多すぎるコックは(澄んだ)スープを台無しにする」→「船頭多くして、船山を登る」。

765 sanitation

(公衆)衛生　名

/sæ̀nətéɪʃ(ə)n/

覚え方　san-【ラテン語 *sanus* 健康な】+ -ation【名詞語尾】から「健康な状態にあること」。a sanatórium「療養所」が同語源の単語。

使い方　「(公衆)衛生」を示す不可算名詞です。Poor sanitation is a big problem in this hospital.「衛生状態のひどさがこの病院の大きな問題だ」。形容詞形は sanitary です。beach sanitary surveys「海岸の衛生状態の調査」。

ONE POINT　「清掃作業員(a garbage collector)」は、正式には a sanitátion worker。

766 insane

正気でない　形

/ɪnséɪn/

覚え方　in-【否定】+ -san-【ラテン語 *sanus* 健康な】から「健全な状態ではない」が原義です。

使い方　元は「精神異常の」という意味の形容詞です。口語では「完全に馬鹿げている、正気でない」の意味で使われます。Your idea is completely insane.「君の考えは完全におかしい」。Have you gone insane?「おかしくなったの?」。

ONE POINT　反意語は sáne「正気の」です。

767 virtue

① 美徳 ② 利点　　　　　　　　　　　　　　　　[名]

/vэ́ːrtʃu/

覚え方 vírtue 元は【男らしさ】から「強さ」→「美徳」→「長所」に発展しました。ただし by virtue of ～「～(の力)によって」は、「男らしさ」=「強さ、力」の名残です。

使い方 「道徳的な良さ、美徳」の意味が基本です。Teachers must lead a life of virtue.「教師は徳のある生活を送るべきだ」。「利点」の意味でも使います。the virtues of organic farming「有機農法の利点」。

ONE POINT virtue「美徳」の反対は vice「悪徳」です。

768 respectable

(社会的に)きちんとした　　　　　　　　　　　　[形]

/rɪspéktəb(ə)l/

覚え方 respéct【尊敬】+ -able【できる】から「我々が尊敬できる」→「社会的に受け入れられる」になりました。

使い方 a respectable teacher なら「きちんとした教師」。You should make yourself look a bit more respectable before you go out.「外出する前に、少しは身なりがきちんと見えるようにしておきなさい」。なお、-ful は「いっぱい」ですから、You should be respéctful of elderly people. は「年配の人には尊敬の気持ちをいっぱい持ちなさい」→「敬いなさい」となります。

ONE POINT respéctive は「各々の」の意味です。

769 inspection

検査　　　　　　　　　　　　　　　　　　　　[名]

/ɪnspékʃ(ə)n/

覚え方 in-【中】+ -spect【見る】。「中を見る」から「～を検査する」という意味に発展しました。同語源の単語は próspect「(前を見ること)見通し」、an aspect「(一つの見方)側面」などがあります。

使い方 監査係が定期的に調査するとか、査察などでの検査の時に用いられます。An inspection was carried out at the nuclear power plant last month.「先月その原子力発電所で検査が行われた」。an inspéctor は「inspect する人」です。

ONE POINT 日常生活で「(故障などの場合に)～を調べる」は have a look at ～ か、少し硬いですが exámine ～ を使うのが普通です。

770 attach ～

～をくっつける　　　　　　　　　　　　　　　　動

/ətǽtʃ/

(覚え方) at-【= ad 方向性】+ -tach【古フランス語 *atachier* しっかり固定する】から「取り付ける」になりました。
(使い方) attach A to B で「AをBにくっつける、添付する」も大切。Attach a recent photograph to your application form.「申込書に最近撮った写真を添付すること」。You should attach more importance to his opinion.「彼の意見はもっと重視すべきだ」。また、feel attached to ～「(人、もの)に愛着を感じる」は重要です。名詞は an attáchment「愛着、付属品」。
ONE POINT 反意語は detách A from B「AをBから取り外す」です。

771 ingredient

①(料理の)材料 ②(ある事柄の)要因　　　　　　名

/ɪŋgríːdiənt/

(覚え方) in-【中】+ -gred-【行く】+ -ent【状態】から「混合物の中に入り込むもの」が原義です。a grade「(一歩一歩行くから)等級、学年」、grádually「徐々に」が同語源です。
(使い方)「(料理の)材料」の意味が基本です。the ingredients of the cake「ケーキの材料」、fresh ingredients「新鮮な材料」。Mix all the ingredients in a bowl.「全ての材料をボウルの中で混ぜてください」。さらに「(ある事柄の)要因」という意味に発展します。the essential ingredient of ～「～の不可欠な要素」。
ONE POINT an active ingredient で「有効成分」の意味です。

772 canal

運河　　　　　　　　　　　　　　　　　　　　名

/kənǽl/

(覚え方)【ラテン語 *canalis* 水の管、水路】から。a chánnel「(-el は【小さい】)水路、経路」が同語源。
(使い方)「運河」の意味です。transpórt ～ by canal「運河を使って～を運ぶ」。The Suez Canal is a waterway that goes through Egypt.「スエズ運河はエジプトを通る水路です」。
ONE POINT「三半規管」は、the semicircular canals といいます。

773 **faithful**

/féɪθful/

(宗教、人、信念などに)忠実な　[形]

(覚え方) faith【ラテン語 *fidere* 信頼する】+ -ful【一杯】から「信頼の気持ちであふれている」→「信心深い」になりました。cónfidence「自信、信頼」が同語源。

(使い方) Dogs are faithful.「犬は忠実だ」。unfáithful は、夫婦間では「貞操を守っていない=浮気をしている」という意味です。名詞形は faith「信仰」。

(ONE POINT) the faithful「信者」は、believers より熱烈で献身的な響き。The faithful have gathered in the cathédral.「信者たちがその大聖堂に集まった」。

774 **defy ~**

/dɪfáɪ/

~に(公然と)反抗する　[動]

(覚え方) de-【= down】+ -fy【ラテン語 *fidere* 信頼する】から「信頼を落とす」→「~を信頼しない」→「~に反抗する」。

(使い方)「(親、教師、規則など)に反抗する」の意味です。openly defy the teacher「教師にあからさまに反抗する」。形容詞形は defíant「反抗的な」、副詞形は defíantly「反抗的態度で」です。

(ONE POINT) 反意語は obéy「~に従う」、obédient「従順な」です。

775 **explicit**

/ɪksplísət/

はっきりとしている　[形]

(覚え方) ex-【外】+ -pli【ラテン語 *plicare* 折りたたむ】から、「外側に折る」→「はっきりと示す」になりました。

(使い方)「はっきりとしている、明快な」という意味です。an explicit cóntrast「はっきりとした対比」、explicit directions「明快な指示」。時には「(性描写などが)露骨な」というマイナスイメージにもなります。sexually explicit scenes in the movie「その映画の性的に露骨なシーン」。

(ONE POINT) 反意語の implícit とは違って動詞形を持ちません。

776 **innocent** 無実の 形

/ínəsənt/

覚え方 in-【否定】+ -noc-【= night 夜=悪、害】から「悪いところがない」が原義。音楽の a nócturne「夜想曲」は同語源。

使い方「無実の」が基本的な意味。An innocent man was arrested by mistake.「無実の男が誤認逮捕された」。be innocent of 〜「〜に関して無実である」も重要です。反意語は be guilty of 〜「〜に関して有罪である」。なお名詞形は ínnocence「無実」です。

ONE POINT アルプスの少女ハイジのように「(無知で)無邪気な」の意味にもなります。

777 **nuisance** 迷惑になること(もの) 名

/n(j)ú:s(ə)ns/

覚え方【ラテン語 nocere 害する】から。innocent は同語源です。

使い方「迷惑になること(もの)」の意味です。程度の強さを言う場合には a real/terrible nuisance 等にします。It is a nuisance to (V)/(V)ing は「〜するのはうっとうしい」の意味です。The dog next door is a real nuisance.「隣の犬は本当に迷惑だ」。

ONE POINT make a nuisance of oneself で「自分から迷惑を作る」→「人の迷惑になる」という熟語です。なお、「・に迷惑をかける」を表す一般的な単語は bother です。

778 **delay 〜** (公共交通手段)を遅らせる 動

/dɪléɪ/

覚え方 de-【= down】+ -lay【運ぶ】から、「あるものを下に運ぶ」から後回しにするイメージです。同語源の単語には reláte A to B「AをBに関連づける」や transláte 〜「〜を翻訳する」があります。

使い方「(決定や会議)を遅らせる」でも使いますが、「(公共交通手段)を遅らせる」が頻出です。「どれくらい遅れるか」を for で表しますが、しばしば省かれます。The flight was delayed (for) two hours because of fog.「飛行機は霧のため2時間遅れた」。

ONE POINT 名詞も同形の deláy です。How long will the delay be?「どれくらい遅れますか?」。

779 compromise

妥協
妥協する

/kámprəmàɪz/

覚え方 com-【= together】+ promise【約束】から。みんなで申し合わせるとほとんどの場合、妥協案になりますね。

使い方 make a compromise with ～「～と妥協する」、find a compromise「妥協点を見いだす」、reach a compromise「妥協が成立する」、offer a compromise「妥協案を提示する」。名詞と動詞が同形です。「～によって妥協する」は compromise by (V)ing、「価格に関して妥協する」は compromise on the price です。

ONE POINT a promise は「約束」ですが、promising は「将来を約束された」→「将来有望な」という意味の形容詞です。

780 vital

極めて重要な

/váɪt(ə)l/

覚え方 vital は「命に関わるぐらい大切な」という意味です。

使い方 「極めて重要で、必要な」という意味です。たとえば a matter of vital importance と言えば、importance「重要性」の前に vital がついているわけですから、「極めて重要な」の意味です。Vitamins are vital for good health.「ビタミンは健康に欠かせない」。

ONE POINT vítamin は、最初、成分がアミンと考えられていたため、vi-【命】+ -amine【アミン】から命名されました。

781 vigorous

元気はつらつとした

/víɡərəs/

覚え方 vigor「元気」は vi-【命】を含んでいます。viviséction は「命をセクションに分ける」から「生体解剖」のことです。

使い方 vigorous は「命にあふれている」イメージです。そこから「元気はつらつとした、精力旺盛な」などと訳します。a vigorous rugby player「きびきびとしたラグビー選手」、a vigorous campaign「精力的な選挙運動」。Vigorous exercise is dangerous for people with heart disease.「激しい運動は心臓病を患っている人間には危険だ」。

ONE POINT a vigorous bulldog は「元気なブルドッグ」です。

782 distort ～　　～を歪める　　動

/dɪstɔ́:rt/

覚え方 dis-【分ける】+ -tort【ねじる】から「～を歪める」。「レトルト(retort)」は re-【再び】+ -tort【ねじる】→「ねじり返した」から。同語源には a tortoise「(陸生の)カメ(手足が曲がっていることから)」など。
使い方 distort the truth「真実を歪める」、distort one's face「顔を歪める」、distort one's outlook on life「人生観を歪める」などで使います。My remarks were badly distorted by the press.「私の発言はマスコミによって随分と歪められた」。
ONE POINT 名詞形の distórtion は「事実をねじ曲げること」から「光線や顔を歪めること」まで幅広く用いられます。

783 torture　　拷問　　名

/tɔ́:rtʃər/

覚え方 tort-【ねじる】+ -ure【動作を示す接尾辞】から「ねじること」が原義です。ただし「生きた人間の身体をねじる」から「～を拷問にかける」「拷問」という意味に発展しました。torment「ひどい精神的苦痛」が同語源です。
使い方「拷問を受ける」は suffer torture、「～を拷問する」なら put ～ to(the) torture、あるいは動詞の tórture を使って torture ～。The spy remained silent under torture.「そのスパイは拷問を受けても口を割らなかった」。
ONE POINT torture 人 by water/fire「人を水責め／火責めにする」。

784 anonymous　　匿名の　　形

/ənánəməs/

覚え方 an- はギリシア語で【ない】の意味です。たとえば asýmmetry「非対称」は、a- + symmetry「対称」が語源です。-onymous は、ギリシア語の【名前】を意味する onoma の変形です。anonymous は「名前がない」から「匿名の」という意味になりました。
使い方「匿名の1000ドルの寄付」は the anonymous donation of $1,000、「匿名の手紙」なら an anonymous letter です。I received five anonymous phone calls last night.「昨夜匿名の電話が5回もあった」。
ONE POINT 副詞形の anónymously は「匿名で」の意味です。

785 **antonym** 反意語 [名]

/ǽntənìm/

覚え方 ant-【反対】+ -onym【名前】から「反意語」の意味です。-onymous- は、ギリシア語の【名前】を意味する *onoma* の変形です。ラテン語では o が消えて *noman*【名前】になりました。

使い方 A is the antonym of B. あるいは A and B are antonyms. で使います。"Up" is the antonym of "down".「"up"は"down"の反意語です」。a sýnonym は syn-【同じ】+ -onym【名前】から「同意語」です。

ONE POINT nominate ~「~をノミネートする、~を賞などの候補にあげる」も同語源の単語です。

786 **renowned** (何かに秀でているために)有名な [形]

/rɪnáʊnd/

覚え方 re-【繰り返し】+ -noun-【呼ぶ】から「名声」の意味です。-noun- は【ラテン語 *noman* 名前】の変形です。

使い方 renowned は「何かに秀でているために有名で賞賛を集めている」という意味です。famous と同様に S + be + renowned + for + one's ~の形でよく使われます。The village is renowned for its winery.「その村はワイン醸造所として有名です」。

ONE POINT 名詞形は renówn「名声」です。

787 **nutritious** 栄養がある [形]

/n(j)uːtríʃəs/

覚え方 a nurse は「看護師」という意味ですが、元々は「子守、乳母」という意味でした。【ラテン語 *nutrire* 養う】からです。

使い方 nutrítion は「栄養」で、その形容詞形が nutritious です。Beans are nutritious and cheap.「豆は栄養があり安い」。

ONE POINT malnutrítion は「栄養失調」です。mal- は【悪】を表す接頭辞です。たとえば「マラリア(malaria)」は沼沢地の悪い空気が原因と信じられていたため mal-【悪】+ -aria (= air) と命名されました。dismal「うっとうしい、陰気な」は、dis-【= day 日】+ -mal【悪い】から。なお、málice は「悪意」の意味です。

788 assimilate ~ ~を吸収する 動

/əsíməlèɪt/

(覚え方) a +同じ子音が連続する場合、最初のa +子音は方向性を示すadと同じでした。それに -sim-【同じ】がつきました。「食べたものを自分の血や肉とする」と言いますが、そのイメージです。

(使い方)「(新しい考えや情報など、完全に)を理解し吸収する」という意味です。It is impossible to assimilate all of Professor Pride's lecture — he says too much.「プライド教授の講義のすべてを吸収するのは不可能だ。先生は話しすぎるから」。名詞形はassimilátion です。

ONE POINT be assimilated into + 社会など「～へ溶け込む」の意味。

789 game (狩猟の)獲物 名

/géɪm/

(覚え方)【古英語 gamen 遊戯、楽しみ】から。「狩猟」はある意味で「ゲーム」だから、game は「獲物(不可算名詞)」の意味に発展。

(使い方) hunt big game で「大物狩りをする」です。「試合」の意味の a game は baseball 、basketball などのアメリカ起源のスポーツの試合に用いられ、tennis 、rugby 、football などのイギリス起源のスポーツの試合は、a match が用いられる傾向があります。

ONE POINT hide-and-seek「隠れんぼをする」、play house「ままごとをする」、play tag「鬼ごっこをする」もついでに。

790 irrigation 灌漑(かんがい) 名

/ìrəgéɪʃ(ə)n/

(覚え方) ir-【= in 中】+ -rigate【給水する】から。

(使い方)「土地や作物に水を供給すること」の意味です。water for irrigation は「灌漑用水」、an irrigation canal は「灌漑用水路」です。動詞形は írrigate で、irrigate the farmland「その農地を灌漑する」などで使います。

ONE POINT 医学の用語では「洗浄」です。irrigation of the inner ear「内耳の洗浄」。

791 **yield 〜**　①〜を生み出す　②(+ to 〜)屈する　[動]

/jíːld/

覚え方　【古英語 *gieldan* 支払う】から。give よりも使用範囲は狭いですが、とりあえず yield = give と覚えておけばよいでしょう。

使い方　「(ある土地が何か)を出す」イメージです。The town of Mifune has yielded numerous dinosaur fossils over the years.「御舟町ではここ数年でいくつもの恐竜の化石が出土している」。さらに yield oneself to 〜「自らを〜に捧げる」→「〜に屈する」で oneself が省略され yield to 〜として用いられます。yield to her demand「彼女の要求に屈する」。

ONE POINT　名詞では「(ある土地が)与えたもの」から「産出量」。

792 **supplementary**　補助の　[形]

/sÀpləmént(ə)ri/

覚え方　supply 同様、sup-【= sub 下】+ -ple-【ラテン語 *plēre* 満たす】から「下から補充する」が原義です。

使い方　súpplement は「〜を補う」「補うもの」の意味で使われます。その形容詞形が supplementary で「補助の」の意味です。Natural gas could be used as a supplementary energy source.「天然ガスは補助的なエネルギー源として使用できる」。

使い方　「サプリメント(栄養補助食品)」は、dietary supplements のことです。

793 **permanent**　ずっと残っている　[形]

/pə́ːrmənənt/

覚え方　per- は【= through ずっと】。-manent は remain の -main と同じで【残る】の意味です。そこから「ずっと残っている」です。

使い方　permanent employment「終身雇用」、a permanent scar「一生の傷」、a permanent tooth「永久歯」、a permanent address は「(外国に一時的に住む人の)本国での住所」。a permanent member of the United Nations Security Council「(国連の)常任理事国」。

ONE POINT　「パーマをかける」は get a perm [get a permanent]。

794 stir ～　①～をかき回す　②～を呼び起こす　動

/stə́ːr/

覚え方【古英語 *styrian* かき乱す】からきました。a storm「嵐」も同語源です。まさに「かき回す」というイメージですね。a star「星」とは綴りも発音も違いますから注意してください。

使い方「(液体など)をかき回す、かき混ぜる」の意味です。stir one's coffee with a spoon「スプーンでコーヒーをかき混ぜる」、stir the milk into the mixture「牛乳を材料に混ぜ合わせる」。

ONE POINT「(感情などを)かき立てる」でも使われます。stir memories「記憶を呼び起こす」、stir one's imagination「想像力をかき立てる」。

795 framework　枠組み　名

/fréɪmwə̀ːrk/

覚え方 a frame は「(建物、船、機械、窓などの)骨組み、枠」です。a picture in a frame「額縁に入った絵」。a framework はその類語です。

使い方「(理論や社会の)枠組み」という意味です。provide a framework for future reforms in education なら「将来の教育改革への枠組みを提供する」。さらに日本語では「体制」という訳も可能です。the social framework of a nation「国家の社会体制」、the Japan-U.S. security framework「日米安全保障体制」。

ONE POINT flame(s)「炎」は a flamíngo「フラミンゴ」の類語。

796 correspond with ～　～と一致する　動

/kɔ̀(ː)rəspánd/

覚え方 cor-【= con 一緒に】+ respond【反応する】から「互いに一致する、双方に一致する」という意味になりました。

使い方 A correspond with/to B で「AはBに一致する」という意味です。「君の答えは模範解答(the model answer)にぴったり一致する」とか「グラフのある部分が～を表す」などの場面で用います。The letters of the alphabet do not correspond exactly to sounds.「アルファベットの文字は正確には音に一致していない」。名詞形は correspóndence です。

ONE POINT correspond with 人で「人と手紙で連絡をとる」。

797 **ban**

/bǽn/

〜を(公式に)禁止する　[動]
禁止　[名]

覚え方 fa-【言う】は ba- に変わることがあります。ban は「兵士に言う(＝命じる)」から「禁じる」と変化しました(古英語では *banna*)。banish 〜「〜を(国から)追放する」が同語源です。cóntraband は contra-【逆の】＋ ban「禁止」から「密輸、密売品」です。

使い方 impose a ban on 〜 で「〜を(公式に)禁止する」です。lift the ban「禁止措置を解除する」。動詞の ban は「〜を(公式に)禁止する」です。

ONE POINT 「その映画は上映禁止になった」は The movie was banned.

798 **abandon 〜**

/əbǽndən/

(希望、計画)を断念する、(国、車、家族)を置き去りにする　[動]

覚え方 abandon は、a- が【の下に】の意味で、-ban-【命じる】から、「命令の下にくる」→「命じられるがままになる」→「(権利など)を放棄する」に発展しました。《あ！　晩だと放棄する》と覚えますか？

使い方 「(希望、計画)を断念する」「(国、家、車、家族)を置き去りにする、捨てる」の意味で用います。The captain ordered the crew and passengers to abandon the ship.「船長は、乗組員と乗客に下船命令を出した」。

ONE POINT 形容詞形の abándoned は「(建物、車が)放置された」の意味です。

799 **greedy**

/gríːdi/

どん欲な　[形]

覚え方 「食い意地の張った」が語源です。

使い方 「どん欲な」の意味です。a greedy businessman「どん欲な実業家」、a greedy dog「どん欲な犬」。また be greedy for 〜は「〜をどん欲に求める」という意味です。The singer is greedy for fame.「その歌手はどん欲に名声を求めている」。

ONE POINT 名詞形は greed です。反意語の「無欲な」は文脈に応じて様々な表現が可能です。Tom is indifferent to promotion.「トムは出世欲がない(←昇進に無関心だ)」。

800 **deliberately** 故意に 〔副〕

/dɪlíb(ə)rətli/

覚え方 libra は【天秤ではかる】。deliberate は de-【強意】+ -liber-【= libra はかる】から、天秤の前で、腕組みをしながら「どのように分銅を動かせば釣り合うか」を思案している人のイメージです。

使い方 「慎重に考えた末の」の意味です。a deliberate choice/decision なら「よく考えた上での選択／決定」。これに副詞をつくる -ly がつき deliberately「よく考えた末に」→「故意に」。The girls deliberately ignored me.「その少女たちは故意に私を無視した」。

ONE POINT Libra「天秤座」は、太陽がこの星座に入ると、昼夜の長さが同じになり、平衡を保つことから来た単語です。

801 **drag 〜** 〜を引きずっていく 〔動〕

/drǽg/

覚え方 draw「滑らかに引っぱる」に対して、drag 〜 は「(重たいもの)を引きずっていく」です。a dragon は、drag-【ギリシア語 *drakon* ヘビ】+ -on【大きい】から。ヘビが地を這う姿は「ずるずる」です。million「100万」、billion「10億」などが同語源。

使い方 「(重たいもの)を引きずっていく」の意味です。I dragged the heavy bag into the room alone.「重いカバンを引きずって1人で部屋まで持って行った」。

ONE POINT コンピュータ用語の drag and drop は、移動させたいファイルをクリックし、ずるずると引きずって、目的地で落とすことです。

802 **draft** 草案 〔名〕

/drǽft, drάːft/

覚え方 「ドラフトビール」は「生ビール」のことですが、「ドラフト」draft (イギリス英語では draught)「引き抜く」が原義です。つまり「生樽の栓を引き抜いて注いだビール」のことです。

使い方 「引かれたもの」から「草案、設計図」「徴兵」に変化しました。make a draft は「草案を作る」の意味です。I read only the rough draft of his new novel, but it was excellent.「彼の今度の小説はまだ下書きしか読んでいないけど素晴らしかった」。動詞としても用います。draft a new constitution「新憲法を起草する」。

ONE POINT draught は発音要注意語です。

803 textile

織物　名

/tékstaɪl, -t(ə)l/

（覚え方）text-【織られた】+ -ile【名詞を示す語尾】から、「織られたもの」→「織物(の)」という意味です。同語源の単語には téxture「織物の手触り」→「肌理(きめ)」があります。

（使い方）主に商業で用いられる単語です。woolen textiles なら「毛織物」です。weave textiles「織物を織る」もあわせて覚えておいてください。Latin America's textile industry is in trouble.「ラテンアメリカの織物産業は困難に直面している」。

（ONE POINT）a textbook「教科書」は、本来は「様々なものが織り込まれた本」の意味です。

804 context

①文脈　②(できごとなどの)状況　名

/kάntekst/

（覚え方）con-【= together】+ -text【織られた】から、「すべてが織り込まれたもの」が原義です。

（使い方）基本的には「文脈」という意味です。The meaning of "stage" depends on its context.「"stage"の意味は文脈で決まる」。さらに発展して「(できごとなどの)背景」という意味になりました。It is necessary to discuss global warming in the context of fossil-fuel use.「地球温暖化は化石燃料利用との関連で議論する必要がある」。

（ONE POINT）in context は「状況に照らして」という意味です。

805 subtle

微妙な　形

/sʌ́t(ə)l/

（覚え方）sub-【下】+ -tle【織られた物】から。「繊維の下を織るには繊細な手さばきが必要」から「きめの細かい」→「微妙な、かすかな、手の込んだ」と変化したようです。textile「織物」が同語源。

（使い方）「(十分に注意しなければ見落としてしまうぐらいに)微妙な」という意味。a subtle smell of ginger「かすかなショウガの香り」。These words are similar, but there are subtle differences between the two.「これらの単語は似ているが、微妙な違いがいくつかある」。名詞形は súbtlety です。

（ONE POINT）debt /dét/「借金」と同様、b は読みません。

外来語のスピードチェック60
(✻のついたものは意味に注意)

#	英単語	発音	品詞	意味
1	donor	/dóunər/	名	(臓器等の)提供者
2	academic	/ækədémɪk/	形	学問の
3	cooperate	/kouápərèit/	動	協力する
4	approach	/əpróutʃ/	名	取り組み方
5	professor	/prəfésər/	名	教授
6	✻reach~	/ríːtʃ/	動	～に到着する
7	✻delicate	/délɪkət/	形	虚弱な
8	skeleton	/skélət(ə)n/	名	骨格
9	landmark	/lǽndmὰːrk/	名	目印になるもの
10	trigger	/trígər/	名	引き金
11	eyebrow	/áɪbràu/	名	眉毛
12	jealousy	/dʒéləsi/	名	嫉妬心
13	essential	/ɪsénʃ(ə)l/	形	大切な
14	revenge	/rɪvéndʒ/	名	復讐
15	harassment	/hərǽsmənt/	名	いやがらせ
16	antique	/æntíːk/	名	骨董の
17	naive	/nɑːíːv/	形	世間知らずの
18	fake	/féɪk/	形	にせ物の
19	episode	/épəsòud/	名	出来事
20	✻smart	/smάːrt/	形	頭のよい
21	rush	/rʌ́ʃ/	動	急いで行く
22	✻accent	/ǽksènt/	名	訛り
23	✻diet	/dάɪət/	名	ダイエット、食事
24	gift	/gíft/	名	才能
25	✻lesson	/lés(ə)n/	名	教訓
26	✻drive~	/drάɪv/	動	～を駆り立てる
27	rest	/rést/	名	残り
28	✻nature	/néɪtʃər/	名	性質
29	advantage	/ədvǽntɪdʒ/	名	有利な点
30	public	/pʌ́blɪk/	形	公の
31	epoch	/épək/	名	時代
32	✻cosmos	/kάzməs/	名	宇宙
33	revive~	/rɪvάɪv/	動	～を生き返らせる
34	✻navigate	/nǽvəgèɪt/	動	進路を決める
35	drift	/drɪ́ft/	動	漂流する
36	install~	/ɪnstɔ́ːl/	動	～を取り付ける
37	paradox	/pǽrədὰks/	名	逆説
38	summit	/sʌ́mət/	名	頂点
39	therapy	/θérəpi/	名	療法
40	charity	/tʃǽrəti/	名	慈善
41	chaos	/kéɪὰs/	名	カオス、混沌
42	consensus	/kənsénsəs/	名	合意
43	dinosaur	/dάɪnəsɔ̀ːr/	名	恐竜
44	solar	/sóulər/	形	太陽の
45	handicapped	/hǽndɪkæ̀pt/	形	障害のある
46	media	/míːdiə/	名	マスメディア
47	deadline	/dédlὰɪn/	名	締め切り
48	nonsense	/nάnsèns/	形	無意味な
49	fog	/fάg/	名	霧
50	sword	/sɔ́ːrd/	名	剣
51	✻bargain	/bάːrgən/	名	掘り出し物
52	lap	/lǽp/	名	ひざ
53	headline	/hédlὰɪn/	名	(新聞等の)見出し
54	breeze	/bríːz/	名	そよ風
55	moisture	/mɔ́ɪstʃər/	名	水分
56	millionaire	/mìljənéər/	名	百万長者
57	nightmare	/nάɪtmèər/	名	悪夢
58	tropical	/trάpɪkəl/	形	熱帯の
59	pure	/pjúər/	形	純粋な
60	skip~	/skíp/	動	～を飛ばす

STAGE 5 ▸ 飛翔

いよいよ仕上げ。もう、キミの単語に対する考え方は変わったはずだね。これまで自然に頭に刻み込んできた「覚えるコツ」を駆使してラストスパートをかけよう！「覚えよう」ではなく、「この単語はどのように使うんだろう？」「単語を楽しもう」という気持ちを忘れずに。ゴールは目の前だ！

806 contrary to ~ 〜とは逆に 形

/kάntreri/

覚え方 contra-【逆】から。cóntrast「対照」は、青い海と白い雲などの対比を表します。

使い方 contrary to ~「〜とは逆に」が重要です。contrary to popular belief「世間の考えとは逆に」。Contrary to my expectation, Tom was childish. といえば「トムは大人だと思っていたのに、実際には子どもじみていた」ということです。

ONE POINT on the contrary「それどころか」も重要です。多くの場合、否定文に続けて用います。Tom is not stupid; on the contrary, he is a genius.「トムはバカではない。それどころか天才だ」。

807 contradictory 矛盾した 形

/kàntrədíkt(ə)ri/

覚え方 contra-【逆の】+ -dict【言う】から「逆のことを言う」。

使い方 contradictory advice「矛盾した忠告」のように名詞の前につけて使う以外に、contradictory to ~で「〜と矛盾した」でも使います。動詞は contradíct ~「〜と正反対のことを言う」です。The teachers' explanations contradicted each other.「先生たちの説明は互いに矛盾したものであった」。The president's rude behavior to the staff is contradictory to his principles.「社長の社員に対する横柄な行動は彼の主義と矛盾している」。

ONE POINT 名詞形は contradíction「矛盾、反対意見」です。

808 disclose ~ （情報、身元など）を暴露する 動

/dɪsklóuz/

覚え方 dis-【分ける】+ close【閉じる】から「閉じたものをバラバラにする」→「暴露する」。enclóse ~「〜を同封する」が同語源。

使い方 「（秘密にしていたもの）を暴露する、公表する」という意味の formal な単語です。disclose his whereabouts.「彼の居場所を暴露する」。名詞形は disclósure です。

ONE POINT 「〜を暴露する」という意味の一般的な語は revéal です。

809 **betray ~**   ～を売り渡す   動

/bɪtréɪ/

(覚え方) be-【強意】+ -tray【引き渡す】から「大事なものを引き渡す、売り渡す」が原義です。同語源の単語 tradition「伝統」は、「後世に引き渡されたもの」です。

(使い方)「(人、国)を売り渡す、裏切る」です。Sally betrayed her best friend to the secret police.「サリーは親友を秘密警察に売り渡した」、betray one's trust「信頼を裏切る」、betray one's conscience「良心を売り渡す」。名詞形は betráyal です。

ONE POINT My voice betrayed my nervousness.「声で緊張していることがばれた」というような使い方もできます。

810 **enhance ~**   ～をさらに高める   動

/ɪnhǽns/

(覚え方) en- は動詞を作る接頭語。-hance は【high の変形】。

(使い方)「(すでに優れた味や能力などの質など)をさらに高める」です。enhance one's prestige なら「威信を高める」、enhance one's reputation なら「評判を高める」、enhance performance なら「遂行能力を高める」、enhance our level of services なら「サービスの質を向上させる」。名詞形は enháncement です。

ONE POINT 類語には improve がありますが、improve のほうが用途が広いので英作文には適しています。

811 **enforce ~**   (法律、規則など)を人に守らせる   動

/ɪnfɔ́ːrs/

(覚え方) en-【動詞化】+ force【力】。

(使い方)「(ある規則)を人に守らせる」という意味です。和訳では「(法律、規則など)を執行する、施行する」とすることもあります。Parents should enforce a regular bedtime hour for their children.「親は子供に規則正しい就寝時間を守らせるべきである」。名詞形は enfórcement です。

ONE POINT enforce ~ on A「~をAに押しつける」でも使います。enforce his views on his subordinates「自分の意見を部下に押しつける」。

812 **enlighten ～**　〜を説明する　　【動】

/ɪnláɪt(ə)n/

覚え方 en-【動詞化】+ light【明かり】から「〜を明るく照らす」。

使い方 「〜を説明する」という意味の硬い単語です。enlighten + 人 + as to/about/on 〜「人に〜を説明する」で使われます。Could you enlighten us as to the procedure?「その手順について私たちに説明していただけませんか?」。

ONE POINT 形容詞形の enlightened は、「十分にいろいろな説明をうけた」から「良識のある進んだ考えの」という意味です。Abraham Lincoln was an enlightened man.「エイブラハム・リンカーンは進んだ考えの持ち主だった」。

813 **rebel**　反逆者　　【名】

/réb(ə)l/

覚え方 re-【〜に対して】+ -bel【= war 戦争】から。少し難しいですが belligerent「好戦的な」が同語源の単語です。

使い方 「(権力や慣習に立ち向かう)反逆者」の意味です。通例、複数形で使います。The rebels were suppressed.「反乱者たちは鎮圧された」。動詞形は rebél /rɪbél/ です。rebel against 〜 で「(政府、親など)〜に反抗する」の意味です。形容詞形は rebéllious「反抗的な」です。名詞は rebellion です。

ONE POINT 「反乱軍」は rebel forces です。

814 **designate ～**　(特別地区などに)〜を指定する　　【動】

/dézɪgnèɪt/

覚え方 de-【= down 強意】+ sign【印】+ -ate【動詞語尾】から、「目立つように印をつける」→「〜をはっきりと示す」になりました。

使い方 「(特別地区などに)〜を指定する」designate O (as) C で「O を C と呼ぶ」が一般的です。The mountains were recently designated as a conservation area.「その山は近頃保護区に指定された」。また「(地図上で)〜を示す」でも使われます。Our school is designated by a red square on the map.「我が校は地図上では赤い四角で示されている」。名詞形は designátion です。

ONE POINT 野球のDHは a designated hitter「指名打者」。

815 **compassion** （弱者に対する）強い哀れみの情 〔名〕

/kəmpǽʃ(ə)n/

覚え方 com-【= together 強意】+ passion【情熱】から。類語の consóle ～「～を慰める」は、com-【= together 強意】+ -sole【= soothe 慰める】。

使い方 弱者を助けてあげたい、何とかしてあげたいという強い気持ち。have/feel compassion for ～「～に対する哀れみの気持ちを持つ／感じる」、show compassion「哀れみの気持ちを示す」で使います。compassion for the sick people「その病人たちに対する哀れみ」。形容詞形は compássionate です。

ONE POINT 「同情」を意味する一般的な単語は sýmpathy です。

816 **dictate ～** （伝統や法則が）～を規定している 〔動〕

/díkteɪt, -́-/

覚え方 dict-【言う】から「～と（頭ごなしに）命じる」という意味です。ちなみに a vérdict は、ver-【まことの】+ dict【言う】から「まことの発言」となり「（陪審員が下す）評決」で使われています。

使い方 習慣や伝統や法則などを主語として「～を規定している」です。Islamic custom dictates that women should be fully covered.「イスラムの慣習では女性は全身を何かで覆うように規定している」。「～を書き取らせる」の意味でも使います。dictate a letter to a secretary「秘書に手紙を書き取らせる」。

ONE POINT a dictator は「命じる人」から「独裁者」です。

817 **dedicate ～** （全身全霊で）～を捧げる 〔動〕

/dédɪkèɪt/

覚え方 de-【= down 強意】+ -dict【言う】から「自らのすべてを神に捧げると言う」が原義です。down がすべてを地面に投げ出す、というイメージで、「全身全霊を捧げる」という感じです。

使い方 普通 dedicate A to B「AをBに捧げる」という意味で用います。Aには普通 oneself や one's life がきます。Mother Teresa dedicated her whole life to helping poor people.「マザー・テレサは貧しい人々を助けることに人生のすべてを捧げた」。なお名詞形は dedicátion です。

ONE POINT 形容詞形は dedicated で「献身的な」の意味です。

818 addict ~ ～を中毒にさせる 動

/ədíkt/

覚え方 ad-【方向性】+ -dict【言う】から「～に対して言う」が原義。addict A to B は元は dédicate A to B と似た意味です。

使い方 S + be addicted to ～ で「Sは～の中毒になっている」の形で暗記。These days a lot of children are addicted to surfing the Internet.「今日、ネットサーフィン中毒になっている子どもが多い」。なお addíction は「中毒」、an áddict は「中毒患者」です。

ONE POINT 形容詞形は addíctive で「中毒性がある」です。Tobacco is highly addictive, and once you begin it, it is difficult to stop it.「タバコは中毒性が高く、一度始めるとやめるのは難しい」。

819 cite ~ (立証のためなどに)～を引用する 動

/sáɪt/

覚え方 cite は、元の意味の【～を繰り返し叫ぶ】から発展し「～を引用する」という意味で使われます。excite「【ex- 外】を興奮させる」、a recital「【re- 繰り返し】リサイタル」が同語源。

使い方「自分の考えの正しさを立証するためなどに、具体例を引用する」の意味。a frequently cited example「よく引き合いに出される例」。Professor T repeatedly cited figures given in that paper.「T教授はその論文に出ている数字を繰り返し引用した」。

ONE POINT quote ～は「(人の発言、文献をそのままの形で)を引用する」です。quote the Bible「聖書を引用する」。

820 tragedy 悲劇 名

/trǽdʒədi/

覚え方 trag-【山羊】+ -edy【歌】から。昔、ギリシア悲劇の俳優が山羊の革を着て歌ったことから。

使い方 形容詞は trágic です。a tragic death「悲劇的な死」、a tragic actor「悲劇俳優」。反意語は cómedy「喜劇」です。"Romeo and Juliet" is one of Shakespeare's best known tragedies.「『ロミオとジュリエット』はシェイクスピアのもっとも知られた悲劇の1つです」。

ONE POINT end in tragedy「悲劇に終わる」。

821 **demonstrate ~** (実証することではっきりと)~を示す 〔動〕

/démənstrèɪt/

覚え方 de-【= down 強意】+ -mon-【ラテン語 *monere* 思い出させる、考えさせる】から「はっきりと思い出させる」→「~をはっきりと示す」。a mónument「(思い出させるもの)記念碑」も同語源です。

使い方 show の類語です。目的語には that 節、wh- 節の他に the truth「真実」、the need「必要性」、his ability「彼の能力」など幅広く使えます。The 9/11 attack demonstrated that nobody is safe from terrorists.「9/11の事件はテロリストの攻撃を免れられる者はいないことを示した」。名詞形は demonstrátion です。

ONE POINT 日本語の「デモをする」の意味もあります。

822 **meditate** 瞑想する 〔動〕

/médətèɪt/

覚え方 -me(n)-、-mon- は【ラテン語 *monere* 思い出させる、考えさせる】から「深く考える」の意味です。deméntia「認知症」は de-【=down】+ -men-【考える】から「考えることができない」の意味です。

使い方 「真剣に深く考える」の意味です。「瞑想する」という訳語も使われます。meditate on ~ で「~について深く考える」です。I sat quietly, meditating on my life.「私は静かに座り、人生について考えた」。名詞形は meditátion です。be lost in meditation「瞑想に耽る」。

ONE POINT 「禅を実践する」は practice Zen です。

823 **summon ~** ~を召喚する 〔動〕

/sʌ́mən/

覚え方 sum-【= sub 下】+ -mon【ラテン語 *monere* 思い出させる、考えさせる】から、「そっと思い出させる」が原義。「側近が領主にそっと耳打ちして、それを聞いた領主が何かを召喚する」から。

使い方 硬い単語で「~にある場所に来るように命じる」「~を召喚する」という意味です。The ambassador was immediately summoned home.「その大使は即座に本国に召喚された」。また、summon up one's courage/strength「勇気/力を奮い起こす」という使い方もあります。

ONE POINT 名詞 súmmons は「裁判所への出頭命令」です。

824 **initiative**　　主導権　　[名]

/ɪníʃ(i)ətɪv/

覚え方 initial「最初の、イニシャル」は、in-【中に】+ -it-【行く】から、「(最初に)中に行く」が原義です。an éxit「(ex- 外)出口」、a círcuit「(circu- 円)ぐるぐる回る→回路」。initiative は「最初の一歩を取ること」→「人に頼らないで自分で判断する力」が同語源。

使い方 initiative は「主導権」と暗記してください。take/lose the initiative で「主導権を取る／失う」の意味です。Use your initiative.「(人に相談ばかりしていないで)自分で率先してやりなさい」。

ONE POINT 「新たな重要な計画」という意味でも使われます。a new initiative for peace in Iraq なら「イラクの平和のための新しい構想」。

825 **transition**　　推移　　[名]

/trænzíʃ(ə)n/

覚え方 trans-【変化】+ -it-【行く】から「ある状態から別の状態へと推移すること」です。tránsitive verbs は「動作が目的語に移行する動詞」から「他動詞」、反意語は intránsitive verbs「自動詞」。

使い方 the transition from full-time work to retirement「ずっと働いている状態から完全に引退した状態への移行」。Making the transition from youth to adulthood can be difficult.「青年から大人への移行は困難なことがある」。

ONE POINT 形容詞形 transítional は「過渡期の、移り変わる」の意味です。the transitional government「暫定政権」。

826 **perish**　　(不慮の事故、災害、戦争などで)死ぬ　　[動]

/périʃ/

覚え方 per-【= through 通して最後まで→完全に】+ -ish【= it 行く】から「(複数の人間や動物が)死ぬ」の意味に発展しました。

使い方 「(不慮の事故、災害、戦争などで)死ぬ」の婉曲表現。A lot of pedestrians perished due to the suicide bombing.「自爆テロにより多くの歩行者が亡くなった」。

ONE POINT 形容詞形の périshable は「(食品が)傷みやすい」という意味で用いられます。Eggs are perishable in summer. (= Eggs easily go bad in summer.)「卵は夏は傷みやすい」。

827 **abuse ~**   〜を乱用する、〜を虐待する   動

/əbjúːz/

覚え方 ab-【= away】+ use【使用】から、「普通ではない使い方をする」という意味です。ab- は abnórmal「異常な」が有名ですね。
使い方「(権力、麻薬)を乱用する」や、「(子供)を虐待する」などで使います。abuse his position as governor「知事としての地位を乱用する」、be sexually abused「性的虐待を受ける」、be verbally abused「罵倒される」。
ONE POINT 名詞は abuse/əbjúːs/ です。solvent abuse「シンナーの乱用」。Child abuse is one of the most serious issues in Japan.「子供の虐待は日本で最も深刻な問題の1つです」。

828 **intend to (V)**   Vする意図がある   動

/ɪnténd/

覚え方 in-【中に】+ -tend【のびていく】から、「心が何かの方向へのびていく」イメージ。そこから「〜を意図する」になりました。
使い方 plan to(V)よりも硬い表現です。I intend to go back to work after I have had my baby.「私は出産後、復職するつもりです」。What do you intend to do after graduation?「卒業後、何をする予定ですか?」。また intend + 名詞でも使います。
ONE POINT 名詞形は inténtion「意図」、形容詞形は inténtional「意図的な」。

829 **contend**   争う   動

/kənténd/

覚え方 con-【= together】+ -tend【のびていく】から、「互いに引っ張り合いをする」→「戦う」の意味を持つようになりました。
使い方 contend with 〜「〜と戦う、争う、対処する」の形で使います。「〜」には、「人」や「悪天候」や「問題」などが来ます。また、しばしば have to を伴います。また、contend that SV の形をとり、「(あることが正しいと)と主張する」という意味で用いられます。Some economists contend that in reality Japan's market is open.「日本の市場は実際には開放されていると主張する経済学者もいる」。
ONE POINT a likely contender for a medal「メダルの有力候補」。

830 **archeology** 考古学 〈名〉

/ɑ̀ːrkiálədʒi/

覚え方 arche-【古代の】の意味です。似た単語に archaic「旧式の、もう使われていない」、an árchive「アーカイブ、古い記録」があります。

使い方 形容詞形が archeológical です。an archeological site で「発掘現場」です。Archeology is the study of ancient societies through physical remains.「考古学とは物理的遺跡を通じて行われる古代の社会の研究です」。

ONE POINT meteorólogy は、a méteor「流星」から「気象学」です。

831 **obscure** 不鮮明な 〈形〉

/əbskjúər/

覚え方 ob-【= against 〜に対して】+ -scure【覆い】から「覆われていてはっきりしない」が原義です。-scure は a sky を連想してください。近視の目で見るような「ボーッ」とした感じです。

使い方 「(輪郭などが)不鮮明な」です。The image of the bank robber on the security camera is too obscure to be useful.「防犯カメラに映った銀行強盗の映像はあまりに不鮮明で役に立たない」。さらに「無名な、人目につかない」の意味でも使えます。名詞形は obscúrity。

ONE POINT 「理解しにくい」という意味でも使います。

832 **oriented** (名詞 + oriented で)〜指向の 〈形〉

/ɔ́ːriəntəd/

覚え方 orient は「太陽が昇るところ」から「東」「東洋」を表します。そこから「ある方向へ向ける」に発展しました。orientátion「オリエンテーション(新人教育)」は一種の方向づけです。

使い方 名詞 -oriented で「〜に向いている、〜指向の」の意味です。youth-oriented TV programs は「若者本位のテレビ番組」で、a male-oriented society は「男性中心社会」です。

ONE POINT 「オリエンテーリング(orienteering)」は地図と磁石を用いて、あらかじめ指示されている箇所を通り、どれだけ早くゴールできるかを競うスポーツです。

833 **vulnerable** すぐに傷つく 形

/vÁln(ə)rəbl/

覚え方 vulner-【傷つける】+ able【できる】から「傷つけられやすい」が原義です。一人で誰もいない夜道を歩いている時や、病み上がりの時の無防備なイメージです。

使い方「すぐに傷つく」という意味です。be vulnerable to ~ で「~に対して傷つきやすい」→「~の攻撃を受けやすい」の意味です。People with high blood pressure are vulnerable to diabétes.「高血圧の人は糖尿病になりやすい」。名詞形は vulnerability です。

ONE POINT helpless は「(赤ん坊などが)無力な」です。

834 **plague** (大規模な)疫病 名

/pléɪg/

覚え方【ラテン語 *plaga* 発作、傷】から。

使い方「(大規模な)疫病」の意味です。「疫病が発生した」は The plague has broken out. fatigue「極度の疲労」と音が似ていますね。a plague は、an epidémic「伝染病(epi-【上に】+ -dem-【= demo- 民衆】から人々の上に降りかかるもの)」よりさらにひどい状態のものを指します。Europe suffered many plagues in the Middle Ages.「中世ヨーロッパでは多くの疫病が流行した」。

ONE POINT 比喩的に The government was plagued by scandals.「政府はスキャンダルで病んでいる」という文でも使います。

835 **be intent on ~** ~に専念している、~と決意している 形

/ɪntént/

覚え方 intend は in-【中】+ -tend【伸びていく】から、「心が何かの方向へ伸びていく」イメージ。intent は intend が変形された形で「確固たる意図」の意味です。前置詞の on と結びつきます。

使い方「~に専念している、~する固い決意をしている」の意味。Charlie was intent on studying at Oxford University.「チャーリーはオックスフォード大学で勉強することを固く決意していた」。Bob is intent on his studies.「ボブは研究に没頭している」。

ONE POINT「意識の集中」の on は cóncentrate on ~「~に集中する」、be bent on ~「~を企んでいる」などに見られます。

836 **timid**　臆病な　[形]

/tíməd/

覚え方【ラテン語 *timere* 恐れる】から来ました。《血見っど！ と言われてビクビクする》。

使い方「(特に若いために)勇気も自信もなく、びくびくしている」という意味です。A mouse is a timid creature.「ネズミは臆病な生き物です」。副詞形は timidity です。たとえば The little girl peered out timidly from behind her mother's skirt. なら「その少女は母親のスカートの後ろからびくびくしながらこちらを覗いていた」です。名詞形は timidity です。

ONE POINT be timid about ～ で「～に対して臆病である」です。

837 **vice versa**　逆もまた真である　[副]

/vàɪs(i)-vˊɚːrsə/

覚え方 vice【逆】+ versa【回転】から。advérsity「逆境(ad-【方向性】+ -verse-【回る】に『逆』という意味が付加)」などと同語源。

使い方 文 +, or/and vice versa. で「逆もまた真である」という意味です。下記の英文での vice versa は「行きは徒歩で帰りは地下鉄」の意味。We can go there by subway and walk back, or vice versa.「行きは地下鉄で帰りは徒歩、あるいはその逆でもよい」。

ONE POINT vice だけでは名詞で「悪徳」、形容詞で「副」の意味。これらは別語源です。the vice president「副大統領、副社長」。

838 **underlying**　根底にある　[形]

/ˊʌndəlaɪɪŋ/

覚え方 lie under ～「～の下に横たわっている」からできた動詞 underlie「～の下に横たわっている」の派生語です。

使い方「(表には出てきていないが)根底にある」の意味です。an underlying assumption「根底にある仮定」。この underlying は形容詞ですが、次の例の underlying は動詞です。the principle underlying ～「～の根底にある原理」。

ONE POINT lie「横たわる」の活用変化形は？ (答え)lie ; lay ; lain

839 **astronaut**　　宇宙飛行士　　[名]

/ǽstrənɔ̀ːt/

(覚え方) astro-【ギリシア語 *aster* 星】+ -naut【船員】から。
(使い方) 宇宙関連の語をついでにチェックしておいてください。「宇宙船」a spaceship、「宇宙飛行」a space flight、「宇宙服」a spacesuit、「宇宙遊泳」a spacewalk、「宇宙旅行」space travel。Astronauts have brought back specimens of rock from the moon.「宇宙飛行士たちは、月から岩の標本を持ち帰った」。
astrónomy「天文学」も一緒に覚えておきましょう。ちなみに「鉄腕アトム」は"Astro Boy"です。

840 **immortal**　　不死身の　　[形]

/imɔ́ːrt(ə)l/

(覚え方) im-【否定】+ -mort-【ラテン語 *mors* 死】から。a múrder「殺人」、a múrderer「殺人犯」も同語源の単語です。
(使い方) immortal は mórtal「死ぬ運命にある、人間(=死ぬ運命にある人)」の反意語です。たとえば My grandmother's death reminded me that I was also mortal.「祖母の死で自分もいつかは死ぬのだと分かった」。the mortálity rate で「死亡率」です。However advanced science is, humans will never be immortal.「科学がどれほど進歩しても、人間は不死身にはならない」。
比喩的な意味での「不死身の=体力がある」は tough。

841 **soak ～**　　(液体に)～をつける、～を浸す　　[動]

/sóuk/

(覚え方) soap「石けん」と綴りが似てますね。
(使い方) Soak the clothes in hot water. I'll wash them later.「服はお湯につけておいて。後で洗うから」。soak ～ up で「(液体や日光など)を吸い込む」の意味です。soak up the sunshine「日光浴をする」。また、be soaked で「びしょびしょになる」の意味です。be soaked to the skin なら、「肌まで水が達しています」。
a rain-soaked dog は「雨でびしょ濡れの犬」。また soaking solution で「コンタクトレンズの保存液」。

842 prospect　将来の見込み　名

/práspèkt/

覚え方 pro-【前方】+ -spect【見る】から「前方を見ること」が原義で、「将来の(プラスあるいはマイナスの)見込み」という意味。

使い方 the prospect of ~ で「(将来の)という見込み」の意味です。I could not bear the prospect of more pressure from him.「彼からこれ以上の圧力を受けると考えただけで我慢できない」。I was both excited and worried at the prospect of becoming a father.「自分が父親になることに対してわくわくすると同時に不安だった」。

ONE POINT at the prospect of ~ は「~と考えて」ぐらいの訳が妥当。

843 perspective　(全体的なものの)見方　名

/pərspéktɪv/

覚え方 per-【= through】+ -spect-【見る】から「全体を通して見る」。

使い方 「(全体的なものの)見方」という意味です。get a new perspective on ~「~について新しい見方をする」。Keep your perspective.「冷静なものの見方を失ってはならない」。You should sometimes look at Japan from another perspective.「たまには違った視点から日本を見直すべきだ」。

ONE POINT 絵の技法である「遠近法」という意味も持ちます。draw a picture in perspective「遠近法を用いて絵を描く」。

844 conspicuous　目立つ　形

/kənspíkjuəs/

覚え方 con-【= together】+ -spic-【見る】から「みんなが見る」。「まわりの人がみんな見るぐらいに目立っている」という意味です。

使い方 「特にまわりとまったく異なるために目立つ」という意味です。Put this notice in a conspicuous place.「この掲示は目立つ場所に貼れ」。Alice was conspicuous because she was the only woman in red clothes.「赤い服を着ていた女性はアリス1人だったので目立った」。a conspicuous success「目立った成功」。

ONE POINT マイナスイメージを持つこともあります。類語の outstánding「目立った」は常にプラスイメージです。

845 speculate （結果がどうなるかを考えるため）憶測する 動

/spékjəlèɪt/

覚え方 spec-【見る】から「じっと見る」が語源です。

使い方「（結果がどうなるかを考えるため）憶測をする」の意。speculate about the future「将来のことを推測する」。Scientists speculate that an asteroid will hit the earth in the next 100,000years.「科学者は10万年後に小惑星が地球にぶつかると憶測している」。また「（株などに）投機する」という意味でも用います。a spéculator は「個人投資家」の意味です。

ONE POINT rétrospect (= retro-【振り返って】+ spect-【見る】)も暗記。in retrospect「過去を振り返って」。

846 approximately おおよそ 副

/əpráksəmətli/

覚え方 ap-【= ad 方向性】+ -proxim-【最も近い】から。-xim- はラテン語の最上級を示します。a máximum「最大値」にも -xim- があります。

使い方「おおよそ～」の意味です。about は口語で使われますが、approximately は文語です。approximately + 数字でよく使います。approximately one billion「およそ10億」。また approximately the same time「だいたい同じ時間」などの使い方もあります。

ONE POINT 数学用語の「近似値」は approximátion です。

847 imperative ぜひとも必要な 形

/ɪmpérətɪv/

覚え方 imperi-【命令を出す】+ -itive【～の性質をもつ】の意味です。同語源の an émperor「皇帝」は「命令を出す人」の意味です。

使い方「とにかく極めて重要で、今すぐにでも実行しなければならない」という意味です。しばしば、It is imperative that S+動詞の原形／ It is imperative to (V)の形で「～することが是非とも必要である」の意味で使われます。It is imperative that the government (should) spend more on health care immediately.「政府が（国民の）健康管理にもっとお金を費やすことが急務である」。

ONE POINT 文法用語の an imperative sentence は「命令文」です。

848 hollow

中が空洞の 形

/hálou/

覚え方 a hole「穴」と同語源の単語です。
使い方 「中が空洞の」の意味です。たとえば a hollow tree「中が空洞の木」、a hollow pipe「中が空洞になったパイプ」などです。なお、a man with hollow cheeks なら「頬のこけた人」、hollow eyes は「くぼんだ目」。hollow friendship「うわべだけの友情」などでも使えます。動詞は同形 hóllow「～をくりぬく」。hollow a boat out of a log「丸太をくりぬいて舟を作る」。
ONE POINT a hollow は「(地面、手などの)くぼみ」のことです。

849 outcome

(会議、交渉、議論、戦争などの最終)結果 名

/áutkàm/

覚え方 come out から。
使い方 「(会議、交渉、議論、戦争などの最終)結果」のことです。It is impossible to predict the outcome of the negotiations.「交渉の結果を予測するのは不可能だ」。What will be the outcome of that war?「その戦争の結末はどうなるのであろう」。「結果」を表す普通の英語は a result です。
ONE POINT an income は「収入」の意味で、an outcome の反意語ではありません。

850 resort to ～

～に訴える 動

/rɪzɔ́ːrt/

覚え方 a spring resort は「温泉地」のことです。a resort は「人が行くところ」の意味です。動詞の resort to ～ も基本的には「～まで行く」の意味ですが、～には「暴力、武力」などのマイナスイメージの単語がきます。
使い方 resort to ～ で「～の手段を用いる」という意味です。resort to force「武力に訴える」、resort to violence「暴力に訴える」。名詞は同形の resort です。
ONE POINT as a last resort なら「最後の手段として」です。

851 **recession**　景気の後退　[名]

/rɪséʃ(ə)n/

覚え方　動詞 recéde は、re-【後に】+ -cede【ceed の変形：進む】から、「後退する」の意味です。

使い方　recéde の名詞形が recession です。recession だけでも、普通「不況」の意味で用いますが、意味を明確にするため economic recession「経済における後退」とすることもあります。A lot of workers were laid off because of the economic recession.「不況のため多くの労働者が一時的に解雇された」。

ONE POINT　lay ～ off は「離して置く」→「一時的に～を解雇する」。

852 **A precede B**　AのあとにBが登場する　[動]

/prɪsíːd/

覚え方　pre-【= before 以前に】+ -cede【ceed の変形：進む】から、A precede B は A go before B と覚えておけばいいわけです。

使い方　A precede B の場合、A→B の流れですから「Aの後にBが登場する」が直訳です。A go before B であると覚えておいてください。また、これの受動態 B be preceded by A でも出てきます。The snowfall was preceded by a sudden drop in temperature.「気温が突然下がったと思ったら雪が降ってきた」。

ONE POINT　unprécedented は、「先に進むものがない」から「前例がない」です。on an unprecedented scale で「空前のスケールで」です。

853 **exceed ～**　(数量、限度)を超える、～より勝る　[動]

/ɪksíːd/

覚え方　ex-【外】+ -ceed【進む】から「～の外に進む」→「～を超える」。

使い方　「(数量、限度)を超える」「～より勝る」という場面で使われます。exceed our expectations で「我々の予測を上回る」という意味です。Construction costs for the bridge exceeded $300 million dollars.「その橋の建設費用は3億ドルを超えた」。

ONE POINT　形容詞形は excéssive「度を超えた」、名詞形は excess「超過」。an excess of imports over exports「輸入超過(=輸出に対する輸入の超過)」。

854 concede ～ （公式に自分の非や敗北など）を認める 動

/kənsíːd/

覚え方 con-【= together】+ -cede【ceed の変形：進む】から「相手と歩調を合わせる」→「相手に同調する」→「相手に譲歩する」。

使い方 一般的には concede that SV.「(公式に、自分の非や敗北など)を認める」で使います。admit とほぼ同じような意味ですが、それよりも形式張った単語だと覚えておいてください。I conceded that I had made a number of errors.「私はいくつかの間違いを犯したことを認めた」。

ONE POINT 名詞形は concéssion です。gain a concession は「譲歩を引き出す」、make a concession は「譲歩する」です。

855 drastic 抜本的な 形

/drǽstɪk/

覚え方 ギリシア語で【激しい】の意味の単語から来ました。語源は違いますが dramátic「劇的な」に形と意味が似ています。

使い方 「抜本的な」の意味です。drastic measures「抜本的対策」、drastic cuts「思い切った削減」などで使います。Drastic changes are needed if the system is to be improved.「そのシステムをよくしたければ抜本的変革が必要だ」。

ONE POINT rádical「革新的な」が同意語です。

856 diplomatic 外交上の 形

/dìpləmǽtɪk/

覚え方 di-【2つ】+ -plo-【ラテン語 plicare 折りたたむ】から、「2つに折りたたんだもの」→「大切な文書」。「外交」は大切な文書を取り交わすことでした。同語源の単語には simple「(sim-【1つにたたむ】) 単純な」、a diplóma「(米国)卒業証書」があります。

使い方 diplómacy は「外交」の意味の不可算名詞です。形容詞形は diplomatic。break off/restore diplomatic relations with ～「～との外交関係を断絶する／回復する」。establish diplomatic relations「外交関係を樹立する」。

ONE POINT 「外交政策」は a foreign policy と言います。

857 comply with ~ (規則、法令)を遵守する 動

/kəmpláɪ/

覚え方 com-【= together】+ -ply【ラテン語 *plēre* 満たす】から、「何かに合わせるように満たす」です。-ply を用いた単語は apply ~「~を貼り付ける」、replý to ~「~に返事をする」など。

使い方 comply with ~ は、「(規則、法令)を遵守する」という意味です。Failure to comply with the regulation will result in a heavy penalty.「その規則を遵守できないと重い罰金を科せられます」。日本語でも「コンプライアンス(compliance)」と言いますが、これは「(主に企業の)法令遵守」の意味で用いられています。

ONE POINT 似た意味の obey は、はるかに日常的な語です。

858 compliment 誉め言葉 名

/kámpləmənt/

覚え方 SVOCのCは a cómplement「補語」です。これは、com-【= together 強意】+ -pli-【ラテン語 *plēre* 満たす】から「主語の意味を補うもの」→「補語」。1文字違いの同語源の a compliment は「相手が言ってほしい言葉で満たしてあげる」感じです。

使い方「賛辞(を述べる)」という意味です。「お世辞」と違い、必ずしも悪い意味ではありません。My wife blushed at the compliment the waiter made.「ウェイターの誉め言葉に妻は赤くなった」。

ONE POINT the compliments of the season「(新年、クリスマスなどの)時候のあいさつ」などの用法もあります。

859 anthropology 人類学 名

/æ̀nθrəpálədʒi/

覚え方 anthropo-【人類、人間】+ logy【= logic 論理】。

使い方「人類学者」は an anthropólogist です。Anthropology is the scientific study of people, their societies, cultures, etc.「人類学とは、人々や社会や文化などに関わる学問です」。

ONE POINT socióology「社会学(=人間の社会的共同生活の構造や機能について研究する学問)」は、フランスの社会学者オーギュスト・コントによって19世紀に作られました。

860 fierce どう猛な　形

/fíərs/

覚え方 【ラテン語 *ferus* 野生の】から来ましたが、fire「火」のイメージで覚えるとよいと思います。

使い方 犬などが「どう猛な」から発展し、「(行為が)激しい」でも使います。fierce competition「激しい競争」、(a)fierce críticism「激しい批判」、(a)fierce attack「激しい攻撃」、さらに「(感情が)激しい」や「(風雨が)激しい」にも使えます。fierce hatred「激しい憎しみ」。

ONE POINT すさまじいエネルギーの荒々しいイメージ。

861 solitary 1人の　形

/sálətèri/

覚え方 soli-【1人】+ -tary【形容詞語尾】から。「ギターソロ」などの solo も同語源。また、同語源の súllen「不機嫌な」は「1人にしておいて!」という感じの、ニコリともしないイメージの形容詞です。

使い方 プラスイメージにも使えます。enjoy a solitary life「1人の生活を楽しむ」。マイナスイメージの「孤独な」は lonely です。When I first moved to London, I didn't know anyone and I felt very lonely.「初めてロンドンに引っ越した時、知り合いは誰もおらずとても寂しかった」。

ONE POINT 名詞形は sólitude で、やはりプラスイメージにも使えます。

862 obsolete すたれた　形

/àbsəlíːt/

覚え方 ob-【= against】+ sole-【=1人】から「(新式のもの)~に対してひとりぼっちになる」から「旧式の、すたれた」。

使い方 「より良いものが発明されたため旧式になってしまった」という意味です。The conventional type of television set will be obsolete.「従来のタイプのテレビはすたれてしまうだろう」。Will newspapers ever become obsolete?「新聞がすたれてしまうことがあるのだろうか?」。

ONE POINT out-of-date が普通の言い方です。

863 linger

長居する、(病気などが)長引く 　　　　　　　　　　動

/líŋgər/

覚え方 long「長い」から派生した単語です。prolóng「(pro-【前方】+ -long【長い】)(寿命など)をのばす」も同語源です。

使い方「長居する」の意味です。そこから「(病気などが)長引く」でも使います。The taste lingered in my mouth. なら「その味がいつまでも口の中に残っていた」という意味です。We lingered over tea and missed the last train.「お茶を飲みながらだらだらとしていたら最終列車に乗り損ねた」。

ONE POINT しばしば「継続の副詞 on」を伴います。

864 longitude

経度 　　　　　　　　　　名

/lándʒət(j)ùːd/

覚え方 long-【長い】+ -tude【抽象名詞化】から「長さ」が原義。元は「天空の経度」だったものが「地球の経度」となりました。longévity「長寿」、an áltitude「【alt- 高い】高度」が同語源です。

使い方 What is the longitude of this town?「この町の経度は何度ですか?」。Our town lies at longitude 20 degrees east.「私たちの町は東経20°の位置にあります」。Greenwich, in London, lies at longitude zero (degrees).「ロンドンのグリニッジは経度0°の所にある」。

ONE POINT 反意語の látitude「緯度」の lati- は【広い】の意味です。

865 crucial

重大な 　　　　　　　　　　形

/krúːʃ(ə)l/

覚え方 a cross は「十字架」。the Crusáde は「十字軍」。ここから crucial は「十字架を背負ったぐらいに重大な」の意味となります。cross ; crusade ; crucial と反復すれば覚えられるはずです。

使い方 important をメチャクチャ強めた語。特に「うまくいくかどうかに関わる重要性」といった文脈で使われます。なお、a crucial moment ならば「極めて重大な瞬間」→「決定的瞬間」と訳せます。Milk is a crucial source of calcium and protein for babies.「牛乳は赤ん坊にとってカルシウムとタンパク質の重大な源です」。

ONE POINT crúcify ～ は「～を十字架にかける」です。

866 possess ～　(貴重なものや才能など)を所有している　動

/pəzés/

覚え方　po-【= potent 力強い】+ -sess【ラテン語 *sedere* 座る】から「力が居座っている」→「力を持っている」。

使い方　「(ある特質や才能)を所有している」の意味の相当硬い単語です。Every child possesses a variety of abilities.「どの子も多彩な才能を所有している」。名詞形は posséssion です。

ONE POINT　あまり出てきませんが、be possessed of ～ で「(性質、才能など)を所有している」の意味です。

867 be obsessed with ～　～に取り憑かれている　動

/əbsést/

覚え方　ob-【= against ～に対して】+ -sess【ラテン語 *sedere* 座る】から「～を包囲する」イメージです。a président「(前に座っている→)大統領」、a résident「後ろに座っている→居住者」などが同語源。

使い方　be obsessed with/by ～ で「～に取り憑かれている」です。「～のことばかり一日中考えている」という意味で使います。Susan is obsessed with her weight, and is always on a diet.「スーザンは体重ばかり気にしていていつもダイエットしている」。名詞形は obséssion です。

ONE POINT　そればかり考えて思考が停止している感じです。

868 acute　(病気が)急性の、(感情などが)強い　形

/əkjúːt/

覚え方　【ラテン語 *acutus* 尖った】から。acid「酸」も同語源です。「鋭い」というイメージの単語でプラスにもマイナスにも使います。

使い方　マイナスイメージで「(病気が)急性の」や「(感情などが)強い」などに使います。acute anxiety「強い不安」。プラスイメージでは「(五感が)鋭敏な」です。an acute sense of smell「鋭い嗅覚」。acute alcohol poisoning「急性アルコール中毒」。

ONE POINT　反意語は「慢性の」chrónic です。-chro- は【時間】です。synchronize (syn-【同じ】+ -chro-【時間】+ -ize【～にする】)は「(2つ以上のものが)同時に起こる／起こるようにする」です。

869 **vertical**　垂直の　形

/vɚ́ːrtɪk(ə)l/

覚え方 ver-【回る】から90度回転して「垂直な」になりました。同語源の単語には úniverse「(1つの回転→)宇宙」があります。

使い方 vertical で「垂直の」の意味です。a vertical line「縦線」。

ONE POINT ついでに覚えましょう。a horizóntal line「横線」、a diágonal line「斜線」、a double line「二重線」、a solid line「実線」、a dotted line「点線」、a curved line「曲線」、the origin「(xy平面などの)原点」。

870 **contempt**　軽蔑　名

/kəntém(p)t/

覚え方 《寒天！(そんなもん食えるか!)ぷっと軽蔑する》はどうでしょうか？　語源的には con-【= together 強意】+ -tempt【ラテン語 *temnere* 軽蔑】ですが、これで暗記するのはちょっと辛いですね。

使い方 feel/have contempt for ～「～に対して軽蔑を感じる／抱く」。He is beneath contempt.「彼は軽蔑にも値しない」。The miserable teacher looks at his students with contempt.「そのみじめな教師は生徒を軽蔑の目で見ている」。

ONE POINT contempt には動詞がありません。「～を軽蔑する」という動詞は scorn ～ です。《スコーンと軽蔑する???》。

871 **decay**　(モノの)腐敗　名
　　　　　　 腐敗する　動

/dɪkéɪ/

覚え方 de-【= down】+ -cay【ラテン語 *cadere* 落ちる】から。

使い方 「(モノの)腐敗」の意味です。動詞も同形で decay「腐敗する」の意味です。なお「(建物が)老朽化する」、「(社会、制度などが)荒廃する」という場合にも使うことができます。I cannot stand the smell of decaying garbage.「ゴミの腐敗臭に耐えられない」。

ONE POINT tooth decay「歯の腐敗」で「虫歯(になった部分)」です。

872 interrupt ～　～を中断する　動

/íntərʌ́pt/

(覚え方) inter-【～の間】+ -rupt【破壊する】から「間に入って破壊する」が原義です。会話を中断するような邪魔をするイメージです。
(使い方)「人の話を中断する」が基本的な意味です。Excuse me for interrupting you.「お話し中すみません」。「(活動が)～を中断させる」でも使います。The meeting was temporarily interrupted by a blackout.「停電のため会議は一時中断した」。The program was interrupted by a special news flash.「その番組は臨時ニュースのために中断した」。名詞形は interrúption「中断」。
ONE POINT 「10分の休憩」は a ten-minute break [× interruption]。

873 corrupt　(道徳的に)堕落した　形

/kərʌ́pt/

(覚え方) cor-【con- の変形 = together 強意】+ -rupt【破壊する】から「すべて破壊する」→「堕落、腐敗」という強烈なイメージです。
(使い方)「(道徳的に)堕落した」です。a corrupt society「堕落した社会」。人に対して使われた場合には「賄賂をもらっても平気な」という感じです。a corrupt official「不正を働く役人」。動詞も同形で「～を堕落させる」の意味です。名詞形は corrúption「堕落、腐敗、汚職」です。
ONE POINT 「(リンゴなどが)腐った」は rótten です。

874 bankrupt　破産した　形

/bǽŋkrəpt/

(覚え方) bank-【銀行、元はベンチ】+ -rupt【破壊する】から。破綻寸前の銀行にあったベンチを債権者たちが破壊したことから。
(使い方)「破産した」という意味の形容詞です。名詞形は bankruptcy「破産、破綻」です。「自己破産」は one's personal bankruptcy です。The company went bankrupt, owing 1 billion yen.「その会社は10億円の負債を抱えて破産した」。
ONE POINT 「通帳」は a bánkbook、「記帳する」は update a bankbook です。

875 **erupt**

（火山が）噴火する　動

/ɪrʌ́pt/

覚え方 e-【= ex 外】+ -rupt【破壊する】から、break out「勃発する」と同じ意味です。

使い方 「（火山が）爆発する、噴火する」の意味です。Mount Vesuvius erupted in A.D.79.「ベスビオ山は西暦79年に噴火した」。さらに「（暴動などが）突然始まる」などでも使うことがあります。なお、火山が「爆発する」には explode が使えません。名詞形は erúption「噴火」です。

ONE POINT　a volcáno「火山」はローマ神話の「火の神（Valcanus）」からきました。

876 **abrupt**

突然の予期せぬ　形

/əbrʌ́pt/

覚え方 ab-【= away 離れる】+ -rupt【破壊する】から、「破裂してバラバラになる」が原義です。そこから「突然の予期せぬ」に発展しました。マイナスイメージの単語です。

使い方 「突然の予期せぬ」の意味です。sudden よりも意外の意味が強く、話者の不快感を伴います。an abrupt halt「（バスなどの）急停車」、an abrupt departure「突然の出発」、an abrupt change of the project「その企画の突然の変更」。

ONE POINT　人に対して使った場合には「ぶっきらぼうな」の意味です。

877 **scheme**

①（公の利益のためになる）計画　②たくらみ　名

/skíːm/

覚え方 【ギリシア語 schema 姿、形】から。全体像を見ているイメージをつかんでください。a color scheme は「配色」の意味です。

使い方 「（公の利益のためになる）計画」の意味です。訳語は文脈によって「事業計画、案、大綱」など様々です。an energy-saving scheme と言えば、「エネルギー節約案」です。teacher training schemes なら「教師訓練の計画」です。また「陰謀、たくらみ」の意味でも使われます。

ONE POINT　in the scheme of things は熟語です。「物事の全体像の中で」→「全体の状況から見て」の意味です。

878 conceive

/kənsíːv/

①(新しい考えや計画など)を思い浮かべる 動
②(+ of ～)思い浮かべる

覚え方 con-【= together 全て】+ -ceive【取る】から「全体を取る」になりました。「細かいことは別として～の全体像を漠然と思い浮かべる」というイメージです。名詞の a cóncept「概念」は有名です。

使い方 Scientists conceived the idea of the Internet in the 20th century.「科学者たちは20世紀にインターネットという考えを思いついた」。名詞形の concéption は、主に「conceive すること」の意味。

ONE POINT preconcéived は、pre-【(= before)以前】+ conceived から「あらかじめ考えられた」の意味です。a preconceived idea「先入観」。

879 conceited

/kənsíːtəd/

うぬぼれている 形

覚え方 「考えること」から「自分に対して好意的に考えること」となり、現在の「うぬぼれ」の意味になりました。

使い方 conceited で「うぬぼれている」という意味の形容詞です。マイナスイメージの単語です。Jimmy is the most conceited, selfish person I have ever known.「ジミーは私が知っている中で最もうぬぼれ屋のわがままな人間です」。名詞形は concéit「うぬぼれ」です。

ONE POINT -ish で終わる単語は多くの場合マイナスイメージです。sélfish「わがままな」、chíldish「子どもじみた」。

880 hinder ～

/híndər/

～を妨げる 動

覚え方 hind-【後ろに】から「やるべきことなどを後に追いやる」感じです。behind ～「～の背後に」、with (the benefit of) hindsight「後からよく考えれば」などが同語源です。

使い方 「～を妨げる」です。目的語にはモノしか置けない点で prevent とは違います。My urgent business was hindered by an unexpected visitor.「急な用事が突然の訪問客によって邪魔された」。名詞形は híndrance。

ONE POINT more of a hindrance than a help「助けどころか邪魔」の意味です。

881 inherit ~ (財産、性質、体質など)を受け継ぐ 動

/ɪnhérət/

覚え方 in-【中へ】+ -her-【くっつく】から「自分の中に祖先がくっついてくる」イメージです。herédity「遺伝」も暗記しましょう。

使い方「(財産、性質、体質など)を受け継ぐ」という意味です。Recently Max has inherited that land from his grandfather.「マックスは最近おじいさんからその土地を譲り受けた」。

ONE POINT inherit の名詞形は inhéritance「(祖先や親からの)相続財産」です。Bob gambled away his inheritance within six months.「ボブは相続した財産を半年以内にすべてギャンブルに使ってしまった」。

882 inherent 元々ある、固有の 形

/ɪnhír(ə)nt, -hér-/

覚え方 inhérit の形容詞形ですから「受け継いだ」というのが基本的な意味です。そこから「元々ある、固有の」という訳になります。

使い方「受け継がれた」から「そのものに本来備わっている」という意味に発展します。her inherent character「彼女の生まれながらの性格」。inherent rights は「生得権」。

ONE POINT be inherent in ~「~に備わっている、固有の」の形も大切です。The problems are inherent in the system「その問題はシステムに固有のものです」。

883 hesitate to (V) Vすることをためらう 動

/hézɪtèɪt/

覚え方【ラテン語 *haesitatus* 口ごもる】から。he- は her-【くっつく】と同じです。ある場所からなかなか先へ進めない様子を表します。《「へーしてー」とためらう》という語呂合わせもあります。

使い方 hesitate to (V) で「Vするのをためらう」の意味です。自動詞ですから後に名詞を置く場合には about が必要。I am still hesitating about whether to accept the job or not.「その仕事を引き受けるべきかどうかまだためらっています」。名詞形は hesitátion です。Don't hesitate to ask me questions.「自由に質問してください」。

ONE POINT「迷いなく」なら without hesitation です。

884 ridiculous

バカげた 形

/rədíkjələs/

覚え方 ridicul-【嘲笑】+ -ous【～に富む】から「バカげた」です。
使い方 「(考えや状況が)理屈にあわなくて、本当にバカらしい」という意味です。a ridiculous idea「バカげた考え」。
ONE POINT 動詞形は rídicule ～「～を嘲笑する」です。I was publicly ridiculed.「私は人前で嘲笑された」。日常会話では laugh at ～「～を笑い飛ばす」で十分です。また名詞形も ridicule です。an object of ridicule「嘲笑の的」。

885 monotonous

単調な 形

/mənát(ə)nəs/

覚え方 mono-【1】+ -ton-【= tone 調子】+ -ous【～に富む】から「一本調子の」が原義です。そこから「単調な」になりました。同語源の単語には(a) mónorail「モノレール」、a mónologue「独白」などがあります。
使い方 「(変化がなくて)単調な」という意味です。たとえば a monotonous voice「一本調子の声」、a monotonous job「単調な仕事」。lead a monotonous life「単調な生活を送る」。名詞形は monótony「単調さ」です。
ONE POINT 数学用語の「単調増加」は monotonous increase です。

886 monopoly

独占(権) 名

/mənápəli/

覚え方 mono-【1】+ -poly【売る】から「専売」が原義です。
使い方 a monopoly on ～ で「～に関する独占権」という意味です。Microsoft nearly has a monopoly on business software around the world.「マイクロソフト社は世界中でビジネスソフトをほぼ独占している」。The firm has a monopoly on oil sales.「その会社は石油販売の独占権を持っている」。動詞形は monópolize ～「～を独占する」です。
ONE POINT 『モノポリー』という盤ゲームがありますがご存じですか？

887 reconcile ～　～を和解させる　動

/rékənsàil/

覚え方 re-【= back】+ -concile【= council 調停する】から「調停によって元の状態に戻す」が原義。《「離婚去る」のを和解させる》が有名な語呂合わせです。

使い方「(相反する2つのものの共通点を見つけて)を歩み寄らせる」の意味です。「(人と人)を和解させる」、「(考え)を調和させる」などの訳が可能です。reconcile an ideal with reality「理想を現実と一致させる」。名詞形は reconciliátion 。

ONE POINT reconcile oneself to ～は、「自らを～に歩み寄らせる」から「～を仕方なく受け入れる、～に甘んじる」の意味です。

888 eloquent　雄弁な　形

/éləkwənt/

覚え方 e-【= ex 外】+ -loquent【= logue 話す】から「外に向かって話す」」→「雄弁な」。collóquial「(みんなで話す)口語の」が同語源です。

使い方「雄弁な」という意味ですが、ただ雄弁なだけでなく、聴衆に影響を与えるような話し方を表します。an eloquent speech「雄弁な演説」。副詞形は éloquently「雄弁に」です。

ONE POINT アクセントに気をつけてください。

889 intuition　直感　名

/ìnt(j)uíʃ(ə)n/

覚え方 in-【中】+ -tui-【じっと見る】から「心の中をじっと見る」が原義です。同語源の単語には a tútor「(見てくれる人→)家庭教師」、tuítion「(見た見返り→)授業料」などがあります。

使い方 Intuition told me that SV なら「SVということが直感的に分かった」です。My intuition told me that he was telling a lie.「あいつが嘘をついていると直感的に思った」。「女の直感」は female intuition です。形容詞形は intúitive「直感的な」です。

ONE POINT by intuition で「直感的に」という熟語です。

890 the Atlantic 大西洋 〔名〕

/ətlǽntɪk/

覚え方 「西の果てのアトラス山脈(the Atlas Mountains)に接する海」が原義。

使い方 ocean を補って、the Atlantic Ocean でも可。一般的に「海」の場合は the をつけます。the Sea of Japan「日本海」、the Seto Inland Sea「瀬戸内海」、sail solo across the Atlantic「大西洋を船で単独横断する」。

ONE POINT 「太平洋」は the Pacific Ocean です。こちらはマゼラン(Magellan)が航海時に、その海の静けさから命名しました。「北極海」は the Arctic Ocean です。

891 whereas ～だけれど 〔接〕

/(h)weəræz/

覚え方 where は対比を表すことがあります。それに「いい加減なつなぎ語」の as がつきました。昔は目新しい語だったのかもしれませんが、今では formal な語です。

使い方 SV, while SV. の formal な言い方です。The old machine was complicated, whereas the new one is really simple.「古い機械は複雑だったけれど、新しい機械は本当に簡単だ」。

ONE POINT For me「僕にとって」を As for me と言うことがありますが、この as も元々は「いい加減なつなぎ語」ですね。

892 hypothesis 仮説 〔名〕

/haɪpáθəsəs/

覚え方 hypo-【下】+ -thesis【主題】から「主題の下にくるもの」が原義で、そこから「仮説」となりました。同語源の単語には hýpnotism「催眠術」、a hýpocrite「偽善者(心の『下』では別のことを考えている感じ)」があります。

使い方 「仮説」の意味です。put forward/propose a hypothesis「仮説を提示する」、confirm a hypothesis「仮説を裏付ける」、test the hypothesis「その仮説を検証する」。

ONE POINT science「科学」は、実験→仮説→実証、が基本です。

893 optimistic 楽観的な [形]

/ὰptəmístiɪk/

覚え方　【ラテン語 *bonus* 良い】の最上級が【*optimus* 最もよい】。a bónus「ボーナス」、beautiful「美しい」も同語源です。

使い方　óptimism「楽観的なこと」の形容詞形が optimístic「楽観的な」です。人を表す名詞は an óptimist「楽観的な人」です。Bean has an optimistic view of his future.「ビーンは自分の将来を楽観している」。

ONE POINT　似た単語に happy-go-lucky「楽天的な」があります。

894 pessimistic 悲観的な [形]

/pèsəmístik/

覚え方　【ラテン語 *malus* 悪い】の最上級が【*pessimus* 最も悪い】です。impáir「(中を悪くする→)を低下させる」も同語源の単語。

使い方　péssimism「悲観的なこと」の形容詞形が pessimistic「悲観的な」です。Don't be so pessimistic about the results.「結果についてそんなに悲観的になるなよ」。

ONE POINT　反意語の óptimism のほうは、「オ」から始まって口を大きく開けるから「楽観的な」感じがする、と高校時代に友人が言っていました。

895 impair ～ (視覚、聴力、思考力など)を低下させる [動]

/ɪmpéər/

覚え方　im-【中を】+ -pair【ラテン語 *pessimus* 最も悪い】から「～の中を悪くする」→「(機能、能力)を低下させる」になりました。

使い方　「(視覚、聴力、思考力など)を低下させる、損なう」の意味。His hearing was badly impaired.「彼の聴力は著しく損なわれた」。The illness impaired his ability to speak.「その病気のために彼の話す能力が低下した」。

ONE POINT　dámage のほうが幅広く使えます。

896 arbitrary　独断的な　形

/ɑ́ːrbətrèri/

(覚え方) arbiter【権威者】+ -ary【形容詞語尾】から、「独裁的な」→「独断的な」イメージの単語です。語呂合わせは《アー見とられん、デタラメな授業》。

(使い方)「独裁者が行うような何の理由もなく、他人のことも考慮に入れずに、おまけに不公平な」の意味。「独断的な」という訳で暗記。make an arbitrary decision「独断的な決定をする」、an arbitrary demand「気まぐれな要求」。

ONE POINT ワンマンな上司は間違いなく arbitrary ですね。

897 cling to ～　～にくっつく　動

/klíŋ/

(覚え方)「付着する」が原義です。a clip「クリップ」と一緒に暗記。
(使い方) cling to ～「～にくっつく」ですが、cling to one's body「(シャツなどが)身体にくっつく」、cling to one's clothes「(タバコの臭いなどが)服につく」、cling to the TV「テレビにしがみつく」、cling to one's theory「自分の理論に執着する」などで幅広く使います。a baby monkey clinging to its mother's back「母猿の背中にしがみついている赤ちゃん猿」。

ONE POINT 「救命ボートにつかまる」は cling onto the lifeboat です。

898 inevitable　避けられない　形

/inévətəbl/

(覚え方) in-【否定】+ évitable【避けられる】から。語呂合わせ《エビ食べるは「避けられる」》と覚えるのもアリです。

(使い方)「避けられない」の意味です。an inevitable result/consequence「当然の結果(=避けられない結果)」は頻出です。Death is inevitable, unless you are God!「神様を除いては死は避けられない!」。副詞形は inévitably です。

ONE POINT unavóidable よりも強意的です。

899 lament 〜 〜を悼(いた)む 　動

/ləmént/

覚え方 【泣き叫ぶ】が原義です。形容詞形が lámentable「嘆かわしい」で、昔《ラーメン食べる主婦は嘆かわしい》という語呂合わせがありました。もし良ければどうぞ。

使い方 「〜を深く悲しむ、〜を悼む」という意味です。目的語には death「死」、fate「宿命」などの重いものがきます。The nation lamented the death of its great leader.「国を挙げて偉大なる指導者の死を悼んだ」。

ONE POINT 「自分の悲しみを表現する」という意味ですから、feel very sorry for 〜「〜をとても悲しいと思う」とは違います。

900 generate 〜 〜を生み出す 　動

/dʒénərèɪt/

覚え方 【ギリシア語の *genesis* 起源、発生】を語源とします。a generation「(生み出されたもの→)世代」、hydrogen「(水を生み出すもの→)水素」などが同語源。

使い方 物理的に「(電気、熱など)を生み出す」という意味から、「(考え、莫大な収入など)を生み出す」などでも使えます。generate electricity「電気を生み出す」、generate profits「利益をもたらす」。

ONE POINT 「発電」は power generátion と言います。

901 generous 気前がよい 　形

/dʒén(ə)rəs/

覚え方 【ギリシア語 *genesis* 起源、発生】を語源とする単語はプラスイメージのものが大半です。これは「発生」→「同族」→「いい人」という流れです。a géntleman「紳士」、a génius「天才」。

使い方 「気前がよい」という意味が基本です。be generous to 人 で「〜に気前がよい」という意味です。頻度は高くありませんが、もう少し意味が広い「寛容な」という場合もあります。a wealthy and generous man「裕福で気前のいい人」。名詞形は generósity「気前のよさ、寛容さ」。

ONE POINT 反意語は stíngy「ケチな」です。

902 spontaneous　自然(発生的)な　[形]

/spɑntéɪniəs/

覚え方 spont-【自分自身の意志で】+ -aneous【〜に富む】。
使い方「(声援、拍手などが)自然(発生的)な」という意味です。「あまりに素晴らしいので、つい拍手してしまった」という文で用います。My spontaneous reaction was to hide behind the door.「僕が思わずとった行動はドアの後ろに隠れることだった」。a spontaneous cheer from the crowd「群衆から湧き起こる声援」。
ONE POINT 副詞形は spontáneously です。We spontaneously started to dance.「私たちは思わず踊りだした」という意味です。

903 illustrate 〜　(具体例を挙げて)〜を説明する　[動]

/íləstrèɪt, ɪlʌ́s-/

覚え方 日本語の「イラスト」は図や漫画などのことを指しますが、illustrate は「具体例を挙げて説明する」の意味が普通です。
使い方「(具体例を挙げて)〜を説明する」の意味です。目的語には名詞や that 節が置かれます。illustrate the point「要点を説明する」。Her story about Bob illustrates his true generosity very clearly.「彼女の話からボブがいかに気前がよいかが明確に分かる」。
ONE POINT 名詞形は illustrátion「実例、イラスト」です。Jim's illustrations on paper clearly showed his emotions.「ジムが紙に描いたイラストが、彼の気持ちをはっきりと表していた」。

904 conservative　保守的な　[形]

/kənsə́ːrv(ə)tɪv/

覚え方 con-【= together 強意】+ serve【奉仕する】から、「徹底的に奉仕する」→「姿勢を変えない」→「守る」になりました。
使い方「保守的な」という意味です。a conservative attitude toward marriage「結婚に対する保守的な姿勢」。動詞形の conserve 〜 は「(無駄にしないように)〜を守る」という意味です。a conservátionist は「環境保護論者」です。反意語は progréssive「革新的」。
ONE POINT the Conservative Party「保守党」は、the Labour Party「労働党」と共に英国の二大政党の一つです。

905 **incident** (通例主要な出来事に関連して起きる付随的な)出来事 [名]

/ínsəd(ə)nt/

覚え方 in-【中に】+ -cident【ラテン語 *cadere* 落ちる】から、「中に落ちてきたもの」→「偶然起きたもの」。an accident も同語源。

使い方「(通例主要な出来事に関連して起きる付随的な)出来事」の意味です。incidéntal は incident の形容詞形で「何か、より重要なものに付随して起きる」の意味です。incidental expenses は「雑費」の意味です。An unexpected incident happened in the factory「その工場で思いがけない出来事が起きた」。

ONE POINT incidéntally は incidental の副詞形ですが、「ついでに言えば」という意味でも使いますから注意が必要です。

906 **coincide with ~** ～と同時に起きる [動]

/kòʊɪnsáɪd/

覚え方 co-【= together 一緒に】+ incident【出来事】から、「偶然に2つのことが同時に起きる」という意味です。

使い方 A coincide with B. で「AとBが同時に起きる」という意味です。The rise of the Church coincided with the decline of the Roman Empire.「キリスト教会の勃興はローマ帝国の衰退と時を同じくしていた」。名詞形の a coíncidence は「偶然に一致すること」という意味です。

ONE POINT What a coincidence！は「なんて偶然なんだ！」です。これは、たまたま映画館で知り合いに会った時などに使います。

907 **be preoccupied with~** ～で頭がいっぱいだ [形]

/priɑ́kjəpàɪd/

覚え方 pre-【= before】+ óccupy【占有する】から、「他の何よりも人の心を占有する」という意味です。

使い方 preoccupy ~は「(人)の気持ちを占める」の意味です。しばしば be preoccupied with ～ で「(考え、不安)で頭がいっぱいになる」の形で使います。Sally is preoccupied with the thought of studying abroad.「サリーは留学のことで頭がいっぱいだ」。名詞形は preoccupátion です。

ONE POINT Tom looks preoccupied. は、マイナスイメージなら「トムは思い詰めているようだ」と訳します。

908 hostile

敵意のある 形

/hástàil/

覚え方 a hóstage「人質」は host-【未知の人】-age【状態】から「未知の人」が原義です。これが「敵」を表すようになり、「捕まえた敵」→「人質」にまで発展しました。a hospital は「未知の人をもてなすところ」が原義です。《ホー、スタイルいいね、と敵意のある言葉》。
使い方 Ann felt hostile toward her mother-in-law.「アンは義理の母に敵意を感じていた」。have a hostile attitude toward 〜「〜に対して敵意のある態度をとる」、a hostile troop「敵軍」、a hostile spy「敵国のスパイ」。名詞形は hostílity。
ONE POINT ビジネスの「敵対的買収」は a hostile takeover です。

909 hospitality

(客に対する)もてなし 名

/hàspətǽləti/

覚え方 hospital は本来は「もてなすところ」で、hospitality は「もてなし」です。
使い方 give + 人 + hospitality「人をもてなす」、receive warm hospitality「温かいもてなしを受ける」、corporate hospitality「会社の接待」などで使います。
ONE POINT もてなしに対して感謝する場合は、普通 Thanks for having us.「お招きいただきありがとうございました」と言います。

910 restrain 〜

〜を抑制する 動

/rɪstréɪn/

覚え方 re-【強意】+ -strain【きつく結ぶ】から「抑える」。同語源の abstáin from 〜「(宗教や健康のために酒、タバコなど)を節制する」は ab-【= away 離れて】+ -tain【保つ】から「離れる」。
使い方 「(感情、行動など)を抑制する」の意味です。restrain one's anger「怒りを抑える」、restrain tears「涙を抑える」などで使います。名詞形は restraint です。
ONE POINT restrain 人 from 〜「人が〜するのを妨げる」でも使います。これは prevent 人 from 〜 より硬い表現です。

911 irrelevant 無関係な 形

/iréləvənt/

覚え方 rélevant は re-【再び→強意】+ -levant【持ち上がる】から「助け上げる」の意味です。そこから「出てきた意見を助け上げるような」→「出てきた意見と関連のある」と変化しました。ir- は【否定】です。同語源の単語に an elevator「エレベーター」があります。

使い方 rélevant は「(すでに述べられたことと)直接関連がある」の意味です。be relevant to the subject「その話題と関連がある」。ただし実際の英文では否定形の irrelevant のほうがよく出てきます。his irrelevant remark「場の空気が読めない発言」。

ONE POINT reláte ～「～と関連づける」とは語源的には無関係です。

912 transplant ～ ～を移植する 動

/trænsplǽnt/

覚え方 trans-【移す】+ -plant【植える】から。trans- で始まる重要語は多いです。transláte ～「～を翻訳する」、transfórm ～「～を変形させる」、transmít ～「～を伝える」、transfér ～「～を移す」など。

使い方 他動詞は、文字通り「(植物)を植え替える」から「～を移植する」に発展。Tom's kidney was transplanted in his daughter.「トムの腎臓は娘に移植された」。名詞も同形です。an organ transplant「臓器移植」、a transplant patient「移植患者」。

ONE POINT a bone marrow transplant は「骨髄移植」です。

913 primitive 原始的な 形

/prímətɪv/

覚え方 primi-【最初】+ -tive【形容詞語尾】から「初期の段階にある」。the prime minister「第一の大臣」→「総理大臣」が同語源。

使い方 「(発達しておらずに昔と同じように)原始的な」の意味です。必ずしも「昔の」という意味ではありません。a primitive steam engine「原始的な蒸気機関」、a primitive society「原始的な社会」、a primitive mammal「原始的哺乳動物」。

ONE POINT 反意語は advánced「進歩した」です。

914 juvenile 青少年の 形

/dʒúːvənàɪl, -v(ə)n(ə)l/

(覚え方)【ラテン語 *juvenis* 若い、青年】から。同語源の単語には junior「若い」があります。

(使い方)「青少年の」という意味の硬い単語です。主に「少年犯罪」juvenile crime、「少年非行」juvenile delínquency などで用いられます。

ONE POINT 印欧語にまで遡れば young も juvenile と同語源の単語です。rejuvenátion で「若返り」です。

915 flourish （比喩的な意味で）花開く 動

/fləˊːrɪʃ, flʌ́r-/

(覚え方) flour-【花開く】+ -ish【動詞語尾】から。flour は元々「花、小麦」の意味だったのですが、「花」は a flower と綴られるように分化しました。a florist「花屋」も同語源の単語です。

(使い方)「（比喩的な意味で）花開く」が基本的な意味です。「（人、植物、町、事柄が）栄える」という文脈で使用します。South Wales flourished as a coalmining region.「サウスウェールズは炭鉱地帯として栄えた」。

ONE POINT Florence「（イタリアの都市）フローレンス / フィレンツェ」も同語源です。

916 calamity 災難 名

/kəlǽməti/

(覚え方)【ラテン語 *calamitas* 損失、被害】から。

(使い方)「大きな被害をもたらす出来事」の意味です。「地震」an earthquake、「洪水」a flood、「火事」a fire、「干ばつ」a drought などの自然災害から「戦争」war、「解雇」dismíssal などの社会的災害まで幅広く使える単語です。The loss of the biggest client is a real calamity for the company.「一番の得意先を失うことは会社にとって大きな痛手である」。

ONE POINT 要するに a térrible evént「ひどい出来事」の意味です。

917 prosperity　繁栄　[名]

/prɑspérəti/

覚え方 pro-【前方】+ -sper-【ラテン語 *sperare* 希望する】から「希望に向かっていく」。désperate「絶望的な、やけくその」が同語源。
使い方 prósper は「(主に経済的な面で)繁栄する」の意味です。これの名詞形が prosperity「繁栄」です。the future prosperity of our country「我が国の未来の繁栄」。
ONE POINT ポーランド系ユダヤ人のザメンホフ博士が1887年に考案した民際語(= 人と人とをつなぐ言語)である「エスペラント語(Esperanto)」も同語源で、【ラテン語 *sperare* 希望する】から来ています。

918 despair　絶望　[名]

/dɪspér/

覚え方 de-【= down】+ -spair【sper- ラテン語 *sperare* 希望するの変形】から「希望がなくなる」こと。
使い方「絶望」の意味の不可算名詞です。drive 〜 to despair「〜を絶望の淵に追いやる」。give up in despair「絶望してあきらめる」。
ONE POINT 形容詞形の désperate「必死の」は、絶望の淵に追いやられて必死にもがいているイメージです。a desperate effort「必死の努力」、a desperate situation「絶望的状況」。

919 tedious　(ダラダラと続いて)退屈な　[形]

/tíːdiəs/

覚え方【ラテン語 *taedium* 退屈な】から来ました。tired「疲れている」と何となく音が似ていますから、セットで覚えてください。始業式などでの校長先生の話は、しばしば tedious です。
使い方「(ダラダラと続いて)退屈な」という意味です。the headmaster's tedious speech「校長のダラダラした話」、Tenia gave me a tedious account of what she did at the weekend.「テニアは週末にしたことをダラダラと私に説明した」。名詞形は tédium です。
ONE POINT「退屈な」を意味する一般的な語は boring です。

920 **inhabitant** 住民 〔名〕

/ɪnhǽbətənt/

(覚え方) in-【中】+ -habit【ラテン語 *habit* 持つ】+ -ant【人】から、「〜に自分自身を持っている」→「住んでいる人」になりました。

(使い方) 「(都市や町に)住んでいる人、住民」の意味です。Kyoto has more than one million inhabitants.「京都には100万人以上の住民がいる」。動詞形は inhábit 〜「〜に生息している」。たとえば Woodpeckers inhabit hollow trees. で「キツツキは中空の木に生息している」の意味です。

ONE POINT 一時的な「滞在者」には a résident を使います。

921 **refrain from 〜** 〜を控える 〔動〕

/rɪfréɪn/

(覚え方) re-【= back】+ -frain【手綱→押さえる】から、「〜したいという気持ちが前に行かないように抑える」というイメージ。

(使い方) refrain from 〜「〜を控える」の意味です。from 〜 は、何かから遠ざけるイメージを持つ前置詞です。日本語の「コメントを控える」は refrain from comment となります。Please refrain from smoking.「どうぞお煙草はお控えください」。

ONE POINT 動物園の掲示の「サルにエサをやるのはお控えください」なら Please refrain from feeding the monkeys. です。

922 **adhere to 〜** (規則、主義など)を固く守る 〔動〕

/ædhíər/

(覚え方) ad-【方向性】+ -here-【くっつく】から。同語源の単語には inhérit 〜「〜を受け継ぐ」、inhérent「固有の」などがあります。

(使い方) 普通 adhere to 〜 の形で、「(a regulation「規則」、a principle「主義」など)を固く守る」の意味。As a member of this organization, please adhere to these rules.「この組織の一員としてこれらの規則をどうか守ってください」。

ONE POINT 口語では adhere はあまり使われませんが、an adhésive「接着剤」はよく使われます。

923 coherent　　(話や文章の)論旨が一貫している　　形

/kouhí(ə)rənt/

覚え方 co-【= together 一緒に】+ -here-【くっつく】から「文章の前後の論理がくっついている」→「論理が一貫している」という意味です。

使い方「(話や文章の)論旨が一貫している」という意味です。a coherent account of the event「その出来事の論旨が一貫した説明」。The man was obviously drunk, and his speech was not coherent.「その男は明らかに酔っていて、話に一貫性はなかった」。名詞形は cohérence「論旨の一貫性」です。

ONE POINT coherence は英語のエッセイを評価する大切な基準です。

924 hierarchy　　階層構造　　名

/háɪərɑ̀ːrki/

覚え方【ギリシア語で高僧の職】という意味です。昔から宗教界も階層構造だったと考えられますね。

使い方 a ～ hierarchy で「～の階層構造、階層社会」の意味です。in a bureaucrátic hierarchy「官僚の階層社会で」、a rigid social hierarchy「柔軟性のない社会の階層構造」。

ONE POINT「ヒエラルキー」は日本語になっていますね。

925 obstacle　　障害　　名

/ábstɪk(ə)l/

覚え方 ob-【= against】+ -stacle【= stand】から、「～に対抗して立っているもの」が原義です。

使い方 an obstacle to ～ で「～の障害」の意味です。to ～ は、「～に至る」ですから「～に向かうまでに立ちはだかる障害」の意味ですね。「～」には success「成功」、our plans「私たちの計画」などが来ます。an obstacle to progress「進歩への障害」。「障害を乗り越える」は、overcóme an obstacle です。

ONE POINT「(精神、身体の)障害」は disabílity です。people with disabilities「障害者」。

926 **agony** (激しい)苦痛 〈名〉

/ǽɡəni/

覚え方 昔の語呂合わせに《アゴに苦痛のアッパーカット》というのがありました。これで勘弁してください。

使い方 「(通例長く続く肉体的、精神的な激しい)苦痛」の意味です。思わずうずくまってしまうような苦痛のことです。feel agony「激しい苦痛を感じる」、endúre agony「激しい苦痛に耐える」、the agony of a severe toothache「激しい歯痛の苦しみ」。

ONE POINT in agony で「苦しんで」の意味です。George collapsed in agony on the floor, holding his chest.「ジョージは苦痛のため胸をかかえて床に倒れ込んだ」。

927 **arrogant** 傲慢な 〈形〉

/ǽrəɡənt/

覚え方 ar-【= ad 方向性を示す】+ -rog-【要求する】から、「不当なぐらい大きな権利を要求する」→「横柄な」に発展しました。語呂合わせ《(周りの人間に対して)アホが(ント)と思う傲慢さ》。

使い方 「(人、態度などが)傲慢な」の意味です。周りに対する気遣いもせず、自分の能力や重要性をことさらに誇張することです。最悪ですね。Smith's arrogant attitude makes his colleagues feel unhappy.「スミスの傲慢な態度は同僚たちを不快にさせる」。名詞形は árrogance です。

ONE POINT 少し難しいですが intérrogate「〜を尋問する」も同語源。

928 **soothing** 心を落ち着かせる 〈形〉

/súːðɪŋ/

覚え方 日本語の「涼しい」に少し音が似ていますね。単語の音自体も癒し系ですね。

使い方 動詞形は soothe「(気持ち)を落ち着かせる」です。soothe the baby「赤ん坊をなだめる」、soothe one's nerves「神経を落ち着かせる」。「(痛みなど)を和らげる」でも使います。Massages soothed my aches.「マッサージで痛みが和らいだ」。This music is really soothing.「この音楽は本当に癒される」。

ONE POINT いわゆる「癒し系の音楽」は soothing music です。

929 prevail　（考え、知らせ等が）普及している　動

/prɪvéɪl/

覚え方 pre-【= before】+ -vail【= value 力】から「他の者より先に力を持つ」→「優勢である」が原義です。value「価値」が同語源。

使い方「（考え、知らせ等が）普及している」の意味です。元は「優勢である」という意味ですが、訳は「普及している」ぐらいで十分です。Buddhism prevails throughout the country.「その国では仏教が隅々にまで普及している」。形容詞形は prévalent「普及した」です。That belief is prevalent, especially among young people.「その考えは特に若者の間に広がっている」。

ONE POINT「何かより力を持っている」のイメージをつかみましょう。

930 conquer ～　～を征服する　動

/kɑ́ŋkər/

覚え方 con-【= together 強意】+ -quer【ラテン語 *quearere* 求める】から「何かを獲得しようと強く求める」が原義。a question「問い」、a quest「探求」、a request「要請」などが同語源。

使い方「～を征服する」の意味です。「～」には、a nation「国」、cancer「癌」、a new market「新たな市場」などがきます。Who conquered Mt. Everest first?「初めてエベレスト山を征服したのは誰ですか?」。

ONE POINT 名詞形の conquest/kɑ́ŋkwèst/「征服」とは発音の区別が必要です。

931 A confront B　AがBに立ちはだかる　動

/kənfrʌ́nt/

覚え方 con-【= together 強意】+ front【正面】から「～に向かってしっかり顔を向ける」というイメージです。

使い方 普通、A + confront + B で「A が B に立ちはだかる」で使います。しばしば受動態にして B + be confronted with A として使います。Some difficulties confronted us.「僕たちは困難に直面していた」。もし、人 + confront +～ の場合には「(積極的に)～に向かい合う、立ち向かう」の意味となります。

ONE POINT 名詞形は confrontátion「立ち向かうこと」→「闘い」です。

932 astonish ~ （ひどく）~を驚かせる 動

/əstɑ́nɪʃ/

覚え方 as-【強意】+ -ton-【雷が鳴る】+ -ish【動詞語尾】から「大きな雷鳴が轟く」が元の意味です。

使い方 surprise の強調形で「驚きのあまり信じられないという気持ちにさせる」という意味です。人+ be + astonished「人が驚いている」、モノ + be + astonishing「モノが驚きである」で用います。an astonishing decision「驚くべき決定」。名詞形は astónishment です。

ONE POINT 「私はとても驚いた」は I was really astonished. です。astonished 自体「とても驚いた」ですから very で修飾しません。

933 diminish 減少する 動

/dəmínɪʃ/

覚え方 di-【= down 強意】+ -minish【小さくする】から。

使い方 「減少する」「~を減らす」のどちらでも使えます。数量の減少以外に「(痛みなど)を減らす」、「(名声や権威など)を下げる、傷つける」などの抽象的な意味でも用います。Unemployment in that country has diminished over the last few years.「その国の失業率はここ数年で減少した」。

ONE POINT dim は「薄暗い、ぼんやりした」の意味です。

934 nourish ~ ~に栄養を与える 動

/nə́ːrɪʃ, nʌ́r-/

覚え方 a nurse「乳母、看護師」と同語源の語。

使い方 nourish ~「~に栄養を与える」の意味です。nourish one's hair/one's skin「髪に/皮膚に栄養を与える」などでも使います。a well-nourished baby「栄養状態の良い赤ん坊」。

ONE POINT 名詞形は nóurishment です。proper nourishment で「栄養のバランスのとれた食事」。

935 **miserable** 惨めな 形

/mízərəbl/

覚え方 フランスの小説に『レ・ミゼラブル（ああ無情）』があります。
使い方「極めて不幸な」の意味です。feel miserable「惨めな気持ちになる」、look miserable「惨めな顔をしている」の意味です。モノに対しても使えます。たとえば a miserable meal「悲惨な食事」、miserable conditions「悲惨な状況」などです。lead a miserable life「惨めな生活を送る」。
ONE POINT 名詞形は mísery「惨めさ」です。

936 **tolerate ～**（相手の過失や物事、人）を大目に見る 動

/tálərèɪt/

覚え方 toler-【耐える】です。「叩かれても笑っている」というイメージの単語です。《取れ！ 0点！ 大目に見るよ》でどう？
使い方「（相手の過失や物事、人）を大目に見る」という意味です。I will not tolerate your bad manners any longer.「君の行儀の悪さにはもう我慢ならない」。名詞形は tólerance「寛容」です。形容詞形は tolerant「寛容な」です。be tolerant of/toward ～「～に寛容な」で用います。
ONE POINT 類義語の stand や bear は、原則として can't stand/bear の形で用いますが、tolerate は肯定文でも can なしでもOKです。

937 **circulate** 循環する 動

/sə́ːrkjəlèɪt/

覚え方 a circle「円」と同語源。「ぐるぐる回る」感じ。
使い方「循環する」という意味です。Blood circulates through the body.「血液は体内を循環する」。他動詞では「～を循環させる」の意味です。circulate warm air「暖かい空気を循環させる」。名詞の circulátion は「（血液などの）循環」以外に「（新聞、雑誌の）発行部数」という意味も持っています。a magazine with a small circulation「ミニコミ誌」。
ONE POINT「メモをみんなに回す」は circulate a memo です。

938 **calculate ~** (高度で複雑な数学を用いて正確に)～を計算する 動

/kǽlkjəlèɪt/

覚え方 昔は cálcium「カルシウム、石灰」を用いて計算したことから。a caldéra「カルデラ」も同語源です。
使い方「(高度で複雑な数学を用いて正確に)を計算する」の意味。calculate the distance between the stars「星と星の間の距離を正確に計算する」。calculate + 名詞以外にも、calculate how much money we need「どれくらいのお金が必要か計算する」などでも使います。「計算器、電卓」は a cálculator です。
ONE POINT「加減乗除」などの簡単な「計算をする」は do sums です。do sums in one's head なら「暗算をする」となります。

939 **eliminate ~** (不必要なもの)を排除する 動

/ɪlímənèɪt/

覚え方 e-【= ex 外】+ -limi-【= limit 限界】から、「ある境界内から外へ出す」が原義です。
使い方「(不必要なもの)を完全に排除する」の意味。目的語には、need「必要性」、possibility「可能性」、risk「危険性」など。また eliminate A from B で「BからAを除外する」も重要。名詞形は eliminátion です。
ONE POINT 受動態で Our team was eliminated in the second round. と言えば「我々のチームは2回戦で敗退した」の意味です。

940 **contemplate ~** (深く、真剣に)～を熟考する 動

/kάntəmplèɪt/

覚え方 con-【= together 強意】+ temple【神殿、寺院】。「神殿、寺院」は元は占いの場。そこで「じっくり考える」というイメージです。
使い方「(深く、真剣に)～を熟考する」の意味。contemplate the mysteries of the universe「宇宙の神秘について熟考する」。目的語に動名詞や動詞の名詞形がくる場合には、未来のことについて考える、という意味になります。I am contemplating resigning.「僕は辞職を考えているんだ」。名詞形は contemplátion「熟考」です。
ONE POINT 自動詞としても使います。

941 **feature**

(特に目立つ)特徴、特集 〔名〕

/fíːtʃər/

(覚え方) fac、fic、fec は【作る】でしたが、a feature も「作られたもの」が原義です。近頃では「フィーチャー」=「特集」は日本語ですね。

(使い方)「(特に目立つ)特徴」のことです。またニュースなどの「特集」の意味でも使います。a feature (program) on Samoa「サモア特集」。One important feature of this film is its music.「この映画の重要な一つの特徴はその音楽です」。

(ONE POINT) 動詞の féature ～ は「～を特集として扱う」の意味です。The exhibition features paintings by Gogh.「その展覧会はゴッホの絵画を特集している」。

942 **feat**

偉業 〔名〕

/fíːt/

(覚え方) fac、fic、fec は【作る】でしたが、a feat も「作られたもの」です。なお defeat ～ は「～を打ち負かす、敗北」です。

(使い方)「偉業(= a great achievement)」の意味です。しばしば、remárkable「著しい」、incrédible「信じられない」、astónishing「驚くべき」などの形容詞を伴います。「偉業を達成する」は、achieve/accomplish a feat です。His record is an incredible feat.「彼の記録は信じられないような偉業だ」。

(ONE POINT) a feat と綴りの似た単語の a féast「祝宴、大宴会」は a festival「祭り」と同語源です。

943 **breakthrough**

(学問上の)重大な発見 〔名〕

/bréɪkθrùː/

(覚え方) 従来の殻を破る(break)ような「大発見」の意味です。

(使い方)「(学問上の)重大な発見」の意味です。make a breakthrough で「大発見をする」です。American doctors have made a breakthrough in treating AIDS.「アメリカ人医師たちがエイズ治療における大発見をした」。

(ONE POINT) 普通の「発見」は discóvery で十分です。

944 coward　臆病者　[名]

/káuərd/

覚え方 似ていますが a cow「牛」とは無関係で、「動物の尾」というのが原義です。

使い方 「勇気のない者」の意味です。Cowards are often bullied.「臆病者はいじめられることが多い」。act like a coward「臆病者のような行動をする」。相手を非難する時に使われる単語です。「臆病」の意味の名詞形は cówardice です。

ONE POINT 形容詞形の cówardly「臆病な」の反意語は brave「勇敢な」。

945 complex　（様々な要素を含んで）複雑な　[形]

/kɑmpléks, kámplèks/

覚え方 com-【= together 全部が】+ -plex【曲げる、折り畳む】。

使い方 「（様々な要素を含んで）複雑な」の意味です。コンピュータの内部のようなイメージです。Boundary disputes between the two countries are a complex issue.「両国間の国境論争は複雑な問題である」。「複雑な」を意味する最も一般的な語は cómplicated です。

ONE POINT have a superiórity complex about ～ / have an inferiórity complex about ～ で「～に関して優越感／劣等感を持っている」の意味です。「マザコン」は a mama's boy。

946 perplex ～　～を戸惑わせる　[動]

/pərpléks/

覚え方 per-【= through 最初から最後まで】+ -plex【曲げる、折りたたむ】から「頭の中がぐちゃぐちゃになる」感じですね。

使い方 「～を混乱させて理解不能にする」という意味の書き言葉です。たとえば a perpléxing phenomenon は「（理解不能で）困惑させる現象」の意味です。Her contradictory behavior perplexed me.「彼女の矛盾した行動に私は戸惑った」。名詞形は perpléxity で少し変わった形です。

ONE POINT 類語の confúse ～のほうがはるかに頻度の高い語です。

947 **descend** (飛行機などが)下降する 動

/dɪsénd/

覚え方 de-【= down】+ -scend【よじ登る】が原義。

使い方 「(飛行機などが)下降する」の意味です。The plane began to descend for landing.「飛行機は着陸のための下降を開始した」。また be descended from ～ で「～から降ろされてきた」→「～の子孫である」でも使います。なお名詞形は descent「降下」/a descéndant「(降りてきた者→)子孫」。

ONE POINT 反意語は ascénd「上昇する」です。たとえば The plane ascended rapidly.「飛行機は急上昇した」。go up より formal な単語です。

948 **shortcoming** (人、モノの)欠点 名

/ʃɔ́ːrtkʌ̀mɪŋ/

覚え方 short「短い」→「届かない」が原義。

使い方 通例、複数形で用いて「人の欠点」「モノの欠陥」の意味で使います。主に成功の障害となりうる欠点のことです。the shortcomings of our educational system ならば「我々の教育制度の欠点」の意味です。You should correct your shortcomings.「欠点を直したほうがいいよ」。

ONE POINT ちょっとした「欠点」には a fault を用います。

949 **ambassador** 大使 名

/æmbǽsədər/

覚え方 【ラテン語 ambactus 召し使い】からできた単語です。定かではありませんが、amb-【ぶらぶらする】から「あちこち行く」と暗記しましょう。

使い方 「最高位にいる外交官」の意味です。「(国)にいる大使」は、a trip to ～「～への旅行」と同様に an ambassador to ～ になりますので前置詞に注意してください。the Japanese ambassador to the US「駐米日本大使」。

ONE POINT 「在日米国大使館」は the US Émbassy in Japan と言います。

950 **applause** 拍手 [名]

/əplɔ́ːz/

覚え方 ap-【= ad 方向性】+ -plause【ラテン語 *plode* 拍手する】。pláusible「まことしやかな(←思わず手を叩いてしまいそうになる)」が同じ語源です。a plausible explanation「まことしやかな説明」。

使い方「拍手」の意味の不可算名詞です。形容詞がついても冠詞は不要です。たとえば hearty applause「心からの拍手」です。The band received generous applause at the end of the concert.「そのバンドはコンサートの最後に惜しみない拍手をもらった」。動詞は appláud「拍手する」です。

ONE POINT 日常生活では clap one's hands「拍手する」が普通です。

951 **explode** 爆発する [動]

/ɪksplóud/

覚え方 ex-【外】+ -plode【ラテン語 *plode* 拍手する】から。

使い方 explode は「爆発する」が基本的な意味ですが、「(人口が)爆発的に増える」でも使えます。A bomb exploded near the bank, and killed the robbers.「銀行の近くで爆弾が爆発し、強盗たちが死んだ」。名詞形は explósion「爆発」です。a nuclear explosion なら「核爆発」です。

ONE POINT 火山が「爆発する」は erúpt です。

952 **perpetual** 間断ない [形]

/pərpétʃuəl/

覚え方 per-【= through】+ -pet-【ラテン語 *petere* 嘆願する】から「ずっと求め続ける」→「間断ない」という意味。compéte「競争する(ともに嘆願する)」、an áppetite「食欲」などが同語源です。

使い方 contínuous を文語調にした形容詞です。perpetual snow で「万年雪」、perpetual motion で「永久運動」です。また、「(人を困らせるぐらいに)ずっと続いている」の意味でも使います。The perpetual noise outside irritates me.「外の間断なく続く騒音でイライラさせられる」。

ONE POINT「続いている」の意味の普通の形容詞は contínuous です。

953 embody ～　　(思想、原理など)を具体的に示す　　動

/ɪmbɑ́di/

覚え方 em-【= en 動詞を作る接頭辞。p、b、m の前では em-】+ body から a body を動詞化した単語で、「～に肉付けする」が原義。そこから「具現化する」となりました。

使い方「(思想、原理など)を具体的に示す」の意味です。この意味ではほとんどの場合 be embodied in ～ の形で使われます。Martin's principles are embodied in his behavior.「マーティンの主義は、行動の中に具体的に表れている」。

ONE POINT「～を表す」を意味する普通の語は represént ～です。

954 cherish ～　　～を大切にする　　動

/tʃérɪʃ/

覚え方 cher-【親愛な】+ -ish【動詞化】から、「～をとても大切にする」という意味です。chárity「慈善(団体、心)」と同語源です。

使い方「(とても愛しているので妻やペットを)大切にする」という意味です。さらに、the memory of ～「～の思い出」や one's privacy「プライバシー」などの他に、a hope「希望」や a dream「夢」なども目的語としてOKです。

ONE POINT 英作文では take care of ～ が無難です。

955 absurd　　バカげている　　形

/əbsə́ːrd/

覚え方 ab-【= away 離れて】+ -surd【耳が聞こえない】から、「遠くにいるので耳が聞こえない」→「道理が分からない」と発展しました。《(昆虫の)アブが(野球の)サードにいる！ そんなアホな!》と覚えるのも一考かもしれません。

使い方「まったく理屈に合わずにバカげている」の意味です。an absurd idea なら「バカバカしい考え」。It is absurd to work sixty hours a week when some people are unemployed.「失業者がいるというのに週に60時間も働くのはバカげている」。

ONE POINT 名詞形は absúrdity です。

956 encyclopedia　百科事典　[名]

/ɪnsàɪkləpíːdiə/

(覚え方) encyclo-【全般的な】+ -pedia【教育】から「一般教養」が原義。少し難しいですが pedántic「衒学的な、知ったかぶり」が同語源。

(使い方)「全30巻の百科事典」なら a 30-volume encyclopedia です。「百科事典の項目」は an entry と言います。I often refer to an encyclopedia.「私はよく百科事典を参照する」。

(ONE POINT) インターネット上の「百科事典」である Wikipedia は、wiki-【ハワイ語 *wikiwiki* 速い】+ -pedia から作られた造語で、「迅速に書き換え可能な百科事典」が原義です。

957 formula　(数学、化学の)公式、式　[名]

/fɔ́ːrmjələ/

(覚え方) a form「形、形態」から a formula は、「型にはまった小さいモノ」が語源で、「式、公式」の意味になりました。カーレースのF1(エフワン)は Formula One の略で、「規定にそった最高峰のレース」という意味です。

(使い方)「(数学、化学の)公式、式」の意味です。The molecular formula for oxygen is O_2.「酸素の分子式は O_2 です」。

(ONE POINT)「問題などの解決策」の意味でも使います。There's no magic formula for a happy marriage.「幸せな結婚に手品のような秘策はない」。

958 numerous　多くの　[形]

/n(j)úːm(ə)rəs/

(覚え方) a number の形容詞形です。

(使い方) many の formal バージョンです。numerous occasions はよく使われるフレーズです。We have worked together on numerous occasions.「私たちは多くの場面で一緒に仕事をしてきました」。too numerous to mention「多すぎて言及できない」もよく使われます。

(ONE POINT) in-【否定】+ number からできた innúmerable は「多すぎて数え切れない、無数の」の意味です。innumerable stars「無数の星」。

959 **multiply**

増大する、〜をかなり増やす 動

/mʌ́ltəplài/

覚え方 mult-【多い】+ -ply【折る】から。

使い方 元は「かけ算する」ですが、今では「かなり増大する」「〜をかなり増やす」という意味で使います。なお「九九の表」は a multiplicátion table です。International terrorism has multiplied since 1972.「国際テロは1972年を境に激増した」。

ONE POINT a múltitude of species「数多くの種」。

960 **cease 〜**

〜を止める 動

/síːs/

覚え方 【ラテン語 cedere 行く、立ち去る】から。procéed「前へ進む」、succéed「成功する」などが同語源の単語です。

使い方 目的語には to 不定詞も動名詞もとります。cease to exist「存在しなくなる」→「なくなる」は頻出です。名詞も同形で発音も同じです。なお a cease-fire は「(火を停止→)停戦」の意味です。Polar bears will cease to exist if we are not careful.「私たちが注意を払わないと北極グマはいなくなってしまう」。

ONE POINT 形容詞形 incéssant は in【否定】+ cease【止む】から「止むことのない」の意味です。incessant rain「止むことのない雨」。

961 **adore 〜**

〜を熱愛している 動

/ədɔ́ːr/

覚え方 ad-【方向性】+ -ore【= oral 口】から、元は「神に話しかける」→「敬愛する」という意味に発展しました。an óracle「神託」、an órator「演説者」も同語源。

使い方 「〜を愛していて誇りに思っている」という意味です。Hilda adores her grandchildren.「ヒルダは孫が大好きです」。

ONE POINT 口語では「(モノ)が大好きである」でも使います。I simply adore coffee.「本当にコーヒーが好きです」。

962 endeavor to (V)

/ɪndévər/

Vすることを大いに努力する 動

(覚え方) en-【中に】+ -deavor【負っているもの=義務】から「義務を果たす」→「大いに努力する」が語源です。a debt「(負っているもの→)借金」、a duty「(負っているもの→)義務」も同語源です。米国スペースシャトルの名に「エンデバー」があったことを思い出してください。
(使い方) endeavor to(V)で、「(make a great effort)大いに努力する」の意味です。The artist endeavored to create a new style.「その芸術家は新たなスタイルを創ろうとかなり努力した」。名詞も同形です。
(ONE POINT) make an effort to(V)より、はるかに大げさな語です。

963 analogy

/ənǽlədʒi/

類似性 名

(覚え方) 生物用語の「相似(器官)」を、an ánalogue/ánalogと言います。この「アナログ」は日本語ですね。太陽の運行を真似たアナログ時計は、文字通り「太陽の相似時計」という意味です。語源はana-【ギリシア語 = according】+ -logy【= logos 割合】です。
(使い方) draw/make an analogy とは「説明困難な何かを、よく知られているものを引き合いにだして説明すること」です。心臓の説明をする時にポンプの話をするイメージです。You can draw an analogy between the brain and a computer.「脳をコンピュータにたとえる」。
(ONE POINT) by analogy with ～ なら「～にたとえて」です。

964 threat

/θrét/

脅威(きょうい) 名

(覚え方) thr-【叩く】から。thrash ～「～を叩きのめす」も同語源。
(使い方) a threat to ～ で「～に対する脅威」の意味です。Nuclear weapons are a threat to world peace.「核兵器は世界平和に対する脅威である」。動詞形の thréaten は「(～を)脅迫する」の意味です。たとえば a threatening letter「脅迫状」、a threatening call「脅迫電話」などで使います。また threaten to(V)は「Vすると言って脅す」の意味です。
(ONE POINT) It is threatening to rain.「今にも雨が降りそうだ」という用法もあります。同意語は a ménace「威嚇、脅迫」です。

STAGE—5

965 offspring   (人間、動物の)子孫 〔名〕

/ɔ́:fsprìŋ/

覚え方 off-【離れて】+ spring【跳ぶ】から、「若い世代が飛び出してくる」というイメージです。

使い方 「子孫」の意味です。carp「コイ」、sheep「羊」などと同様、単複同形で複数形でも -s は不要です。。Kangaroos carry their offspring in a pouch.「カンガルーは子どもを腹袋に入れて運ぶ」。

ONE POINT a child という単語は人間にしか使いません。ですから「動物の子ども」なら young animals や offspring を用います。

966 particle   粒子 〔名〕

/pá:rtɪk(ə)l/

覚え方 part-【部分】+ -cle【小さい】から、「ばらばらになった小さいもの」の意味です。an árticle「作った小さいもの→全体の一部→記事」、a cúticle「キューティクル、表皮」も同語源の単語です。

使い方 「非常に小さいもの」の意味です。an eleméntary particle で「初歩的な粒子」→「素粒子」です。tiny particles of dust in the air「空気中の非常に細かいほこり」。

ONE POINT There is not a particle of truth in his story. なら「あいつの話には真実のかけらもない」という意味です。

967 dignity   威厳 〔名〕

/dígnəti/

覚え方 dign-【ふさわしい】から。décorate ～「～を飾る」、décent「ふさわしい」などが同語源です。

使い方 「尊敬に値するような穏やかな行動」という意味です。abándon one's dignity「威厳を捨てる」、keep one's dignity「威厳を保つ」、lower one's dignity「品位を落とす」、maintáin one's dignity「品位を保つ」。Lawyers must respect the dignity of the court.「弁護士は法廷の威厳を尊重しなければならない」。

ONE POINT 否定語の in- がついた indígnant は「威厳を傷つけられた」から「(不当な扱いを受けて)憤慨している」の意味です。

968 remedy　（ちょっとした病気の）治療薬、治療法　[名]

/rémədi/

覚え方 re-【再び】+ -medy【治す】から。medicine は同語源です。

使い方 「（ちょっとした病気の）治療薬、治療法」の意味です。a remedy for ~ で使います。a remedy for colds「風邪の治療」。また、an economic remedy for unemployment「経済的失業対策」などの文脈でも使用できます。

ONE POINT 重たい病気の「治療」には a cure を使います。たとえば、a new cure for cancer「ガンの新しい治療」。

969 assert ~　~と断定する　[動]

/əsə́ːrt/

覚え方 as-【= ad 方向性】+ -sert【置く】から、「~に手を置く」が原義。昔、奴隷の頭に手を置き所有権等を主張したことからできた語。《朝と断定する》と語呂合わせに走るのもいいかもしれません。

使い方 普通 that 節を目的語にして「~と断定する、主張する」の意味です。自信たっぷりに明言するというイメージです。assert one's indepéndence「自分の自立を主張する」は若者の感じです。The politician asserts that he is innocent of the fraud.「その政治家はその詐欺事件について無実であると主張している」。

ONE POINT assértive は「自己主張が強い」の意味になります。

970 peculiar　独特な　[形]

/pɪkjúːljər/

覚え方 a peculiar smell はニンニクなどの「普通と違うにおい」のことです。

使い方 「ちょっと変わった独特な」の意味です。a peculiar smell なら、「何！ 変な臭い！」て感じでしょうね。The cactus is a peculiar plant.「サボテンは独特な植物だ」。名詞形は peculiárity です。

ONE POINT be peculiar to ~ で「~に特有だ」の意味です。この to は belong to の to と同様に「所属」を表します。I love the strong flavor that is peculiar to garlic.「ニンニク特有の強い香りが大好きだ」。

971 cultivate 〜　〜を耕(たがや)す　動

/kʌ́ltəvèɪt/

覚え方 cultureは元々は「耕す」の意味です。今でもcultureは「〜を養殖する」、the culture of oysters「カキの養殖」などで使用可。

使い方 「(土地など)を耕す」が基本的な意味ですが、そこからcultivate a 〜 image「〜なイメージをつくる」、cultivate one's mind「頭脳を鍛える」、cultivate a relationship「人間関係をつくる」などでも使えます。To succeed in politics, you must cultivate a relationship with the media.「政治で成功するためにはマスコミとの関係を築かねばならない」。

ONE POINT a cultivated person は「教養のある人」の意味です。

972 patriotic　愛国心が強い　形

/pèɪtriɑ́tɪk/

覚え方 patri-【父の】から。アメリカ陸軍にパトリオット・ミサイルというのがありますが、「愛国ミサイル」という名前ですね。a pátron「(父のように保護する人→)後援者」、patérnal「父親らしい」、the Pope「(父のような存在→)ローマ教皇」などが同語源。

使い方 「愛国心が強い」の意味です。When I am abroad, I feel patriótic.「海外に出ると、愛国心を感じる」。a pátriot は「愛国主義者」、pátriotism は「愛国主義」の意味です。

ONE POINT patriotic songs は「愛国歌」です。

973 famine　飢饉(ききん)　名

/fǽmɪn/

覚え方 fam-【飢え】+ -ine【状態】から。famous「有名な」、fame「名声」は綴りは似ていますが、別語源で「言う」から来ました。

使い方 「長期間ほとんど食料がなく多くの人が死んでいく状況」。可算名詞でも不可算名詞でも使います。「厳しい飢饉」は a severe famine、「広範囲に及ぶ飢饉」は a widespread famine です。Millions of people are facing famine.「何百万の人々が飢饉に直面している」。

ONE POINT a potato famine なら「ジャガイモの不足」の意味です。

974 exploit ～

(資源、エネルギー、可能性など)を徹底的に利用する 動

/ɪksplɔ́ɪt/

覚え方 ex-【外】+ -ploit【曲げる】から、「中にあるものを無理に折り曲げて外に出す」から「搾取」のイメージです。complex「(すべて曲がった)複雑な」、a diplóma「(2つ折り)卒業証書」が同語源。

使い方 元は「～を搾取する」というマイナスの意味ですが、今では「(資源、エネルギー、可能性など)を徹底的に利用する」というプラスの意味にも使えます。Our country must exploit solar power more effectively.「我が国は太陽エネルギーをもっと効果的に利用すべきだ」。名詞形は exploitátion です。

ONE POINT 「～を十分活用する」は fully exploit ～ です。

975 undergo ～

～を経験する 動

/ʌ̀ndərgóu/

覚え方 undergo ～ = go under ～。

使い方 「(手術、治療、試験などマイナスイメージのもの)を受ける」「(変化)を受ける」などで使います。undergo surgery on my left knee「左膝の手術を受ける」、Students should sometimes undergo hardships.「学生は時には苦難を経験すべきだ」。

ONE POINT 「～を経験する」は experience ～ が普通の語です。

976 collapse

崩壊する 動

/kəlǽps/

覚え方 col-【= together】+ -lapse【落ちる】から「すべてが崩れる」。少し難しいですが an eclipse「(日食などの)食」も同語源です。e-【外】+ -lipse【落ちる】から「光が外へ落ちる」です。

使い方 「(建物などが)崩壊する」の意味です。人を主語にすることもできます。collapse to one's knees「がっくり膝をつく」、She collapsed on hearing the news.「知らせを聞いてその場にしゃがみ込んだ」、The roof collapsed under the weight of the snow.「その屋根は雪の重みで倒壊した」。名詞も同形です。

ONE POINT 「(組織、神経などの)崩壊、機能停止」は a breakdown。

977 swallow ~   (考えなど)を鵜呑みにする   動

/swάlou/

覚え方 東京ヤクルトスワローズという球団がありますが、「ヤクルトを飲み込む」と考えての命名でしょうか?

使い方 名詞の a swállow は「ツバメ」ですが、動詞は「(食べ物)〜を丸呑みにする」で、そこから発展し「(考えなど)を鵜呑みにする」になりました。You should not swallow his stories.「あいつの話を鵜呑みにしては駄目だよ」。

ONE POINT swallow one's pride は「プライドを捨てる」の意味です。

978 contaminate ~   (化学物質や放射線や毒で)〜を汚染する   動

/kəntǽmənèit/

覚え方 con-【= together】+ -tam-【ラテン語 tangere 接する】から「(悪に)接しさせて汚染する」の意味です。三角関数で tan「タンジェント」の和訳は「正接」ですが、これも tangere から来ました。

使い方 「(化学物質や放射線や毒で)〜を汚染する」の意味です。contaminated soil は「汚染土壌」です。The ground is contaminated by chemicals.「化学物質によってその地面は汚染されている」。名詞形は contaminátion です。radioáctive contamination「放射能汚染」。

ONE POINT 「〜を汚染する」を表す一般的な語は pollúte です。

979 integral   不可欠な   形

/íntɪɡrəl/

覚え方 in-【否定】+ -tegr-【ラテン語 tangere 接する】から「触られていない」→「完全な」です。数学の「積分」も an integral ですが、これは「すべてを統合すること」の意味です。ICは an integrated circuit「集積回路」の略です。

使い方 「不可欠な」を意味する formal な単語です。an integral part of 〜 で覚えましょう。an integral part of our diet「私たちの食事に欠かせない部分」。intégrity は「人の完全な高潔さ」を表します。hónesty よりはるかに強い意味です。

ONE POINT a woman of integrity は「品行正な女性」の意味です。

980 surrender ①降参する ②(力に屈して)〜を捨てる 動

/səréndər/

覚え方 sur-【= sub 下】+ -render【= give】。give oneself under 〜「自らを〜の下に置く」から「ひれ伏す」イメージ。なお rénder は、render OC「OをCにする(Cは主にマイナスイメージの語)」で暗記。

使い方 surrender は「(力に屈して)〜を捨てる」という意味です。surrender one's principles to get a promotion「出世のために信念を捨てる」。自動詞でも用います。surrender to the enemy「敵に屈する」、surrender to temptation「誘惑に負ける」。

ONE POINT give in「折れる」も似た意味ですが、give in は対等な関係だが「相手に譲る」という感じです。

981 decent (ある基準を満たすような)まともな 形

/díːs(ə)nt/

覚え方【ラテン語 *decens* ふさわしい】から。décorate「(あるモノをふさわしい状態にする→)〜を装飾する」が同語源です。

使い方「ある基準を満たすような、まともな」の意味です。たとえば a decent salary「まともな給料」、a decent answer「まともな返事」、a decent education「まともな教育」などで使います。You are asked to wear a decent jacket at this restaurant.「このレストランではまともな上着を着なければならない」。

ONE POINT a decent citizen は「礼節をわきまえた市民」の意味です。

982 dialect 方言 名

/dáɪəlèkt/

覚え方 dia-【横切って】+ -lect【話す】から。a díalog(ue)「対話」が同語源です。

使い方「方言」の意味です。「関西弁を話す」なら speak (in) the Kansai dialect とします。An elderly man spoke to us in the local dialect.「ある老人が地元の方言で私たちに話しかけてきた」。なお「訛り」は an áccent です。

ONE POINT ほとんどの場合「地域による方言」ですが、「階級差による方言」を意味することもあります。

983 **pastime** 娯楽 [名]

/pǽstàɪm/

覚え方 pass【過ごす】+ time【時間】からできました。

使い方 「仕事をしていない時に楽しみで行う活動」という意味の可算名詞です。しばしば one's favorite pastime(s) で用います。Playing *shogi* is my favorite pastime.「将棋を指すのが私の好きな娯楽です」。

ONE POINT 散歩などの a hobby「趣味」とは言えないような「気晴らし、楽しみ」も指します。

984 **scatter ～** ～をばらまく [動]

/skǽtər/

覚え方 語源は不詳ですが、激しい音の単語ですね。

使い方 「～をばらまく」という意味です。scatter seeds over the field「畑に種をまく」、Scatter salt over the fish.「魚の上に塩をまぶしてください」などで用います。His clothes were scattered all over the floor.「彼の服が床一面に散らばっていた」。自動詞では「散る」です。The crowd scattered in all directions.「群衆は四方八方に散った」などで使います。

ONE POINT scattered showers は「ところによりにわか雨」の意味です。

985 **degrade ～** ～の品位を下げる [動]

/dɪgréɪd/

覚え方 de-【= down】+ -grade【等級】から「等級を下げる」。deforestátion は de- + forest【森林】から「森林伐採」です。

使い方 「～の品位を下げる」の意味です。たとえば degrade women なら「女性の品位を下げる、女性を蔑む」という意味です。degrade oneself は「自分の品位を下げる」の意味です。Don't degrade yourself by arguing with that man.「あんな奴と言い争いをして自分の品位を下げるな」。

ONE POINT a grade は「(5段階評価などの)成績」です。My grade in science is A.「理科の成績はA(=優)だ」。

986 deteriorate　悪化する　[動]

/dɪtíəriərèɪt/

覚え方【ラテン語 *deterior* = worse より悪い】から。intérior「内部」の -ior もラテン語の比較級語尾です。

使い方 become worse/get worse「悪くなる」の硬い表現で「悪化する」という感じです。主語には one's health「健康」、the ecónomy「経済」、the situation「状況」、relations between the countries「国の関係」などがきます。Water quality is deteriorating in our city.「私たちの市では水質が悪化している」。名詞形は deteriorátion です。

ONE POINT 英作文では become worse/get worse が無難です。

987 tyranny　暴政　[名]

/tírəni/

覚え方 tyrannia-【暴君】+ -y【性質】から。tiramisu「ティラミス(イタリアのデザート)」は美味しいお菓子ですね。

使い方「暴政、専制政治」から、「(家庭内などの)横暴」にまで使えます。The tyranny of the government is criticized severely.「その政府の暴政は厳しく批判されている」。人を表す a tyrant/táɪərənt/ は「暴君」の意味です。

ONE POINT Steve is a tyrant over his wife. なら「スティーブは亭主関白だ」の意味です。

988 savage　非人道的な、容赦ない　[形]

/sǽvɪdʒ/

覚え方 sav-【森】+ -ge【状態】から「未開の」→「野蛮な」。

使い方 基本的な意味は「無茶苦茶にひどい」です。たとえば a savage murder なら「残忍な殺人」、a savage storm なら「ものすごい嵐」です。a savage attack on the newspaper industry「新聞業界への辛辣な攻撃」。

ONE POINT savage は very severe と覚えてもいいでしょう。

989 **orbit**

(惑星などの周回)軌道　　　名

/ɔ́ːrbɪt/

覚え方【ラテン語 *orbis* 円、輪】から作られました。

使い方 the orbit of a comet「彗星の軌道」、the Moon's orbit around the Earth「月の地球周回軌道」。動詞も同形で「〜を周回する」の意味です。The telecommunications satellite órbits the Earth every 48 hours.「その通信衛星は48時間に1周の割合で地球を周回している」。

ONE POINT 比喩的な表現の「軌道に乗る(=うまくいく)」は英語では run smoothly などで表します。

990 **ardent**

(ある活動などに)熱狂的な　　　形

/ɑ́ːrd(ə)nt/

覚え方【ラテン語 *ardens* 燃えている】から「熱烈な」に変化。ちょっと下品ですが《アー出んとトイレで熱烈にがんばる》はどうですか?

使い方「(ある活動などに)熱狂的な」の意味です。たとえば ardent love「熱烈な愛情」、an ardent football fan「熱狂的なサッカーファン」、an ardent student of French history「仏史を熱心に研究している人」、an ardent supporter of the Iraq War「イラク戦争の熱烈な支持者」などです。

ONE POINT very enthusiástic という感じの単語です。

991 **prudent**

(将来の危険を回避することができるほど)賢明な　　　形

/prúːdənt/

覚え方 pru-【= pro 前方】+ -dent【= video 見るの変形】から「先のことがしっかり見えている」が原義。

使い方「(将来の危険を回避することができるほど)賢明な」の意味です。たとえば、the safest and most prudent course「最も安全で賢明なコース」は、「危険を回避できるコース」の意味です。It might be prudent to have a week's supply of canned food on hand.「1週間分の缶詰食品を手元に置いておくのが賢明かもしれない」。

ONE POINT a prudent employer とは「先のことを考えている思慮深い雇い主」の意味です。

992 restrict ~ (数量、範囲)を制限する 動

/rɪstríkt/

覚え方 re-【= back】+ -strict【引っ張る】から「後ろに引っ張る」→「制限する」へと発展しました。

使い方 「(数量、範囲)を制限する」の意味です。restrict freedom of the press「出版の自由を制限する」、restrict access to the Internet「インターネットへのアクセスを制限する」、restrict class sizes to 25 students「1クラスの人数を25人に制限する」。Smoking is restricted to the end of the platform.「喫煙はプラットホームの端だけで許されている」。

ONE POINT speed/export restríctions「速度／輸出制限」。

993 prestige 威信 名

/prestíːʒ/

覚え方 pre-【以前に】+ -stige【ラテン語 *stringere* 引っ張る、縛る】から、「相手をあらかじめがんじがらめにするもの」。「東大生」と聞けば「すごいな!」と思う感じです。それが「威信」です。

使い方 「(何かの成功によって)尊敬されるようになったこと」の意味。enhance prestige「名声を高める」。Our school has gained prestige through success in tennis.「我が校はテニスの好成績で評判になりました」。形容詞形は prestígious。

ONE POINT prestigious schools は「名門校」の意味です。

994 fragment 破片 名

/frǽgmənt/

覚え方 *frag-*【バラバラになること】+ -ment【名詞をつくる】から「バラバラになったもの」→「破片」になりました。

使い方 「断片、破片」を表す可算名詞です。たとえば fossil fragments「化石の破片」などです。Watch out for glass fragments!「ガラスの破片に注意!」。The police found fragments of glass near the body.「警察は遺体の近くでガラスの破片を見つけた」。

ONE POINT frágile「壊れやすい(=破片になりやすい)」もあわせて暗記しておきましょう。また a fráction は「破片→分数」です。

995 plunge into ~ ～に突っ込む 動

/plʌ́ndʒ/

覚え方 元は「測量用の鉛を投げ入れて測る」でした。そこから「～に突っ込む」「突入する、飛び込む」に変化しました。

使い方 plunge into ~「(水)の中に飛び込む」が原義で、そこから「ある状況に突入する」という意味に発展します。A van ran off a bend and plunged into the river early today.「今日未明、バンがカーブを曲がりきれずに川へ落ちた」。名詞も同形です。

ONE POINT plunge A into B「AをBに突っ込む」でも使用。The U.S. was suddenly plunged into war.「アメリカは突然戦争に突入するはめになった」。

996 reckless 無謀な 形

/rékləs/

覚え方 reck-【計算する】+ -less【否定語】から「計算なしに行動する」。réckon「～だと思う、計算する」が同語源の単語です。

使い方 「無謀な」の意味です。reckless drivers なら「無謀な運転をする人」で、reckless driving なら「無謀な運転」です。abandon の名詞形を用いた with reckless abandon で「(自分の行動を)深く考えないで、放蕩に」の意味の熟語です。

ONE POINT イギリス口語では I think の意味で I reckon が用いられます。

997 penetrate ~ ～を貫通する 動

/pénətrèit/

覚え方 penetr-【奥に】+ -ate【動詞化】から。a pénis「ペニス」、a peníncula「半島」などが同語源の単語です。

使い方 文字通り「～を貫通する」の意味です。The bullet penetrated his lung.「弾丸が彼の肺を貫通した」。そこから「～に潜入する」や「(地域、社会など)に広がる、～に進出する」という意味でも使います。penetrate the PC market「パソコン市場に進出する」。名詞形は penetrátion です。

ONE POINT 自動詞として penetrate into ~ でも使います。

998 scrutinize ~ 　(人、モノ)を徹底的に調査する　動

/skrú:t(ə)nàɪz/

覚え方　scrut-【= scrap ゴミ】から「ゴミ箱の中まで探す」感じ。
使い方　「(人、モノ)を徹底的に調査する」の意味です。scrutinize the document なら「その文書を徹底的に調べる」、lean forward to scrútinize his face なら「顔をしっかりと調べるために前屈みになる」。The inspectors scrutinized every aspect of the document.「検査官はその文書のあらゆる面を綿密に調査した」。名詞形は scrútiny です。
ONE POINT　「~を調べる」を表す普通の単語は examine ~ です。

999 grace　優雅さ　名

/gréɪs/

覚え方　【ラテン語 gratus 感謝する】から「感謝するほどの心地よさ」→「優雅さ」になりました。気品あふれる踊り子のしなやかな所作の雰囲気を表す名詞です。
使い方　「自然で、ゆったりとした、魅力的な様子」という意味の「優雅さ」です。the grace of a dancer「ダンサーの優雅さ」。social graces は「社交上のたしなみ」の意味。形容詞形は gráceful です。
ONE POINT　a week's grace to pay the debt は「借金返済までの1週間の猶予期間」の意味です。これは grace の「心の優雅さ」→「支払い猶予」から。

1000 gratitude　感謝　名

/grǽtətət(j)ù:d/

覚え方　grati-【ラテン語 gratus 感謝する】+ -tude【状態】から。
使い方　「感謝」の意味の不可算名詞です。with gratitude なら「喜んで」の意味です。形容詞がつくと可算名詞の扱いとなります。たとえば a deep gratitude なら「深い感謝」です。「~に対する」なら gratitude toward [to] ~ とします。I would like to express my gratitude to you.「あなたに感謝の意を表したい」。
ONE POINT　形容詞形は gráteful です。be grateful (to 人) for ~「(人に対して)~に感謝している」の意味です。I am grateful for your help.「ご助力には感謝しています」。

外来語のスピードチェック60
(＊のついたものは意味に注意)

#	語	発音	品詞	意味
1	modern	/mάdərn/	形	現代の、近代的な
2	*race	/réɪs/	名	競争、人種
3	deal	/díːl/	動	扱う
4	plant	/plǽnt/	名	植物、工場
5	*a couple of~	/kʌ́p(ə)l/	名	2、3の
6	hang~	/hǽŋ/	動	~を吊す
7	army	/άːrmi/	名	軍隊
8	tie~	/táɪ/	動	~を結ぶ、結びつき
9	*address	/ədrés/	名	住所、演説
10	military	/mílətèri/	形	軍(隊)の
11	credit	/krédət/	名	信用
12	*court	/kɔ́ːrt/	名	コート、法廷
13	*tongue	/tʌ́ŋ/	名	舌、言語
14	handout	/hǽndàut/	名	(配布の)プリント
15	spring	/sprɪ́ŋ/	動	(跳ねるように)生じる
16	pill	/píl/	名	丸薬、錠剤
17	traditional	/trədíʃənəl/	形	伝統的な
18	detail	/díːteɪl/	名	詳細
19	opinion	/əpínjən/	名	意見
20	supersonic	/sùːpərsάnɪk/	形	超音速の
21	symmetry	/símətri/	名	調和、対称
22	*figure	/fígjər/	名	数字
23	*company	/kʌ́mp(ə)ni/	名	一緒にいること
24	*face	/féɪs/	動	~に直面する
25	leather	/léðər/	名	革
26	sightseeing	/sáɪt sìːɪŋ/	名	観光
27	wit	/wít/	名	機知
28	ratio	/réɪʃou/	名	比率
29	adventure	/ədvéntʃər/	名	冒険
30	binder	/báɪndər/	名	バインダー、綴じるもの
31	souvenir	/sùːvəníər/	名	土産物
32	slang	/slǽŋ/	名	俗語
33	ecology	/ɪkάlədʒi/	名	生態(学)
34	contact	/kəntǽkt/	動	~と連絡をとる
35	metal	/métl/	名	金属
36	inflation	/ɪnfléɪʃ(ə)n/	名	インフレ
37	energetic	/ènərdʒétɪk/	形	活発な
38	workshop	/wə́ːrkʃὰp/	名	研修会
39	*book~	/búk/	動	~を予約する
40	letter	/létər/	名	文字
41	*rule ~	/rúːl/	動	~を支配する
42	*chance	/tʃǽns/	名	可能性
43	fiber	/fáɪbər/	名	繊維
44	form~	/fɔ́ːrm/	動	~を形成する
45	shoot	/ʃúːt/	動	撃つ
46	senior	/síːnjər/	名	年長者、先輩
47	surveillance	/sərvéɪlns/	名	監視
48	colony	/kάləni/	名	植民地、群生地
49	gossip	/gάsəp/	名	(有名人などの)噂話
50	*chemistry	/kéməstri/	名	化学、相性
51	clone	/klóʊn/	名	クローン
52	plot	/plάt/	名	(小説、劇の)筋
53	creator	/kriéɪtər/	名	創造者
54	crisis	/kráɪsəs/	名	危機
55	*cast	/kǽst/	名動	配役、~を投げ入れる
56	*odds	/άdz/	名	見込み、配当
57	auction	/ɔ́ːkʃ(ə)n/	名	競売
58	executive	/ɪgzékj(j)ətɪv/	名	重役
59	constant	/kάnstənt/	形	不変の
60	impact	/ímpækt/	名	衝撃、影響

INDEX

＊太字は見出し語扱いの単語、細字は解説に出てくる単語です。数字は掲載ページを表します。

A		
a couple of	357	
abandon	287	
abandoned	287	
abbreviate	256	
abbreviation	256	
ability	84	
abnormal	163,299	
abolish	217	
abolition	217	
abrupt	315	
absolutely	205	
absorb	116	
absorption	116	
abstain	192	
abstract	132	
abstraction	132	
absurd	341	
absurdity	341	
abundance	171	
abundant	171	
abuse	299	
academic	290	
accelerate	222	
accent	290	
accept	37,75,89	
acceptable	37	
acceptance	37	
access	222	
accommodation	262	
accompany	99	
accomplish	63	
accomplishment	63	
account	39	
accumulate	198	
accumulation	198	
accuracy	71	
accurate	71,72	
accuse	60	
accustomed	51	
achieve	179	
achievement	179	
acid	312	
acknowledge	180	
acknowledgement	180	
acquire	139	

acquisition	139	
act	65	
active	132	
acute	312	
adapt	137	
adaptation	137	
add	184	
addict	296	
addictive	296	
addition	98,184	
address	357	
adequate	224	
adhere	330	
adjust	37,218	
admirable	116	
admiration	116	
admire	116	
admission	67	
admit	67	
adolescence	218	
adopt	224	
adoption	224	
adore	343	
advance	26	
advanced	26,327	
advantage	26,290	
advent	159	
adventure	357	
adverb	111	
adversity	302	
advertise	215	
advice	82	
advise	92	
advocate	224	
aesthetic	222	
affair	124	
affect	102	
affection	102	
affirm	164	
afflict	156	
affluent	241	
afford	67	
affordable	67	
aggressive	66	
agony	332	

agricultural	50	
agriculture	50	
aid	152	
alert	184	
alien	142,222	
allow	35,36	
ally	90	
alter	142	
alteration	142	
alternate	142	
alternative	142	
alternatives	142	
altitude	311	
amaze	31	
ambassador	339	
ambiguity	244	
ambiguous	244	
ambition	245	
ambulance	244	
amount	41	
amusement	82	
analogy	344	
analysis	181	
analyze	181	
anarchy	207	
ancestor	37	
ancient	37	
anecdote	184	
angry	226	
anniversary	222	
announce	82,135	
annoy	92	
annoyance	92	
annual	215	
anonymous	282	
anthropology	309	
anticipate	249	
anticipation	249	
antipathy	138	
antique	290	
antonym	283	
anxiety	89	
anxious	89,274	
apologize	73	
apology	73	

INDEX

appeal	152	**assist**	152	belligerent	294
appear	66	associate	48	bend	16
appearance	66	association	48	beneficial	148
appetite	84, 340	**assume**	128, 183	**benefit**	148
appetizer	84	assumption	128	benevolent	104
applaud	340	assurance	198	beside	98
applause	340	**assure**	198	**besides**	98
application	123	**astonish**	334	betray	293
applique	123	astonishment	334	betrayal	293
apply	123	**astronaut**	303	beware	95
appointment	152	asymmetry	282	**bias**	137
appreciate	73, 119	**athlete**	222	**bill**	22
appreciation	119	**atmosphere**	145	**billion**	200, 288
apprehension	240	atom	221	**binder**	357
approach	290	**attach**	278	**biography**	118
appropriate	46	**attempt**	143	**biology**	118, 274
approval	271	**attend**	61	**bitter**	222
approve	271	attendance	61	**blame**	60
approximately	305	attention	61	blasphemy	60
arbitrary	322	**attitude**	18	blood	52
archeological	300	**attract**	131, 132	**bomb**	152
archeology	300	attraction	131	bonus	321
architecture	174	attractive	131	**book**	357
ardent	353	**attribute**	103	**border**	222
argue	34	**auction**	212, 357	boring	329
argument	34	audible	113	**borrow**	27
arise	72	**audience**	113	botanical	269
aristocracy	207	audiovisual	113	botanist	269
army	357	audition	113	**botany**	269
arrange	150	auditorium	113	**bother**	107
arrangement	150	**authority**	212	**bottom**	82
arrest	151	autobiography	118	**bow**	80
arrival	75	autograph	118	**brain**	82
arrogance	332	**available**	158	**branch**	69
arrogant	332	**awake**	28	brave	338
art	222	**aware**	95	bravery	76
article	345	awareness	95	**breakthrough**	337
artificial	57	**awkward**	206	**breath**	82
ascend	339	**B background**	152	**breed**	82
ashamed	100	backward	206	**breeze**	290
asp	108	**baggage**	47	**bribe**	199
aspect	113, 155, 277	**ban**	287	bribery	199
assault	260	banish	287	**brief**	16
assemble	182	**bankrupt**	314	bright	74
assembly	182	bankruptcy	314	**broad**	222
assert	346	**bargain**	290	**broadcast**	152
assign	58	**barrier**	100, 152	**budget**	180
assignment	58	**base**	152	bull	27
assimilate	284	**bay**	152	**bully**	27
assimilation	284	**behave**	65	**burden**	109

burial	162	
burst	82	
bury	162	
C **calamity**	328	
calcium	336	
calculate	336	
caldera	336	
campaign	82	
canal	278	
candidate	161	
capability	25	
capable	25	
capture	23	
career	82	
cast	357	
castle	222	
casual	77	
casualty	77	
category	222	
cease	343	
celebrate	120	
cellar	140	
centipede	146,199	
ceremony	152	
certificate	122	
challenge	134	
challenging	134	
chance	357	
channel	278	
chaos	290	
character	111	
characteristic	111	
charity	290,341	
charm	152	
chase	38	
chat	152	
cheer	76	
cheerful	76	
chef	179	
chemistry	357	
cherish	341	
chief	179	
childish	316	
chronic	312	
circuit	298	
circulate	335	
circulation	335	
circumstance	64	
cite	296	
citizen	174	
claim	26	
classification	263	
classify	263	
clever	74	
client	222	
climate	14,135	
climb	14,135	
cling	322	
clip	167,322	
clone	357	
clue	235	
clumsy	232	
coherence	331	
coherent	331	
coincide	325	
coincidence	325	
collapse	348	
colleague	185	
collect	164	
college	185	
colloquial	319	
colony	357	
combine	152	
comedy	296	
command	59	
commerce	250	
commercial	250	
commit	189	
committee	189	
common	26	
community	45	
commute	212	
companion	152	
company	99,357	
comparable	275	
comparative	42	
compare	42	
comparison	42	
compassionate	295	
compel	258	
compelling	258	
compensate	252	
compensation	252	
compete	84,340	
competence	84	
competent	84	
competition	84	
complain	59	
complaint	59	
complete	63,64	
complex	25,338
complicated	25
compliment	309
comply	309
compose	188
comprehend	239
comprehensible	239
comprehension	239
comprehensive	239
compressor	44
compromise	281
compulsion	258
compulsory	104,258
compute	226
computer	162
conceal	140
concede	308
conceit	316
conceited	316
conceive	316
concentrate	15
concentration	15
concept	82,316
conception	316
concerned	251
concession	308
concise	265
conclude	167
conclusion	167
concrete	132
condemn	228
conduct	233
conductor	233
conference	121
confess	236
confidence	123
confident	123
confidential	123
confine	160
confinement	160
confirm	164
conflict	156
conform	216
confront	333
confrontation	333
confuse	75
confusion	75
congest	203
congratulate	119
congratulation	119

connect	222	contribution	103	cumulative	198
conquer	333	**controversy**	214	**cure**	71
conquest	333	**convenient**	159, 222	curiosity	71
conscience	200	**convention**	40, 159	**curious**	71
conscious	200	**conventional**	159	**current**	129
consciousness	200	convert	152	**curriculum**	222
consensus	290	**convey**	62	**custom**	50
consent	178	**convince**	217	customer	50
consequence	170, 220	convincing	217	customs	50
consequently	220	**cooperate**	69, 290	**D** damage	228, 321
conservative	324	**coordinate**	272	damn	228
conserve	324	**core**	76, 152	damp	264
consider	17	**correspond**	286	**deadline**	290
considerable	17	**corrupt**	314	**deal**	357
considerate	17	corruption	314	**debate**	222
consideration	17	**cosmos**	290	debt	344
consist	122	**count**	80	**decade**	105
console	295	counterclockwise	233	**decay**	313
conspicuous	304	**counterpart**	233	**deceive**	93
constant	357	couple	357	**decent**	345, 350
constitute	254	**courage**	76	deceptive	93
constitution	254	courageous	76	deceptively	93
construct	176	**court**	357	decide	265
construction	176	**courteous**	158	deciliter	105
constructive	176	**coward**	338	decision	265
consult	259	cowardice	338	declaration	210
consultant	259	cowardly	338	**declare**	210
consume	128	coworker	185	**decline**	134
consumption	128	**craft**	152	**decorate**	152, 345
contact	357	crash	82	decrease	134
contain	169	**crawl**	222	**dedicate**	295
container	169	create	28, 47	dedicated	295
contaminate	349	creation	47	dedication	295
contamination	349	creative	141	defeat	124
contemplate	336	**creator**	357	**defect**	125
contemplation	336	**creature**	47	**defense**	152
contemporary	94	**credit**	357	defiant	279
contempt	313	crescent	28, 218	deficient	57
contend	299	**crew**	152	**define**	160
content	169	**crisis**	357	definite	160
context	289	critic	59	definitely	160
continuous	340	criticism	59	deforestation	351
contraception	37	**criticize**	59	**defy**	279
contract	248	croissant	218	**degrade**	351
contradict	292	**crucial**	311	**degree**	246
contradiction	292	crude	121	**delay**	280
contradictory	292	**cruel**	121	deliberate	288
contrary	292	cruelty	121	**deliberately**	288
contrast	292	**cultivate**	347	**delicate**	290
contribute	103	culture	347	**deliver**	16

delivery	16	
demand	**59**	
demanding	59	
democracy	**207**	
democratic	207	
demonstrate	**297**	
demonstration	297	
deny	**28**	
department	**82**	
depend	**48**	
dependent	48	
depress	**228**	
depression	228	
deprive	**33**	
derivative	85	
derive	**85**	
descend	**339**	
descendant	339	
descent	339	
describe	**15, 87, 253**	
deserve	**136**	
designate	**294**	
designation	294	
despair	**329**	
desperate	329	
despise	**155**	
despite	**63**	
destine	257	
destiny	**257**	
detach	278	
detail	**357**	
detect	**197**	
detection	197	
deteriorate	**352**	
deterioration	352	
determination	114	
determine	**114**	
deuce	174	
develop	**96**	
development	96	
deviate	106	
devise	**92**	
devote	**104**	
diagnosis	**227**	
diagram	227	
dialect	**350**	
dialogue	73, 233	
diameter	**233**	
diaper	227	
dictate	**295**	

dictionary	40	
diet	**290**	
difficulty	124	
dig	162	
digest	**203**	
digestion	203	
digestive	203	
dignity	**345**	
dim	334	
diminish	**334**	
dinosaur	**290**	
diploma	308, 348	
diplomat	249	
diplomatic	**308**	
disappear	66	
disarmament	**235**	
disaster	**143**	
disastrous	143	
discard	**238**	
discipline	**172**	
disclose	**292**	
disclosure	292	
discover	39	
discriminate	235	
discrimination	**235**	
discuss	**82**	
disguise	**238**	
disgust	**211**	
disgusting	211	
dislike	88	
dismay	238	
dismiss	**190**	
dismissal	190	
disobey	125	
dispel	258	
display	**152**	
disposal	**187**	
dispose	187	
dispute	**226**	
disregard	53	
dissolve	**205**	
distant	157	
distinct	**262**	
distinguish	**262**	
distinguished	262	
distort	**282**	
distortion	282	
distract	**248**	
distraction	248	
distress	**157**	

distribute	**103**	
district	**144**	
disturb	**107**	
disturbance	107	
diverse	**214**	
divide	**45**	
division	45	
divorce	**215**	
doctor	173	
doctrine	**173**	
document	**173**	
documentary	173	
domain	**240**	
dome	208	
domestic	**208**	
dominant	240	
dominate	**240**	
donate	184	
donor	**184, 290**	
dormant	252	
dormitory	**252**	
dose	184	
doubtful	**112**	
draft	**288**	
drag	**288**	
dragon	288	
drain	**226**	
drastic	**308**	
drift	**290**	
drive	**200**	
drought	226	
dry	226	
duet	174	
duplicate	**174**	
durable	271	
duration	271	
during	271	
duty	344	
eager	**260**	
eagerness	260	
eccentric	**222**	
eclipse	348	
ecology	**357**	
economic	44	
economical	**44**	
economics	44	
economy	44	
edible	147	
editor	**152**	
education	**82**	

INDEX

effect	101	
effective	101	
efficiency	38	
efficient	**38**	
effort	30	
elaborate	**87**	
elderly	**117**	
element	**162**	
elementary	162	
eliminate	**189, 336**	
elimination	336	
eloquent	**319**	
eloquently	319	
emancipate	**249**	
embargo	100	
embarrass	**100**	
embody	**341**	
embrace	**244**	
emerge	**133**	
emergency	**133**	
emergent	133	
emigrant	127	
emission	211	
emit	**211**	
emotion	**91**	
emotional	91	
emperor	305	
emphasis	237	
emphasize	**157, 237**	
employee	189	
empty	23	
enable	**18**	
enchant	118	
enclose	292	
encounter	**152**	
encourage	**76**	
encouragement	76	
encyclopedia	**342**	
end	42	
endangered	261	
endeavor	**344**	
endow	**184**	
endurance	271	
endure	**271**	
energetic	**357**	
enforce	**293**	
enforcement	293	
engage	**109**	
enhance	**293**	
enhancement	293	

enlarge	70	
enlighten	**294**	
enlightened	294	
enormous	**163**	
enough	57	
enterprise	**154**	
entertainment	**191**	
enthusiasm	**204**	
enthusiastic	204	
envelope	96	
envious	206	
environment	**86**	
envy	**206**	
epidemic	207	
episode	**290**	
epoch	**290**	
equal	**82, 224**	
equator	224, 247	
equipment	**138**	
equivalent	**247**	
equivocal	224	
era	**269**	
eraser	167	
erect	184	
erupt	**315**	
eruption	315	
essential	**290**	
establish	**52**	
establishment	52	
estimate	**51**	
ethnic	**222**	
evade	**269**	
evaluate	**158**	
evaluation	158	
event	68	
eventually	**68**	
evidence	**93, 206**	
evident	93	
evil	**80**	
evoke	225	
evolution	**210**	
evolutionary	210	
evolve	210	
exact	17	
exactly	**17**	
exaggerate	**203**	
exaggeration	203	
examine	356	
exceed	**307**	
excellent	**82**	

excessive	307	
exchange	**21**	
excite	296	
exclaim	**254**	
exclamation	254	
exclude	**167, 168**	
exclusion	168	
exclusive	168	
exclusively	168	
excuse	60	
executive	**357**	
exercise	**192**	
exhaust	**263**	
exhaustion	263	
exhibit	188	
exhibition	**188**	
exist	**23**	
existence	23	
exit	245, 298	
expand	**35**	
expansion	35	
expect	**20**	
expedition	**199**	
expel	**258**	
expend	149	
expense	**148**	
expensive	148	
experience	116	
experiment	**116**	
experimental	116	
explain	**15, 31**	
explanation	31	
explicit	**279**	
explode	**340**	
exploit	**348**	
exploitation	348	
exploration	209	
explore	**209**	
explosion	340	
export	**43**	
expose	**186**	
exposure	186	
express	**44**	
expression	44	
exquisite	168	
extend	**62**	
extension	62	
extensions	62	
extensive	**254**	
extensively	254	

extinct 261	final 160	**fulfill** 170
extinction 261	finance 171	fulfillment 170
extinguish 261	**financial** 171	**function** 82
extinguisher 261	financially 171	fund 185
extra 194	fine 171	**furious** 226
extraordinary 79,194	**fire** 19	furthermore 98
exult 260	**firm** 163	fury 226
eyebrow 290	**flat** 22	**fuss** 161
F fable 237	**flatter** 22	**G** **gain** 152
face 357	flattery 22	**game** 284
facility 126	**flavor** 222	**garbage** 214
factor 82	flexibility 194	gaze 94
factory 102	**flexible** 194	**gender** 222
faculty 124	**float** 152	general 95
fade 152	**flood** 52,241	**generate** 323
fail 20	Florence 328	**generation** 82
fair 117	florist 328	generosity 323
fairly 117	**flourish** 328	**generous** 323
faith 279	flow 52,241	genius 323
faithful 279	**fluent** 98	gentleman 323
fake 290	fluently 98	**genuine** 146
false 20	fluid 98,241	geography 118
fame 237,347	**fog** 290	**geology** 275
familiar 117	**fold** 16	gesture 203
familiarity 117	**folk** 152	**gift** 290
famine 347	**follow** 152	**glance** 94
famous 237,347	food 69	glimpse 94
fantasy 115	**forbid** 190	**global** 82
faraway 157	**force** 30	glorious 206
fare 50,147	**forgive** 35	**glory** 206
farewell 147	**form** 357	God damn. 228
farming 50	former 62	good 101
fascinate 118	**formula** 342	**goods** 70,82
fascinating 118	forte 30	gossip 357
fascination 118	**fortune** 110	**grace** 356
fatal 236	forward 206	graceful 356
fate 236	**foster** 208	grade 278
fatigue 187	**found** 185	gradual 29
fault 20,339	foundation 185	**gradually** 29,278
feat 337	fraction 354	**grasp** 108
feature 337	fragile 354	grateful 356
feed 69	**fragment** 354	**gratitude** 119,356
female 204	**framework** 286	greed 287
feminine 204	**freeze** 82	**greedy** 287
fertile 121	frequency 140	groupie 170
fever 152	frequent 140	**guarantee** 132
fiber 357	**frequently** 19,140	guard 53,132
fiction 57,102,125,195,222	**friction** 267	guardian 53
fierce 310	frighten 56	**guess** 32,120
figure 357	**frustration** 82	guilty 280

H

habit	50
half awake	28
handicapped	**290**
handle	**74**
handout	**357**
hang	**357**
happy-go-lucky	321
harm	**101**
harmful	101
harmless	101
harrassment	**290**
harvest	**124**
hate	155
haulage	263
headline	**290**
height	**152**
hell	140
helpless	151
hemisphere	**145**
heredity	317
hesitate	**317**
hesitation	317
hierarchy	**331**
High-fidelity	123
highlighter	167
hinder	**316**
hindrance	316
hire	19
hole	306
hollow	**165, 306**
homicide	265
horror	**152**
hospital	326
hospitality	**326**
hostage	326
hostile	**326**
hug	244
human	127
humanity	**127**
humble	**264**
humid	**264**
humidity	264
humiliate	**264**
humiliation	264
hurt	37
hypnotism	320
hypocrite	320
hypothesis	**320**

I

ideal	**97**
ideally	97
identification	139
identify	**139**
ignorance	227
ignorant	**227**
ignore	**227**
illegitimate	268
illiterate	187
illusion	**196**
illusory	196
illustrate	**324**
illustration	324
imaginative	**141**
imitate	**112**
imitation	112
immature	105
immediately	**225**
immigrant	**127**
immortal	**303**
impact	**357**
impair	**321**
imperative	**305**
implication	123
implicit	123, 279
implore	209
imply	**123**
import	43
impose	**186**
imposing	186
impotent	208
impress	**44**
impression	44
impressionists	44
imprison	239
improve	**32, 293**
improvement	32
impulse	**72**
impure	204
inaccurate	71
incense	197
incentive	**197**
incessant	343
incident	**325**
incidental	325
incidentally	325
inclination	135
incline	**135**
include	**167, 168**
including	168
inclusion	168
increase	**28**

incredible	**14**
incredibly	14
independence	49
independent	**49**
index	40
indicate	**40**
indication	40
indignant	345
indispensable	**250**
individual	**46**
industrial	176
industry	**176**
inevitable	**322**
inevitably	322
infant	**237**
infect	**101, 125**
infectious	125
infer	**120**
inference	120
infinite	**160**
infinitive	160
inflation	**357**
inflict	156
influence	**98, 241**
influenza	98
inform	**54**
information	54
ingenious	**216**
ingredient	**278**
inhabit	330
inhabitant	**330**
inherent	**317, 330**
inherit	**317, 330**
inheritance	317
initiative	**298**
injure	**37**
injury	37
injustice	218
innocence	280
innocent	**280**
innovate	268
innovation	**268**
inquire	**168**
inquiry	168
insane	**276**
insecticide	265
insight	**219**
insist	**24**
inspection	**277**
inspiration	219

inspire	219	
install	290	
instinct	261	
instinctive	261	
institute	255	
institution	255	
instruct	230	
instruction	230	
instructive	230	
instrument	230	
insular	210	
insult	259	
insurance	101	
insure	101	
integral	349	
integrate	349	
intellect	99	
intellectual	99	
intelligence	99	
intelligent	74	
intend	299	
intensive	254	
intent	301	
intention	299	
intentional	299	
interact	161	
interfere	141	
interference	141	
interpret	221	
interpretation	221	
interrogate	332	
interrupt	314	
interruption	314	
interval	152	
intervene	159	
intimacy	176	
intimate	176	
intuition	319	
intuitive	319	
invade	269	
invent	39	
inventor	39	
invest	230	
investigate	231	
investigation	231	
investigator	231	
investment	230	
invisible	147	
involve	213	
involvement	213	

	ironic	272
	irony	272
	irrational	234
	irrelevant	327
	irrigate	284
	irrigation	284
	irritate	92,150
	irritating	150
	irritation	150
	isolate	210
	isolation	210
	issue	58
	item	222
J	**jealousy**	290
	jewelry	222
	join	152
	journey	199
	judge	120,222
	juror	219
	jury	219
	justice	37,218
	justify	218
	justification	218
	juvenile	328
K	kingdom	208
L	**labor**	86
	laboratory	86
	laborious	86
	lament	323
	lamentable	323
	landmark	290
	lap	290
	last	18
	latitude	311
	launch	256
	lay	229
	layer	229
	lead	167
	leak	222
	leather	357
	lecture	82
	legal	267
	legend	102
	legitimate	268
	leisure	152
	lenient	144
	lesson	290
	letter	99,187,357
	likelihood	88
	likely	88

	limit	152
	linger	311
	link	222
	literal	187
	literally	187
	literary	99
	literate	187
	literature	99
	load	81
	local	82
	logic	274
	logical	274
	logically	274
	longevity	311
	longitude	311
	look	66,94
	loose	222
	loyal	182
	loyalty	182
	luxurious	110
	luxury	110
M	**maintain**	191
	maintenance	191
	major	75,127
	male	204
	manage	193
	management	193
	manicure	71
	manifest	265
	manipulate	193
	manipulation	193
	manner	81
	manual	126,193
	manufacture	126
	manufacturer	126
	manuscript	87,126,193
	marvelous	116
	masculine	204
	masterpiece	175
	match	222
	material	266
	materialism	266
	mature	105
	maturity	105
	maybe	47
	mayor	127
	meaning	42
	means	42
	mechanism	152
	media	290

INDEX

medical	82	monopolize	318	obedient	125, 279
medicine	346	**monopoly**	318	**obey**	125, 279
medieval	37	monorail	318	**object**	88
meditate	297	**monotonous**	318	objection	88
meditation	297	monotony	318	**objective**	89
melancholy	222	**monument**	222, 297	**obligation**	90, 234
melt	152	**moral**	82	oblige	234
memorize	49	mortal	303	**obscure**	300
menace	344	motivate	68	obscurity	300
mental	36, 152	**motive**	68, 197	observation	136
mention	31	**multiply**	343	**observe**	136
merchandise	250	murder	303	**obsessed**	312
merchant	152, 250	murderer	303	**obsolete**	310
merciful	121	murmur	95	**obstacle**	331
merit	152	**mutual**	212	**obstinate**	257
metal	357	mutually	212	**obtain**	192
metaphor	222	**naive**	290	obtainable	192
metaphysical	36	**nation**	82	**obvious**	106
method	82	**native**	82	obviously	106
metropolitan	222	natural	57	**occasion**	77
migrate	127	**nature**	290	occasional	77
military	357	**navigate**	290	occasionally	77
million	288	negative	131, 164	**occupation**	23
millionaire	290	**neglect**	164	occupied	23
mimic	112	**negotiate**	164	**occupy**	23
mirage	116	negotiation	164	**occur**	129
mirror	116	nerve	55	occurrence	129
mischievous	179	**nervous**	55	**odds**	357
miserable	335	**neutral**	222	**offend**	96
misery	335	**nightmare**	290	offender	96
misfortune	110	nocturne	280	offensive	96
misleading	196	**nod**	81	**offer**	55
missile	211	nominate	283	**officer**	82
mission	222	**nonsense**	290	**offspring**	345
mistake	152, 193	nonverbal	111	omission	189
mistreat	27, 193	normal	163	**omit**	189
misunderstand	193	**notice**	78	omnipotent	208
misuse	193	**notion**	78	opera	69
moderate	77	notorious	78	**operate**	69
moderator	77	**nourish**	334	operation	69
modern	37, 263, 357	nourishment	334	**opinion**	357
modest	262	novel	268	opponent	186
modifier	263	**novelty**	268	**opportunity**	43
modify	263	**nuclear**	169	**oppose**	186
moist	264	nucleus	169	opposed	186
moisture	290	**nuisance**	280	opposite	186
molecular	221	**numerous**	342	**oppress**	243
molecule	221	nurse	283	oppression	243
momentary	163	**nutritious**	283	oppressive	243
monologue	73, 318	obedience	125	opt	224

optimism 321	patron 347	**physical** 36
optimist 321	**pause** 152	physics 36
optimistic 321	**peculiar** 346	**pierce** 222
option 224	peculiarity 346	**pill** 357
oracle 343	pedal 146,199	**pioneer** 222
oral 222	pedantic 342	plague 301
orator 343	peddler 199	**plain** 30
orbit 353	**pedestrian** 146,199	**plant** 357
order 79	pedicure 71	plausible 340
orderly 79	pedometer 233	pleasant 21
ordinarily 79	peer 94	**pleasure** 21
ordinary 79,194	**penalty** 54,152	plot 357
organ 229	pendulum 48	plug~in 178
organism 229	**penetrate** 355	**plunge** 355
organization 30	penetration 355	police 167
organize 30	peninsula 210,355	polite 158
oriented 300	**pension** 149	politician 167
origin 29	**perceive** 93	**pollute** 86,349
original 29	perception 93	pollution 86
otherwise 128	perfect 101	Pope 347
outcome 306	**perform** 222	port 43
outgrow 166	perhaps 47	portable 43
outlet 178	**perish** 298	**portrait** 222
overall 248	perishable 298	**positive** 131
overcome 201	**permanent** 285	**possess** 312
overemphasize 237	permission 67	possession 312
overtake 166	permit 35,67	possible 47,207
overwhelm 201	**perpetual** 340	**possibly** 47
owe 27	**perplex** 338	**potent** 208
pain 54	perplexity 338	**potential** 207
paradox 290	**persecute** 220	potentially 207
parallel 152	persecution 220	**pour** 74
paralysis 181	**persevere** 172	**practical** 92
paralyze 181	perseverence 172	practice 92
parameter 181	**persist** 201	**praise** 73
participant 249	persistent 201	**precede** 307
participate 249	**perspective** 304	**precious** 119
participation 249	**persuade** 66	**precise** 265
particle 345	persuasion 66	**predict** 40
particular 95	persuasive 66	preface 237
pass 43	pervade 269	**prefer** 56,121
passage 82	pessimism 321	preferable 56
passion 132,133	**pessimistic** 321	preference 56
passionate 133	pesticide 265	pregnancy 266
passive 132	petition 84	**pregnant** 266
paste 167	phenomena 115	**prejudice** 137
pastime 351	phenomenal 115	preoccupation 325
paternal 347	**phenomenon** 115	**preoccupied** 325
patience 129	philharmonic 270	**prescribe** 253
patriotic 347	**philosophy** 270	prescription 253

P pain

present	42,134	propeller	258	**range**	**150**
preserve	**243**	proper	46	rapidity	91
pressure	44	**properly**	**46**	**rapidly**	**91**
prestige	**354**	**property**	**182**	rapids	91
prestigious	354	prophet	237	**rarely**	**19**
presume	**183**	**proportion**	**82**	**ratio**	234,357
pretend	**61**	propose	186	**rational**	91,**234**
pretty	117	**prospect**	112,277,**304**	rattle	95
prevail	**333**	**prosperity**	**329**	**reach**	**290**
prevalent	333	prostitute	255	realization	49
prevent	**39**	**protect**	82,**197**	**realize**	**49**
prevention	39	**protein**	**222**	reason	139,261
previous	**62**	**protest**	**222**	**reasonable**	**139**
prey	**239**	proud	264	reassurance	198
price	73,119	**prove**	32,**271**	**reassure**	**198**
priceless	151	**provide**	**64**	reassuring	198
prime minister	327	**provoke**	**225**	**rebel**	**294**
primitive	**327**	**prudent**	**353**	rebellion	294
prince	205	psychiatrist	149	rebellious	294
principal	**205**	psychoanalyst	149	**recall**	**118**
principle	205	psychological	149	recede	307
prison	**239**	**psychology**	**149**	reception	37,190
private	33,82	public	65,290	**recession**	**307**
privilege	**267**	**publish**	**65**	recipe	249
privileged	267	pulse	258	recital	296
prize	**154**,239	**punctual**	**85**	**reckless**	**355**
probably	47,183	punctuality	85	reckon	355
probe	**271**	puncture	85	recognition	36
procedure	**241**	**punish**	**54**	**recognize**	**36**
proceed	**241**,**343**	punishment	54	**recommend**	**60**
process	241	**purchase**	**38**	**reconcile**	**319**
produce	82,**233**	**pure**	**290**	reconciliation	319
product	**70**	purification	204	record	76
production	70	**purify**	**204**	**recover**	**82**
profession	236	Puritan	204	**reduce**	70,**233**
professor	**236**,**290**	purpose	63	reduction	70
profit	**148**	**pursue**	**170**	redundant	171
profitable	148	pursuit	170	**refer**	**120**,121
profound	**185**	**puzzle**	**152**	reference	120
progress	66	**qualification**	**122**	refined	270
progressive	324	quality	122	**reflect**	**154**
prohibit	**188**	**quantity**	**122**	reflection	154
project	82,**88**,**89**	quest	333	reflex	154,194
prologue	73	question	139,333	**reflexes**	**194**
prolong	311	quote	296	**reform**	**195**
promote	**209**	**race**	**357**	**refrain**	**330**
prompt	**209**	radical	308	**refreshing**	**222**
pronounce	**135**	rage	226	refund	185
pronunciation	135	**raise**	41,73	refusal	75
proof	32	**random**	**136**	**refuse**	**75**

regard	53
regardless	173
regime	144
region	144
register	85
registration	85
regret	52
regretful	52
regrettable	52
regular	144
reinforce	266
reinforcement	266
reject	88,89
rejection	89
rejuvenation	328
relate	108,280
relations	109
relationship	109
relative	130,205
relativity	130
relay	108
release	82
relevant	327
reliable	90
relief	156
relieve	156
religion	90,267
religious	90
reluctance	177
reluctant	177
reluctantly	177
rely	90
remark	17
remarkable	17
remedy	346
remember	49
remind	38
reminder	38
remote	157
remove	68
Renaissance	266
render	350
renounce	135
renovation	268
renown	283
renowned	283
repellent	258
replace	138
replacement	138
replica	25

reply	25
represent	134
representative	134
reputation	162
request	24,333
require	24
rescue	152
research	82
resemblance	183
resemble	183
resent	178
resentful	178
resentment	178
reservation	242
reserve	242
resign	40
resist	24
resistance	24
resistant	24
resolution	205
resolve	205
resort	306
resource	55
respect	53
respectable	277
respective	277
respond	286
responsibility	78
responsible	78
rest	151,290
restless	151
restrain	326
restraint	326
restrict	354
restructuring	175
result	259
resume	183
retain	192
retention	192
retire	40,152
reveal	140,292
revelation	140
revenge	290
review	202,222
revise	92
revival	88
revive	146,290
revolution	210
reward	53
ridicule	318

ridiculous	318
rigid	194
ring	150
rink	150
riot	270
ripe	105
rise	41,72
roam	96
rob	33
role	51
roll	51
room	34
rotten	314
route	165
routine	165
rub	267
rubber band	167
rubbish	214
ruins	246
rule	357
ruler	167
rush	290
S **sacred**	196
sacrifice	195
safety	72
salmon	259
salt	259
sanatorium	276
sanctuary	195
sane	276
sanitary	276
sanitation	276
satellite	152
sauce	55
savage	352
scab	258
scales	258
scarce	191
scarcity	191
scare	56
scary	56
scatter	351
scenery	202
scheme	315
scholarship	147
scissors	167
scold	73
scolding	73
scoop	258
scorn	313

scrape	258	similar	97	spray	54
scratch	222, 258	similarity	97	**spread**	54
scream	258	simile	97	spring	54, 357
scribble	15	simple	308	sprinkler	54
script	15	**simultaneous**	97	square	82
scrutinize	356	**site**	221	**standard**	82
scrutiny	356	**situation**	82	**staple**	167
seat	33, 82	**skeleton**	290	stapler	167
secondhand	175	**skip**	290	stare	94
secure	72	skyscraper	258	statesman	167
security	72	**slang**	357	station	52
seek	35	**slave**	179	**statistics**	202
seem	242	slavely	179	**status**	82
seemingly	242	**slender**	222	steal	33
seize	108	**smart**	74, 290	**stem**	234
seizure	108	**soak**	303	**stereotype**	222
seldom	19	**soar**	252	**stick**	260, 261
select	82, 164	sociable	45	stimulant	261
selfish	316	social	45	**stimulate**	261
semicircle	145	**society**	45	stimulation	261
semiconductor	145	solar	290	stingy	323
senior	357	solder	165	**stir**	286
sense	141	soldier	165	**stock**	253
sensible	141	**solid**	165	storm	286
sensitive	141	solidarity	165	strategic	273
sentiment	178	**solitary**	310	**strategy**	273
sentimental	178	solitude	310	straw	273
sequence	170	solution	29	strawberry	273
serve	136	**solve**	29, 205	**stress**	157
settle	33	**somehow**	91	**stretch**	82
settlement	33	somewhat	91	**strict**	144
severe	172	soothe	332	strive	273
severely	172	**soothing**	332	**structure**	175
shake	222, 245	**sophisticated**	270	**struggle**	273
shallow	57, 185	sophomore	270	stubborn	257
shameful	100	**sour**	222	submarine	256
shape	82	**source**	55	submerge	133
share	152	**souvenir**	357	submission	211
shelter	222	**span**	152	**submit**	211
shift	82	**species**	155	**subordinate**	272
shiver	245	**specific**	246	**subscribe**	253
shoot	357	specimen	155	subsequent	220
short	34	**spectator**	112, 113, 155	**subsequently**	220
shortage	34	**speculate**	305	**substance**	65
shortcoming	339	**spend**	149	**substantial**	212
shrink	166	**sphere**	145	**substitute**	256
sightseeing	357	spiritual	266	**subtle**	289
sign	82	**spoil**	276	subtlety	289
significance	58	**spontaneous**	324	subtract	248
significant	58	spontaneously	324	**suburb**	107

subway	256	
succeed	343	
succession	242	
successive	**242**	
sudden	29	
suddenly	29	
sue	171	
suffer	**56**	
sufficiency	57	
sufficient	**57**	
suggest	**203**	
suggestion	203	
suicide	**265**	
suit	171	
suitable	**171**	
sullen	310	
summarize	**126**	
summit	**290**	
summon	**297**	
summons	297	
sunrise	41	
superficial	**57**	
supersonic	**357**	
superstition	**255**	
superstitious	255	
supplement	285	
supplementary	**285**	
supply	**64**	
support	**152**	
suppose	**19, 186**	
suppress	**243**	
suppression	243	
sure	198	
surface	**87, 88**	
surplus	87	
surprise	87	
surrender	**350**	
surround	**90**	
surrounding	90	
surveillance	**357**	
survey	87, 88	
survive	**88, 146**	
suspect	**112**	
suspend	**251**	
suspender	251	
suspense	251	
suspension	251	
suspicion	112	
suspicious	112	
sustain	192	

swallow	**349**	
sweep	**152**	
sword	**290**	
symmetry	**357**	
sympathetic	138	
sympathize	138	
sympathy	**138, 181, 295**	
symptom	**229**	
syndrome	**222**	
synonym	181	
synthesis	181	
synthesize	181	
synthesizer	181	
synthetic	**181**	
T **tackle**	**74, 222**	
tactics	273	
tag	167	
talent	**82**	
talkative	141	
task	63	
taste	**82**	
tax	**152**	
technique	174	
technology	**82**	
tedious	**329**	
tedium	329	
teller	165	
temper	**41**	
temperament	41	
temperature	41	
temporarily	94	
temporary	**94**	
tempt	**143**	
temptation	143	
tempting	143	
tend	**61**	
term	**114**	
terminal	**152**	
territory	**151**	
textile	**115, 289**	
texture	289	
the Antarctic	228	
the Arctic	**228**	
the Atlantic	**320**	
theme	**152, 181**	
theoretical	92	
theory	**82**	
therapy	**290**	
thief	33	
things	64	

thrash	344	
threat	**344**	
threaten	344	
tide	170	
tidy	**170**	
tie	**357**	
tight	**222**	
timid	**302**	
timidity	302	
timidly	302	
tissue	**115**	
tolerance	335	
tolerant	335	
tolerate	**335**	
torment	282	
tongue	**357**	
torture	**282**	
trace	**131**	
tractor	132	
trade	**82**	
tradition	293	
traditional	**357**	
tragedy	**296**	
tragic	296	
trail	**247**	
trailer	247	
train	70, 131	
transfer	**156, 327**	
transform	**195, 327**	
transformation	195	
transition	**298**	
translate	280, 327	
transmission	190	
transmit	**190, 327**	
transplant	**327**	
transport	43	
transportation	**43**	
trap	**222**	
treat	**70**	
treatment	70	
tremble	**245**	
tremendous	**245**	
tremor	245	
trend	**82**	
trial	**222**	
triangle	105	
tribal	105	
tribe	**105**	
tricycle	105	
trigger	**290**	

INDEX

trio	105	
triumph	**237**	
trivial	**106**	
tropical	**290**	
trouble	**82**	
true	20,100	
trumpet	237	
trust	**100**	
trustworthy	100	
tuition	319	
tune	**152**	
turbine	107	
tutor	319	
tyranny	**352**	
U **ultimate**	**180**	
unanimous	**273**	
unavoidable	322	
unaware	95	
unbelievable	14	
unconscious	200	
undergo	**348**	
underlie	302	
underlying	**302**	
undermine	166	
undertake	**166**	
undertaking	166	
undo	**238**	
unease	274	
uneasy	**274**	
unfold	16	
uniform	**216**	
uniformity	216	
unit	**152**	
universal	**14**	
universe	313	
unlike	**267**	
unplug	178	
unprecedented	307	
upset	**250**	
urban	107	
urge	**197**	
urgent	197	
utility	130	
utilization	130	
utilize	**130**	
utter	**135**	
utterance	135	
utterly	135	
V **vacant**	**23**	
vacation	23,231	
vacuum	23	
vacuum cleaner	231	
vagabond	232	
vagrant	232	
vague	**232,244**	
vain	**231**	
valid	**247**	
valuable	110,119	
value	**110,247,333**	
values	110	
vanish	**231**	
vanity	231	
variety	115	
various	115	
vary	**115**	
vast	**23,232**	
vastness	232	
vector	213	
vegetable	88	
vehicle	**213**	
verb	111	
verbal	**111**	
verdict	219,257	
verification	257	
verify	**257**	
vertical	**313**	
via	**106**	
vibration	146	
vice	277,302	
vice versa	**302**	
victim	**217**	
victor	217	
victory	217	
view	**202**	
vigor	281	
vigorous	**281**	
violate	**236**	
violation	236	
violence	**82,236**	
violent	236	
virtual	**222**	
virtue	**277**	
virus	**222**	
visible	**147**	
vision	92,206	
visit	92	
vital	**281**	
vitamin	88,146	
vivid	**146**	
vividly	146	
vivisection	281	
vocabulary	**82**	
vocal	224	
vocation	**225**	
volition	104	
volume	**210,213**	
voluntary	**104**	
volunteer	104	
vote	**104**	
vow	104	
voyage	**199**	
vulnerability	301	
vulnerable	**301**	
W **wagon**	**213**	
wander	**96**	
warn	**21,95**	
waste	**130**	
wave	213	
wealth	20	
wealthy	**20**	
wear	**15**	
weather	14	
weight	**152**	
welfare	**147**	
wheel	222	
whereas	**320**	
whip	95	
whisper	**95**	
whistle	95	
white-out	167	
wipe	**152**	
wisdom	**74,275**	
wise	74,275	
wit	**357**	
withdraw	**165**	
withdrawal	165	
witness	**275**	
workshop	**357**	
worship	**177**	
worth	**177**	
Y **yell at**	**222**	
yield	**285**	

謝辞

　エスペランチストでもある洛南高等学校の田平稔先生には、様々な面でお世話になりました。いつもいつも頭が下がります。竹岡塾卒業生の北村佳美さんには、時間をかけてすみずみまでチェックをしていただきました。英文の最終チェックと例文の作成は、ユーモアたっぷりのイギリス人 David James 先生にお願い申し上げ、単語のイメージが湧く例文をご呈示いただきました。岡山県立朝日高等学校の鷹家秀史先生、福井県立大野高等学校の稲葉芳明先生、駿台予備学校の大川洋史先生、堺野往先生、伊藤和修先生、京都女子高等学校の吉川大二郎先生、京都市立西京高等学校の川原正敏先生、中川真也先生、洛南高等学校の岡田委子先生、名古屋予備校、メディカルラボの田中健一先生、竹岡塾卒業生で京都大学大学院生の中西健一郎さん、京都大学学生の桂幸納さん、服部健太郎さんには、貴重なご意見をいただきました。心から感謝いたします。

　講談社の佐渡島庸平さんと篠木和久さんとの出会いで、ドラゴンシリーズは産まれました。そして、今回は同社学芸図書出版部の小沢一郎さん、名越加奈枝さん、牧山奈央さんに大変お世話になりました。また東京録音の服部寛さん、デザイナーの竹内雄二さんにも大変お世話になりました。アクロバットのような進行でしたが、本当に我慢強く付き合っていただきました。

　みなさん本当にありがとうございました。

2008年7月吉日
竹岡広信

竹岡広信(たけおか　ひろのぶ)
1961年生まれ。洛南高校、京都大学工学部、同大学文学部卒業。「生徒に英語を好きになってほしい」という思いから英語教師に。駿台予備学校、洛南高校で講師を務め、「英作文の鬼」との異名を持つ。京都府亀岡市内で竹岡塾を主宰。「日本の英語教育を良くしたい」という思いが反映された講義はいつも満員で、東大合格者へのアンケートでは、「あの先生のおかげで英語が克服できた」と、もっとも信頼されたカリスマ英語講師。著書に『ドラゴン・イングリッシュ基本英文100』(講談社)、『大学受験のための英文熟考〈上〉〈下〉』(旺文社)、『竹岡広信の英作文［原則編］が面白いほど書ける本』(中経出版)ほか多数。

ドラゴン・イングリッシュ必修英単語1000

2008年7月18日　第1刷発行
2025年5月9日　第17刷発行

著　者　竹岡広信
発行者　篠木和久
発行所　株式会社講談社
　　　　東京都文京区音羽二丁目12-21
　　　　郵便番号112-8001
　　　　電　話　編集　03-5395-3522
　　　　　　　　販売　03-5395-5817
　　　　　　　　業務　03-5395-3615
印刷所　株式会社新藤慶昌堂
製本所　株式会社国宝社

KODANSHA

© Hironobu Takeoka 2008, Printed in Japan
N.D.C.830 374p 19cm
価格はカバーに表示してあります。
本書を代行業者等の第三者に依頼してスキャンやデジタル化することはたとえ個人や家庭内の利用でも著作権法違反です。
落丁本・乱丁本は購入書店名を明記のうえ、小社業務あてにお送りください。送料小社負担にてお取り替えいたします。なお、この本についてのお問い合わせは第一事業本部企画部あてにお願いいたします。

ISBN978-4-06-213631-0

カリスマ英語講師

竹岡広信先生の大ベストセラー

「ドラゴン・イングリッシュ 基本英文100」は、
全国の書店で絶賛発売中!

ドラゴンシリーズの姉妹版。
「ドラゴン・イングリッシュ 必修英単語1000」とあわせて勉強すれば、
英語の本質がつかめ、志望校合格の道が一気に開けます。

本書の特色

» 時制と論理に重点を置いている。
英作文に必要な論理的思考が身につけられる。

» 丁寧な解説により英語的発想が身につき、
単なる丸暗記にならない。

» 日本人が無理なく書ける表現に絞っているので、
受験生が覚えやすく、かつ使いやすい。

» 英語として不自然なものは一切排除しているので、
本物の英語が身につく。

» 耳からの学習、リスニング対策も可能なように
音声CDが付いている。

講談社
価格:本体1400円(税別)
ISBN4-06-213085-8